项目支持：2019年度浙江省哲学社会科学规划课题"博物馆儿童专区服务设计导向研究"（19NDQN319YB）

包容与参与：
博物馆儿童专区服务设计导向探索

Inclusion and participation：

Exploring the Service Design Orientation of Children's Special Area in Museum

王艳艳　著

吉林大学出版社

·长春·

图书在版编目（CIP）数据

包容与参与：博物馆儿童专区服务设计导向探索 /
王艳艳著. -- 长春：吉林大学出版社，2023.10
ISBN 978-7-5768-2216-8

Ⅰ.①包… Ⅱ.①王… Ⅲ.①博物馆 – 陈列设计 – 研
究 Ⅳ.①G265

中国国家版本馆CIP数据核字(2023)第203282号

书　　名：包容与参与：博物馆儿童专区服务设计导向探索
　　　　　BAORONG YU CANYU: BOWUGUAN ERTONG ZHUANQU FUWU SHEJI DAOXIANG TANSUO

作　　者：王艳艳
策划编辑：邹燕妮
责任编辑：蔡玉奎
责任校对：邹燕妮
装帧设计：刘　丹
出版发行：吉林大学出版社
社　　址：长春市人民大街4059号
邮政编码：130021
发行电话：0431–89580028/29/21
网　　址：http://www.jlup.com.cn
电子邮箱：jldxcbs@sina.com
印　　刷：长春市中海彩印厂
开　　本：787mm×1092mm　　　1/16
印　　张：16.5
字　　数：250千字
版　　次：2023年10月　第1版
印　　次：2023年10月　第1次
书　　号：ISBN 978–7–5768–2216–8
定　　价：58.00元

前　言

　　世界第一家儿童博物馆"布鲁克林儿童博物馆（Brooklyn Children's Museum）"于1899年在美国纽约市布鲁克林皇冠高地诞生，它创造了一个快乐的儿童学习环境，鼓励孩子通过亲自动手体验，更好地了解自己所处的文化，并以多样化的视角去发现、认识这个世界。它的问世寄托了教育者对儿童教育革新的憧憬，颠覆了传统博物馆教育理念，为日后儿童博物馆在全世界的兴起奠定了基础。从此，世界范围内开启了儿童博物馆建设和发展的序幕。而不同于儿童博物馆，传统博物馆内开辟儿童专区（儿童展区或儿童体验学习中心），最早可追溯至20世纪初，1903年美国史密森尼学会（Smithsonian Institution）第三任秘书长塞缪尔·皮尔蒙特·兰利（Samuel Pierpont Langley）在"史密森城堡"的南翼开辟出儿童屋（Children's Room），它是传统博物馆儿童教育的转折点，也是最早有史料记载的或最早出现的博物馆儿童项目。儿童①也作为博物馆服务对象进入了历史舞台。

　　博物馆是文化价值保存的传播者，也被视为世界的构建者，被认为是"知识"的宝库和传播平台。儿童专区作为一种强化儿童观众学习效益，延伸博物馆社会教育成效的实践空间，这种"馆中之馆"的设计建构了传统博物馆重视儿童教育功能的新模式，给博物馆儿童教育带来新的传播方式。以史密森尼学会"儿童屋"为开端，在这之后，随着儿童教育本位思想的兴起，加速了博物馆成为名副其实的"第二课堂"的步代。再经过一段时间的发展，直至20世纪后期至21世纪初，儿童专区进入发展高峰，受到各地博物馆热捧，同时也将传统博物馆观众群扩大至少年儿童，甚至是婴幼儿。例如1994年"台北故宫

---

① 这一阶段的儿童，主要指8岁儿童到高中生，并未包括低龄儿童。

博物院""儿童学艺中心"运用馆藏的"故宫"文物及展览素材，为儿童及家庭观众提供全周期良性循环的展示教育服务；2002年美国自然历史博物馆（American Museum of Natural History）的"探索屋"（Discovery Room）为家庭提供通往博物馆奇观的互动门户，以及亲身体验其幕后科学故事的机会；2003年韩国国立民俗博物馆（National Folk Museum of Korea）的"儿童馆"（어린이박물관）为孩子提供体验各种各样的教育、研究、实践和交流领域的展览和服务。如借用民间传统人物故事"沈青传"，培养儿童传统文化素养。国内的博物馆儿童专区，如中国大运河博物馆"大明都水监之运河迷踪"、苏州博物馆新馆"探索体验馆"、长沙博物馆"哇哦，博物馆"等秉持着于延展主馆的多重方式，以儿童或青少年为中心的用户体验，共同推动博物馆儿童教育事业发展，在相关政策和政府的支持下，打造世代共融的参与式学习空间，成为传承传统文化和增强文化自信的核心桥梁。

博物馆教育，已然成为当今文博界炙手可热的教育话题。近两年，文博类节目迎来大爆发，从纪录片《我在故宫修文物》《如果国宝会说话》到综艺《国家宝藏》，无不将"博物馆热"从线下搬到线上，用一种观众易于走进藏品背后故事的传播方式，呈现独特的东方意蕴，带动观众观念的转变，以至把博物馆作为休闲娱乐且又能提升自我认知之地。信息也从上方（博物馆/策展人）传输到下方（访客）接收，当博物馆在其展览中以"平等"或"对话"的语气接近游客时，当它为参观者提供一些选择的自由和通过各种方法进行自我激励和学习的可能性时，博物馆正在对教育采取更自由和不受约束的立场，并赋予参观者权利。博物馆元素儿童绘本的发展也助推了博物馆儿童教育形式的创新，中国国家博物馆《国家博物馆儿童历史百科绘本》、陕西历史博物馆《唐妞带你游大唐》《你好啊，故宫》人物篇和建筑篇等，选择贴近儿童生活的主题，以绘本的形式凝聚文化情感。可见博物馆在为儿童服务方面采取了多元化尝试。

笔者与博物馆儿童教育结缘于2017年在台湾朝阳科技大学访学期间，偶然间翻阅到法国国立自然博物馆展览部阿涅丝·巴杭和她的同事迪迪耶·朱利安·拉费瑞耶荷所著的《为儿童而展示》（*DESIGN FOR CHILDREN*）。书中生动而细腻地回溯了法国国家自然历史博物馆新常设展"儿童厅"

（Children's Gallery）构思、评估、规划、磨合的制作过程，认识到儿童有自己独特的学习方式。如何透过物体与空间设计传达信息并创造体验，如何利用展示区别于其他沟通媒介来启发认知而非灌输式学习，如何以更适切的语言讲述馆内传达的概念，如何对于身心障碍参观者更友善地展示，这一连串问题开启了笔者对博物馆儿童教育发展的关注。此后，也有幸加入北京师范大学中国儿童博物馆教育研究中心（CMRC）学术合作伙伴组织，收获大量展览与教育项目，系统学习儿童观众研究方法，并将所获得研究方法、相关理论实践于实际项目，例如：如何以儿童视角为红色文化主题展服务，以宁波博物馆"三江潮涌——1921—1949年中国共产党宁波革命历史展"展项作为对象；如何设计儿童可接受的文创产品，以杭州建德博物馆为元素提炼目标；如何打造适合儿童互动与沉浸的公共教育视觉形象，以宁波美术馆艺教中心为设计对象等。

以往关于博物馆儿童教育研究主要围绕博物馆儿童教育展览、教育项目等理论性展开案例论述，本书依托基金项目：浙江省哲学社会科学规划课题"博物馆儿童专区服务设计导向研究"（19NDQN319YB），以系统思维研究博物馆与博物馆儿童专区关系、儿童专区与博物馆以外社会资源拓展的整体服务，博物馆参观前、中、后体验流程触点，博物馆学习体验的价值本质等，探讨服务设计介入下如何更有效促进博物馆儿童专区的认知效益与体验深度。运用服务设计的流程、原则、工具及方法，从全局观视角对儿童相关的展览或展区以及包括相关教育活动的开展的观察与解析，案例聚焦于全球范围内儿童博物馆设计展项、综合性博物馆儿童专区、美术馆以及涉及与儿童有关的主题展或可参与的教育活动，如红色主题文化展、博物馆奇妙夜等。围绕服务设计思维与应用，归纳总结出博物馆儿童教育展项与展区服务内容、服务触点、服务方式，形成具有全周期、全渠道、全参与的设计研究。

本书的结构共分为五个章节。第一章节简要论述了博物馆儿童专区现状、问题及参与范式转变以及服务设计介入带来的新机遇，"重思"儿童专区的特征和理想模式；第二章节分析了服务设计相关理论、流程、工具及方法，并思考服务设计理念对儿童专区的启示，以此重新定义博物馆儿童专区服务设计原则；第三章节运用服务设计相关工具分析儿童专区用户需求、服务内容与优先级，服务触点与机会点及服务蓝图；第四章节提出博物馆儿童专区服务设计导向思路与对策及发展趋势等相关内容；第五章节分析博物馆儿童专区服务设计导向与实践，以案例重塑服务设计介入的必要性。本书可供设计学科及博物馆相关人员参考，也可为博物馆开设儿童专区提供实践向导。最后，本书将聚焦于博物馆儿童专区服务设计导向探索，并将服务价值提升定格为实现博物馆儿童教育事业的催化剂。

总体来看，当下对儿童相关展览、儿童专区与儿童博物馆建设规划的关注与研究主要侧重在展览内容、教育活动和个案分析方面，比较缺乏从系统理念和模式等角度展开的研究，也少有以儿童专区这一附属在主馆内的独立展区的包容与发展作为研究对象的专著。周婧景老师所著《博物馆儿童教育：儿童展览与教育项目的双重视角》，归纳了儿童专区展览的理想状态的表现，为实际策展提供参鉴；杜莹老师《博物馆儿童美育》一书提出了实施展览"双展线"是博物馆进行儿童美育的重要手段。而从设计界来看，已有相当多的学者将服务设计引入博物馆设计实践案例，进一步说明服务设计可以通过在"参观前""参观中"和"参观后"期间组织传统空间和虚拟线上来帮助增强博物馆体验。综上所述，随着服务经济时代的发展，博物馆儿童教育与展览也应孕育于此浪潮中，从国内外诸多案例中吸取经验，提高儿童专区、儿童展项的体验与服务，增强博物馆的文化软实力及终身教育。

目　录

第一章　重识与介入：博物馆儿童专区再思考

●●●●●

　　重识与介入：博物馆从"以物为中心"到"以观众为中心"，"馆中之馆"儿童专区最早可追溯至20世纪初，由美国史密森尼城堡"儿童屋"为代表（见图1-1）；到20世纪后期尤其欧、美、日、韩博物馆儿童专区发展进入高峰。而近十年来，越来越多博物馆儿童专区在筹建新馆或改陈之际横空出世，囊括综合类、自然科学类及文化艺术类等所有博物馆类型，在展览内容服从主馆的同时，开始注重儿童观众对于展览的参与和反应。在此期间，博物馆内在的驱动与国家政策配合推进，从习近平总书记强调博物馆"重参与、重过程、重体验"的教育理念（2015年）到教育部、国家文物局联合印发《关于利用博物馆资源开展中小学教育教学的意见》（以下简称《意见》）提出各地博物馆要坚持"展教并重"（2020年10月）再到针对2025年前全面复兴传统文化，强调充分发挥博物馆、群艺馆、美术馆等公共文化机构在传承发展中华优秀传统文化中的作用（2021年），共同助推我国博物馆加强儿童教育功能，提升儿童体验、强化儿童参与、构建馆校合作的新模式，也急需博物馆相关部门"重识"儿童专区建设的意义和作用。首次于1982年提出，已经40余年服务设计的概念从诞生至今，虽只有40多个年头，但已成为聚焦于改善现有服务或催化新的服务的创新理论和方法，它将服务的视角和设计思维结合起来，通过多种方式来改善用户体验，探索新的服务价值主张，支持新技术的应用，为相关产业结构升级赋能等。博物馆儿童专区在面临众多儿童观众时，需要重新审视原有信息结构、展示方式、内容框架、服务创新，而服务设计所具有的相关因素的介入能够有效开发儿童专区的转型升级。

图1-1　史密森尼学会的"儿童屋"（1903年）

一、博物馆儿童专区现况、问题及参与范式转变

（一）中国博物馆儿童专区现况

2004年文化部、国家文物局发布《关于公共文化设施向未成年人等社会群体免费开放的通知》，强调"公共文化设施在向未成年人等社会群体免费开放的同时，要坚持把社会效益放在首位，……充分发挥对未成年人的教育引导功能。"2012年，国家文物局在《关于加强博物馆陈列展览工作的意见》中，提到"常设陈列应特别清晰地标识适合未成年人认知、欣赏的重点文物、标本，充实符合青少年认知习惯的文字说明。有条件的地方，可建立专门面向未成年人的博物馆（儿童博物馆）或教育类博物馆，增加面向学生的陈列展览项目。"以博物馆之长补学校教育之不足，真正使博物馆成为学校教育的"第二课堂"。2019年11月21日，北京师范大学教育学部中国儿童博物馆教育研究中心揭牌并发布了由中国儿童博物馆教育研究中心制定的《中国儿童博物馆行业指南（2019版）》（见图1-2），旨在厘清"儿童博物馆"的概念内涵及本质属性，为儿童博物馆教育理念的传播奠定基础，为我国儿童博物馆教育与实践研究开启新的篇章，而后研究中心联合北京师范大学教育学部，将工作重心从"儿童博物馆"扩大至"儿童博物馆教育"，即从建设儿童博物馆项目，到传播儿童博物馆教育理念，带动其他类型博物馆更好地开展儿童教育，最终编制《中国儿童博物馆教育实践指南（2021版）》（见图1-3）。而在两本指南发布间隔期间，2020年10月12日，教育部与国家文物局联合发布《关于利用博物

馆资源开展中小学教育教学的意见》，提出推动博物馆教育资源开发应用，拓展博物馆教育方式途径等内容，以提升中小学生利用博物馆、纪念馆学习的效果。目前我国的北京、上海、呼和浩特等城市设有多个儿童博物馆及一所中国儿童博物馆研究中心（CMRC），与国外儿童博物馆建立了近一百年的历史相比，我们还处于起步阶段。尽管专属儿童博物馆的数量少之甚少，博物馆内开设儿童专区也存在整体数量与实际需求上的供需不平衡，重视不足、缺乏经验与动力、儿童展览理论研究失衡、儿童展览策展经验不足、动力机制缺失等制约瓶颈。然而，传统博物馆儿童专区的诞生呈现一派欣欣向荣的趋势。

图1-2 中国儿童博物馆行业指南 **图1-3 中国儿童博物馆教育实践指南**
（2019版） （2021版）

伴随着高速的社会发展和人民日益增长的美好生活需要，综合性博物馆的阐释策略和教育方法也做出了相应的调整。目前，国内很多综合性博物馆都为儿童提供教育课程，还有一批博物馆已经开辟专门的儿童教育专区，在"如何为公众提供更多优秀的教育文化资源"问题上，不断思考博物馆服务精细化与可持续发展对策，"儿童活动中心""探索角""儿童活动室"等如雨后春笋，层出不穷。如长沙博物馆儿童展区"哇哦，博物馆"、苏州博物馆新馆"探索体验馆"、中国大运河博物馆"大明都水监之运河迷踪"、首都博物馆"七彩坊"、广州南越王博物院"南越玩国"互动区域、上海玻璃博物馆"儿童博物馆"、南京博物院"儿童古代智慧体验室"、四川博物院"历史文化类少年儿童博物馆"、中国航海博物馆"儿童活动中心"、中国科学技术馆"儿童科学乐园"、国家自然博物馆"探索角"、黑龙江省博物馆"儿童少年活动室"、深圳博物馆"儿童馆"，中国国家博物馆、广东省博物馆、湖北省博物

馆、汉阳陵博物院等多家博物馆也相继设置了儿童活动专区。服务儿童教育与亲子互动的博物馆教育活动，如上海自然博物馆主题区定期开展"深度交流标本背后的故事"；以及各类主题性教育活动的推出，如宁波博物院青少年体验活动（2020年）举行35次亲子主题活动，内容围绕临展、文物、习俗、节日等（受疫情影响次数减少，2018年、2019年分别举办115场、110场）；华茂艺术教育博物馆（2022年）举办符合馆内特色的"美育教育"活动125场，开发面向儿童提升美育的主题活动；良渚博物院（2008年至今）开展志愿者、夏令营等活动，以及走进校园的活动，向校园里的孩子传递知识。此外延伸阅读物，《中国国家博物馆：儿童历史百科绘本》《漫话国宝》图文并茂，让儿童"读"懂博物馆；微信平台"耳朵里的博物馆"推出线上课程"餐桌上的博物馆""给孩子的趣味动物人文简史"；"涂思美育ToseeArt"推出的"你好呀，故宫""出发啦，敦煌""文物的时空漫游"等课程，加之趣味主题切入、沉浸式环境体验、实物分享、社交平台等一系列策略融入，使博物馆为儿童提供的认知服务俨然从"以藏品为中心"到"以观众为重"的路径转向。这种转向强化了观众的参与，关注了观众的体验、故事和能力。[①]

博物馆基于知识门类，依据内容的多样性和框架的单一性，可划分为综合性和专门性；基于知识标准，可划分为历史类、艺术类、科技类、自然类等。综合性博物馆拥有多类型的藏品，包含历史、艺术、自然等，资源丰富，体系庞大，是体现知识内容多样性的"百科全书"型博物馆。为了能够更清晰地了解全国综合性博物馆开展儿童专区的实际情况，以下按照全国地域划分，整理面向儿童的基本陈列和临时展所开辟的儿童专区案例。部分内容来源：中国儿童博物馆教育研究中心（全国儿童博物馆教育专区地图）[②]。

1. 北京市

（1）故宫博物院

故宫博物院建立于1925年，是在明朝、清朝两代皇宫及其收藏的基础上建立起来的中国综合性博物馆，也是中国最大的古代文化艺术博物馆。既是明

---

① 王艳艳.服务设计视角下浙江省博物馆儿童专区现状研究[J].工业设计.2019(06)：56-59.

② 中国儿童博物馆教育研究中心.全国儿童博物馆教育专区地图（综合性博物馆）[EB/OL].（2022-3）
　［2023-1］. https://mp.weixin.qq.com/s/vSU71X2nftE7CuFfkUgqmA.

清故宫（紫禁城）建筑群与宫廷史迹的保护管理机构，也是以明清皇室旧藏文物为基础的中国古代文化艺术品的收藏、研究和展示机构。

网站：https：//www.dpm.org.cn/Home.html

专区名称：故宫文创儿童体验店（见图1-4）

地点：故宫中轴线交泰殿东侧景和门南端

对象：3～12岁

简介：故宫文创儿童体验店，总面积约200平方米，展示了近百余件专门为儿童设计的各类故宫文创产品。店内按照功能划分设置了三个区域，分别为"上书房""互动教学区""家长等待区"，同时可容纳约20名儿童进行活动。

图1-4 故宫文创儿童体验店

专区名称：故宫博物院教育中心（见图1-5）

地点：故宫熙和门南北两侧

对象：5岁及以上

简介：教育中心，面积约800平方米，包括综合性教学空间4个、开放型阅览空间2个，可同时容纳200余人，此外还配套有故宫志愿者工作站和志愿者阅览室，面向0～8岁儿童开设的课程有"佳果呈祥""宫廷里的遂心'如意'""朝珠DIY""'八旗娃娃放肆萌'布艺人偶DIY"等等。

图1-5　故宫博物院教育中心

（2）国家自然博物馆

国家自然博物馆是新中国依靠自己的力量筹建的第一座大型自然历史博物馆，主要从事古生物、动物、植物和人类学等领域的标本收藏、科学研究和科学普及工作。

网站：https：//www.nnhm.org.cn/

专区名称：探索角

地点：国家自然博物馆展厅三层探索角实验室

对象：5岁及以上（根据活动确定年龄段）

简介：从不同角度及深度探索展厅资源，利用多媒体互动教学系统，激发学生的学习兴趣，引导学生在自然科学领域探究虚心的教育项目，并且已和学校合作开发实施基于博物馆资源的校本课程，已完成授课120余次，还包含了实验乐翻天和自然学堂两大活动区。

（3）首都博物馆

首都博物馆新馆于2005年12月开始试运行，2006年5月18日正式开馆。首都博物馆以其宏大的建筑、丰富的展览、先进的技术、完善的功能，成为一座与北京"历史文化名城""文化中心"和"国际化大都市"地位相称的大型现代化博物馆，并跻身于"国内一流，国际先进"的博物馆行列。

网站：https：//www.capitalmuseum.org.cn/

专区名称：七彩坊

地点：首都博物馆七彩坊

对象：7～15岁

简介：推出面向各年龄阶段的青少年儿童的趣味活动，通过手工体验、游戏竞技等多种方式，让参与者深刻了解北京城的基本知识，注意培养参与者的情感教育，从历史感受未来，从感受家乡情到感受自己对伟大祖国的爱。

（4）中国科学技术馆

中国科学技术馆以科学教育为主要功能，通过科学性、知识性、互动性相结合的展览展品和参与体验式的教育活动，反映科学原理及技术应用，鼓励公众探索实践，不仅普及科学知识，而且注重传播科学思想、科学方法和科学精神。

网站：https：//cstm.cdstm.cn/

名称：儿童科学乐园（见图1-6）

地点：中国科学技术馆一层

对象：3～10岁

简介：中国科学技术馆儿童科学乐园展览健康成长展区以"关爱健康成长、培养社会情绪"为教育目标，从体验快乐运动和社会情绪能力两个方面展开。培养孩子的学习能力、思维能力、实践能力和创新能力。

图1-6　中国科学技术馆儿童科学乐园

2.黑龙江省博物馆

黑龙江省博物馆是国家一级博物馆，是收藏、保护、研究和展示黑龙江省历史文化、自然资源和艺术品的综合性博物馆。现有各类藏品63万余件，是文化遗产保护与利用的宝库，是多元文化碰撞与融合的交流展示平台，是承载黑龙江恢宏历史与璀璨文明的"百科全书"。

网站：http：//www.hljmus.org.cn/

名称：少年儿童自然科学体验馆（见图1-7）

地点：黑龙江省博物馆二层

对象：6～12岁

简介：有兽类展柜、仿真虎穴、微观世界、乐趣挖掘和化石装架等互动娱乐项目。为青少年学生提供自然科普知识的讲解，并结合馆藏中的动植物标本，向少年儿童及广大观众宣传热爱大自然、保护大自然的理念，激发他们学习自然科学的积极性。

图1-7 少年儿童自然科学体验馆

3.辽宁省博物馆

辽宁省博物馆藏品近12万件（套），其中国家一级文物494件（套），收藏年代上起旧石器时代，下至近现代，藏品涵盖历代书画、考古、陶瓷、铜器、货币、雕刻、漆器、景泰蓝、丝绣、服饰、碑志等20个门类，尤以晋唐宋元书画、宋元缂丝刺绣、红山文化玉器、商周时期窖藏青铜器、辽代陶瓷、历代碑志、明清版画、古地图、历代货币等最具特色。

网站：https：//www.lnmuseum.com.cn/#/home

名称：儿童体验馆（见图1-8）

地点：辽宁省博物馆展楼二层

对象：3～12岁

简介：辽宁省博物馆儿童体验馆是一个以儿童为中心，为儿童而展示的探索空间，是一个为小朋友们精心打造的历史文化乐园。儿童体验馆位于辽宁省博物馆展楼二层，面积近1 000平方米，设有"玉器王国""秦小开历险记""魔法衣橱""北方民族的家""手工坊""光影故事""漫'话'兵器""阅读区"八个功能区域，旨在为3到12岁的儿童提供趣味化、个性化的体验空间，让儿童通过互动的方式学习知识、激发兴趣，从而促进儿童的全面发展。

图1-8　辽宁省博物馆儿童体验馆

4.河南博物院

河南博物院创建于1927年，是我国成立较早的博物馆之一。现有馆藏文物17万余件（套），尤以史前文物、商周青铜器、历代陶瓷器、玉器及石刻最具特色。精品文物数量多、种类全、品位高、价值大，是见证中华文明发展轨迹，展示中国历史发展脉络的文化艺术宝库。

网站：http：//www.chnmus.net/

名称：社会教育体验厅（见图1-9）

地点：东配楼一层

对象：部分面向儿童及亲子家庭

简介：社会教育体验厅是一个1 400平方米的超大全新综合实践体验区，可同时容纳500人，包含了古代科技体验区、田野考古体验区、文物修复保护观摩区、观众自主学习区、研学教育实践区、三维国宝魔墙体验区和5G+360°实时全景体验区。在儿童教育方面，博物馆着重打造了"特约讲解"等项目，开发专题学程，优化九大镇院之宝系列学程、考古知多少、国宝守护人、成语典故等热门教育课程。

图1-9　河南博物院社会教育体验厅

5. 江西省博物馆

江西省博物馆位于南昌市，筹建于1953年，是全省最大的综合性博物馆，首批国家一级博物馆，全省爱国主义教育基地。博物馆藏品总数约为58 916件（套），其中一级文物370件（套）、二级文物1 063件（套）、三级文物9 220件（套）、一般文物48 263件（套）。

网站：https：//www.jxmuseum.cn/

名称：博立方·文文童学馆（见图1-10）

地点：1A层

对象：6岁及以上

简介：博立方·文文童学馆的空间设计充分融合了馆藏元素，顶部浮雕背景源于馆藏文物兽面纹虎耳铜方鼎的兽面纹饰，两侧屏风呈现馆藏文物伏鸟双尾青铜虎、兽面纹立鸟青铜镈，以及吴城遗址历次考古发掘出的文字刻符，内设研学课堂、考古体验区和文创美食休憩区。

图1-10　博立方·文文童学馆

6.江苏省

（1）苏州博物馆西馆

苏州博物馆西馆是苏州博物馆设立的分馆。2021年9月25日，苏州博物馆西馆开放试运行。是地方综合类博物馆，也是苏州文物收藏、保护、研究、展示、教育的中心。位于苏州市高新区狮山广场，建筑面积48 365平方米，展陈面积13 391平方米，展出文物2 100余件/套。更加注重和突出博物馆教育功能，首次尝试在国内地方综合类博物馆内设置探索体验馆，为青少年观众打造国内首家博物馆学校，让他们在开放式、互动式和探索式的体验中了解苏州城，放眼看世界。

网站：https：//www.szmuseum.com/News/Details/jjxg

名称：探索体验馆（见图1-11）

地点：西馆负一层

对象：3～12岁

简介：探索体验馆，面积4 500平方米，是一个面向3～12岁儿童设计的空间，由"折叠的时空""漂浮的城市""小小考古家""魅力七巧板""在外婆家学苏州话""大人们的童年回忆""好奇柜观世界"等展项和活动组成。

图1-11　苏州博物馆西馆探索体验馆

（2）中国大运河博物馆

扬州中国大运河博物馆，简称"中运博"，位于扬州三湾风景区，总用地200亩，总建筑面积约7.9万平方米，是集运河文物收藏、展示、研究、教育于一体，兼顾旅游休闲与对外交流的专题性博物馆，是大运河国家文化公园建设的标志性博物馆。展览以"运河带来的美好生活"为总体定位，设有"大运河——中国的世界文化遗产""运河上的舟楫""因运而生——大运河街肆印象"3个常设展、"世界知名运河与运河城市""运河湿地寻趣"等6个专题展、"河之恋"数字化沉浸式展览、1个展演传统戏曲的小型剧场、1个青少年互动体验项目和2个临时展厅，运用传统与现代展示手段，以多样化的展示形式，全流域、全时段、全方位地展现了中国大运河的历史、文化、生态和科技面貌，被誉为中国大运河的"百科全书"。

网站：https://canalmuseum.net/

名称：大明都水监之运河迷踪（见图1-12）

地点：主馆负一层

对象：8岁及以上

简介：在展厅中，体验者化身为古代监水使者，打造剧情，带着任务游历大运河，闯过重重关卡，以解谜的方式推演情节线索，串联与表征运河的教育知识内容，拓展运河文化传承渠道。领略到大运河沿岸风物的美好。特别是深入浅出的多媒体解读，让体验者感受到大运河古代科技的独特魅力，对古代劳动人民的伟大智慧结晶产生敬仰之情，进而产生守护、传承祖先宝贵遗产的崇高信念。

图1-12 大明都水监之运河迷踪

（3）南京博物院

南京博物院坐落于南京市紫金山南麓、中山门内北侧，占地70 000余平方米，是我国第一座由国家投资兴建的大型综合类博物馆，被评为"全国公共文化设施管理先进单位""国家一级博物馆""中央地方共建国家级博物馆""全国爱国主义教育示范基地"。

网站：https://www.njmuseum.com/zh

名称：儿童古代智慧体验室（见图1-13）

地点：特展馆儿童体验室

对象：5岁及以上

简介：融合"小茶人课堂""非遗民俗体验""博物馆探索之旅"等特色亲子互动体验活动。

图1-13　儿童古代智慧体验室

7. 上海

（1）上海玻璃博物馆

上海玻璃博物馆于2011年建成开馆，位于宝山区长江西路685号上海玻璃仪器一厂的原址上，开馆以来，上海玻璃博物馆持续为公众呈现精彩纷呈的展览：从国内外学院派玻璃艺术展览，到古玻璃专题展览，再到KEEP IT GLASSY系列展览，以及从2015年开始启动，将玻璃与当代艺术进行跨界共融的"退火"系列展览……玻璃艺术与设计正跨越时间、空间和语言文化的藩篱，以各式跨型态的精彩面貌共享于众。

网站：http：//www.shmog.org/

名称：儿童玻璃博物馆（见图1-14）

地点：建筑前身的生产车间

对象：4～12岁

简介：儿童玻璃博物馆是中国唯一一座针对儿童设立、强调可触摸与互动探索的博物馆，这里就像一个充满童趣的玻璃之城，儿童是主角，玻璃是主题，在博物馆吉祥物"玻玻"和"璃璃"的带领下，展开探险之旅。儿童玻璃博物馆的建筑前身为玻璃仪器厂的生产车间，后被改造为展览、互动、玩乐、DIY、餐饮、礼品店、派对场所集于一身的二层空间。在这座玻璃之城中，家长和儿童可以在诸多单元里进行闯关探险与触摸互动，如：键盘阶梯、玻璃迷宫、阳光沙滩、火神欢乐剧场、热力梦工厂等，4~12岁的儿童在玩乐之余可以学习到所有与玻璃相关的知识。

图1-14　儿童玻璃博物馆

（2）中国航海博物馆

上海中国航海博物馆，是经国务院批准设立的中国第一家国家级航海博物馆，旨在弘扬中华民族灿烂的航海文明和优良传统，培养广大青少年对航海事业的热爱。博物馆建筑面积46 434平方米，室内展览面积21 000平方米。馆内以"航海"为主题，"博物"为基础，分设航海历史、船舶、航海与港口、海事与海上安全、海员、军事航海六大展馆，渔船与捕鱼、航海体育与休闲两个专题展区，并建有天象馆、4D影院、儿童活动中心，涵盖文物收藏、学术研究、社会教育、陈列展示等功能。

网站：https：//www.shmmc.com.cn/

名称：儿童活动中心（见图1-15）

对象：5~10岁

简介：以中小学生研学视角出发开展"未来航海家"系列线下研学活动以及"航海云课堂"系列线上研学活动，组织馆校合作、研学实践、家庭日活动等，以讲好中国航海故事，了解海洋、海军和博物馆等方面的知识为旨归。

图1-15　儿童活动中心

（3）上海自然博物馆

上海自然博物馆的展示以"自然·人·和谐"为主题，以"演化"为主线，从"过程""现象""机制"和"文化"入手，"演化的乐章""生命的画卷""文明的史诗"三大主题板块下设十个常设主题展区，阐述自然界中纵横交错、相辅相成的种种关系。

网站：http://www.snhm.org.cn/

名称：探索中心

地点：地下二楼

对象：涉及不同年龄段

简介：上海自然博物馆构建了面向各类受众、多维立体的教育体系，借助问题导向的教育方式、以人为本的自主学习和动态开放的知识体系，引导观众探究过去、把握现在、思考未来。位于地下二楼的"探索中心"是馆内特设的 处构筑观察发现、动手实验、对话探讨的教育活动场所，面积达1 200平方米，以儿童、青少年、学生团体、亲子团体为主要受众群体。结合博物馆特色展示资源，衔接学校课程内容，自主开发教育课程，活动形式层次丰富，紧扣学生兴趣特点，涵盖了几乎所有学科门类。

（4）上海博物馆东馆（未开馆）

上博东馆构建起以中国古代文化主题为核心的展陈体系，以常设展为主，为观众呈现海内外体系完整、脉络清晰、史料翔实、叙事生动的中国古代艺术通史陈列，以及海派与江南文化、中外文化交流、互动体验四大系列。其中，青铜馆、书法馆、绘画馆、印章馆是海内外唯一的常设通史陈列场馆。

网站：未建

名称：古代文明探索宫

地址：上博东馆三层、四层

对象：青少年

简介：古代文明探索宫分为上下两层，下层（924.4m^2）位于东馆三层，上层（855.3m^2）位于东馆四层。以全球史的视角探寻人类文明的闪光点，选取影响人类文明发展的关键性因素（如陶器、文字、战争、科技等）和文明交流的关键性探索（如丝绸之路等），与上博东馆常设展的内容有关联，即可通过和上博东馆展厅中陈列的文物做关联来实现实物佐证。以探索式、沉浸式体验为内核的教育空间，致力于以实物和实景相结合的方式，强调展教结合与体验互动，为青少年带来更为丰富的博物馆学习体验。

8. 长沙博物馆

长沙博物馆是集文物收藏、保护研究、展示宣传、教育服务等功能于一体的国家一级博物馆、综合性地志博物馆。涵盖了从旧石器时代至近现代印证长沙历史文化发展的各类实物，包括了能够展现长沙历史的商周青铜器、楚汉文物、唐代长沙窑瓷器和近现代文物。

网站：https：//www.csm.hn.cn/#/home

名称：哇哦，博物馆（见图1-16）

地点：长沙博物馆二楼博乐园

对象：5～12岁

简介："哇哦，博物馆"儿童展览是长沙博物馆的常设原创儿童展览。展览位于长沙博物馆儿童区博乐园内，面积120平方米，以长沙博物馆的展示与典藏内容为基础，针对5～12岁儿童设计，以"体验式互动展览"的形式，展览内容包括博物馆的藏品与分类，藏品的来源，藏品保管与保护，藏品的功能、文化共享。引导儿童积极参与探究博物馆的台前幕后，建立儿童对博物馆的正面印象，激发其对博物馆和长沙历史文化的兴趣，传达博物馆文化共享理念。

图1-16 哇哦，博物馆

9.广东省

（1）广东省博物馆

广东省博物馆位于广州市，是一座省级综合性博物馆。截至2016年12月，藏品总数达17.27万余件（套），包括文物和古籍130 785件（套），自然标本41 960件。汇聚历史、艺术、革命、自然等诸多种类于一体，是华南地区藏品数量最多、品类最丰富、特色最鲜明的博物馆。

网站：http：//www.gdmuseum.com/

名称：青少年活动中心（见图1-17）

地点：一层

对象：8～15岁

简介：广东省博物馆青少年活动中心于2013年5月18日正式对外开放。该中心总面积138平方米，以岭南特色的"骑楼"作为设计主元素，内部分为多媒体播放区、青少年活动区、作品展示区三大部分。

图1-17 广东省博物馆青少年活动中心

此外，2016年广东省博物馆开放了《文物动物园》展览，从儿童视角出发，分为"陆地""水中""空中""家园"和"变形"五部分。展览以文物图片及根据文物形象制作的卡通插图诠释，让观众体验中国古代先人是如何利用自然之物激发想象力，让观众感受多姿多彩而又独具魅力的动物形文物，引起"人类文明与动物""人类与自然"等话题的思考（见图1-18）。

图1-18　《文物动物园》展览

（2）南越王博物院

南越王博物院是以南越国重要考古遗存为依托的大型考古遗址类博物馆，南越王博物院合计建筑面积达4万平方米，展示南越文王墓、南越宫苑、南汉王宫等考古遗址。

网站：https：//www.nywmuseum.org.cn/

名称：南越玩国（见图1-19）

对象：3～8岁

简介：介绍南越国历史文化、地域特点、生活习俗等。了解南越国组玉佩应用与搭配规则，了解南越国的故事与文化等。运用"1+1+N"展区模式着力打造"无边界博物馆"，致力于践行"以人为本"的发展理念，进一步拓展博物馆社会服务功能，做到"让传统文化活起来"；以"咫尺为邻"为计划，让更多的展览走进社区、学校、商场，走进图书馆、科技馆及同行博物馆等公共文化设施，诠释博物馆力量，彰显流动展的魅力。

图1-19 南越王博物院"南越玩国"

10. 四川省

（1）成都博物馆

成都博物馆是西南地区迄今规模最大的城市博物馆，国家一级博物馆，已有65年的历史。现有藏品近30万件，形成了上至新石器时代，下迄民国时期，包括历史文物、皮影木偶、近现代书画精品等较为完整的藏品系列。

网站：https：//www.cdmuseum.com

名称：周末儿童博物馆（见图1-20）

地点：主题社教活动厅

对象：14周岁以下

简介：成都博物馆作为弘扬中国优秀历史传统文化、传承与发扬"天府文化"的重要文化场馆，采用"3+N"模式："3"是"成博带你看古今""成博带你知美学""成博带你探自然"三大版块主题活动；"N"则是围绕各大临展、重要节假日等推出的特别活动。针对学龄前儿童以"游戏式"玩乐活动为主，寓教于乐；针对小学低年级儿童的"课程式"活动包括手工、探索、展演、主题课程等；针对小学高年级和初中少年儿童的"项目式"活动则以探究学习、知识讲座为主，培养孩子们的探索精神和思考能力。

图1-20　周末儿童博物馆

（2）重庆中国三峡博物馆

重庆中国三峡博物馆（重庆博物馆）是一座集巴渝文化、三峡文化、抗战文化、移民文化和城市文化等为特色的历史艺术类综合性博物馆。馆舍由主馆、重庆白鹤梁水下博物馆、重庆宋庆龄纪念馆、涂山窑遗址、重庆三峡文物科技保护基地五个场馆组成，占地面积5万平方米，建筑面积7.17万平方米，展厅面积2.7万平方米，年均服务观众超300万人次。全馆现有馆藏文物11.5万余件套（单件超28万件），珍贵古籍善本1.8万余册，涵盖23个文物门类。

网站：http：//www.3gmuseum.cn/

名称："123"创艺坊（见图1-21）

地点：大厅一层左侧

对象：5岁及以上

简介："123"创艺坊以实现观众对博物馆及博物馆文化的"好奇、探索、发现"，提供丰富多样的体验活动让博物馆变得更有趣，以寓教于乐的方式让观众在博物馆"玩起来"，在动手动脑的互动中加深对传统文化的理解。

图1-21　"123"创艺坊

11. 云南省博物馆

云南省博物馆位于昆明市，成立于1951年，是云南省最大的综合性博物馆，也是首批国家一级博物馆，占地面积150亩、建筑面积6万平方米、展厅面积达16 500平方米。拥有青铜器、古钱币、陶瓷器、古书画、碑帖、邮票及各类工艺品共计20余万件（套）文物藏品，是云南的历史、文化、艺术的聚集之地，也是来滇游客的必经之地，更是青少年学生的第二课堂。

网站：https：//www.ynmuseum.org/index.html

名称：儿童馆（见图1-22）

地点：二层

对象：6岁及以上

简介：儿童馆原为儿童活动中心，2015年后改造为儿童馆，举办了大量教育活动，如策展人职业体验营、节日活动、红色文化体验活动等。

图1-22　云南省博物馆儿童馆

12. 西藏博物馆

西藏博物馆毗邻世界文化遗产地——罗布林卡，是西藏自治区唯一一座国家一级博物馆、最大的现代化综合性博物馆，馆藏文物丰富，特色浓郁，诸如各种类型的史前文化遗物，多种质地和造型的佛、菩萨造像，历代中央政府颁赐给西藏地方的印信、封诰等重要历史实物，蘸金粉、银粉、珊瑚粉等书写的精美藏文古籍，五彩纷呈的唐卡，巧夺天工的竹木牙雕和具有鲜明特色的民族手工艺品、服饰等等。

网站：https：//www.tibetmuseum.com.cn/pc/zh-CN/startPage

名称：儿童体验馆（2021年，见图1-23）

地点：二层

对象：5～13岁

简介：儿童体验馆是西藏博物馆"最年轻"的板块，集中彰显出西藏博物馆新馆朝气与活力的一面，立足青藏高原和民族地区的西藏区情，依托馆藏文物，展现西藏地区悠久的历史文化，展示各民族交往交流交融的历史事实，传递爱护高原生态环境，共建美好家园的理念。模拟考古现场"拉萨曲贡遗址"，实际动手体验文物发掘出土过程，学习相关知识，了解历史考古发掘工作的流程，平衡普及考古知识与儿童游戏之间的关系。

图1-23　西藏博物馆儿童体验馆

13. 香港故宫文化博物馆

香港故宫文化博物馆的目标是成为世界首屈一指的博物馆，推动公众对中国艺术和文化的研究和欣赏，并与世界重要文化机构紧密合作，博物馆以崭新的策展手法，从香港角度出发，结合环球视野，展出故宫博物院和其他世界重要文化机构的珍藏。

网站：https：//www.hkpm.org.hk/sc/home

名称：故宫学堂（见图1-24）

对象：幼稚园及以上

简介：占地1 600平方米的故宫学堂是香港最大的博物馆教育专用空间，为不同年龄层及背景的访客提供丰富多彩、充满创意的教育活动。并与本地学校及其他教育机构建立长期策略伙伴合作，学生不仅可以发掘文物背后的精彩故事及其蕴含的文化意义，追溯中外文化交流的轨迹，还可以思考古物与现今生活及个人之间的联系，探索传承与创新的关系，从中获得灵感，培养学生对中国艺术、文化与历史的兴趣。

图1-24 故宫学堂

（二）博物馆儿童专区问题概要与分析

纵观国内博物馆所设的儿童专区，自然科技类博物馆、社会历史类博物馆、文化艺术类博物馆、综合类博物馆皆有分布。为针对性找出根本问题，笔者将调研范围锁定于浙江省。目前省内大大小小博物馆几百座，以杭州、宁波等具有代表性城市的博物馆陆续尝试将儿童作为特殊群体开辟儿童专区、儿童体验馆等，并积极推出儿童教育活动。由于从不同馆的内容、形式、范围来看，并不是所有馆都适合发展儿童专区，故在所抽样的38所博物馆中，设有儿童工坊、社教活动室及体验馆等的儿童专区共计25所，只占比65.8%，大部分以开展研学、走进校园等适龄活动为主，独立的儿童专区空间设置为辅。而对比国内外案例发现，儿童专区存在价值的初衷存在差距，借由案例来予以举证。选取了杭州工艺美术馆"南宋小百工"青少年体验展、浙江自然博物馆安吉馆"大自然的跷跷板"、中国国际设计博物馆"CDM——儿童工坊"、华茂艺术教育博物馆"MoAE工作坊"、宁波博物院"儿童体验区"、绍兴博物馆"社教活动室"等最具典型性儿童专区的博物馆进行实地踏查（见表1-1），尽管案例不完全代表国内儿童专区的实际情况，但存在之问题具有普遍性及代表性。本节为描述问题为主，故不对优秀案例做正面分析。

表1-1　浙江省最具典型性儿童专区（体验区）

博物馆专区（体验区）名称	杭州工艺美术博物馆——"南宋小百工"	浙江自然博物馆安吉馆的"大自然的跷跷板"	中国国际设计博物馆"CDM——儿童工坊"	华茂艺术教育博物馆"MoAE工作坊"	宁波博物馆——"儿童体验区"	绍兴博物馆"社教活动室"
目标年龄	6~12岁	4~6岁、6~12岁	6~12岁	5岁以上	8~14岁	
体验周期	2019年7月—10月（短期）	2020年7月—11月（短期）	2018年4月—至今（长期）	2020年6月—至今（长期）	2018年—至今（长期）	2019年6月—至今（长期）
体验形式	VR体验；AR沙盘；答题竞赛等	主题陈列、专题陈列和临时展览三部分组成	儿童艺术工坊、阅读分享会等	标本；模拟实验知识竞答；科普讲座；野外体验等	手工制作；工美学堂；大师工作室	参观展览；艺术品知识教授；手工制作；设计讲堂
体验内容	以工艺美术为特色，深入了解南宋时期杭州的工艺美术及传统文化	集生命科学、地球科学等自然类标本，提升自然科学文化素养和生态文明意识	以包豪斯"作为启蒙的设计"为主旨开展活动，以儿童设计教育为切入点启发儿童创造力	以"艺术教育"为"第二课堂"，共同凝练艺术智慧、启迪教育未来	内容围绕临展、文物、习俗、节日等，主要以动手操作类为主	内容以节日、红色文化等为主，与主馆内容关联性不大

1. 利用文物开展沉浸式体验，由于周期性短，导致缺乏延续性体验黏度

案例一：杭州工艺美术馆"南宋小百工"青少年体验展

杭州工艺美术博物馆，是对原街区刀剪剑、扇、伞三大国家级博物馆的扩容和升级。四大博物馆在融合了古运河、旧厂房和杭州工美文化的同时，共同构成了以运河景观、历史建筑、工艺美术为特色的，集展示、收藏、研究、培训和交流为一体的，具有杭州特色、运河特点的工艺美术主题博物馆群落。围绕各馆特色，不定期开展儿童教育项目，如"古扇新作·以扇会友"等，同时结合博物馆专业特色和小学语文教材内容，设计开发了"刀光剑影任我行""运河上的桥""赏清明上河图，探中国伞文化""美丽的西湖之花——西湖绸伞""风筝知多少""中国民间艺术的瑰宝——剪纸"等13项研学课程，以实地游览授课。

最具代表性的是2019年7月—10月举办的青少年教育体验展"南宋小百工"，属于临时展，以"无文物"与"沉浸式体验"相结合的方式，设置任务，借助服饰穿着、氛围布置、图文和多媒体展示、教学教具、知识点串联、互动答题、手工互动及男生女生版拜师帖等方式，让青少年通过沉浸式的体

验，深入了解南宋时期杭州的工艺美术及传统文化。

展览内容：围绕南宋时期杭州的工艺美术及传统文化，挑选夹缬、灯彩、团扇、南宋官窑、提线木偶、毛笔、绣画、雕版印刷、泥塑、剪刀十种工艺（见图1-24），重现工艺和文化的发展。

| 提线木偶 | 泥塑 | 绣画 | 夹缬 | 雕版印刷 |

| 毛笔 | 剪刀 | 灯彩 | 团扇 | 南宋官窑 |

图1-24 南宋十种工艺

展览形式：体验区入口处打造南宋时期风格（见图1-26），设置专属"男声版"和"女生版"导览手册（见图1-27），作为完成观展任务的依据。全部采用裸展形式，展场着重氛围营造、照明等（见图1-28～1-29），借助服饰穿着、氛围布置、图文和多媒体展示、教学教具动手操作、知识点串联、互动答题及游戏体验等方式，介绍工艺相关步骤，如"文物修复"区设置瓷器拼接的互动装置可动手复原；"笔庄"区设水写纸，用来体验毛笔书写的握笔姿势和力度。作为展览配套，在展期内开展系列教育活动，推出南宋小课堂、小小讲解员训练营及鲁班锁对抗赛，并研发多项课程。（图1-25～28）

图1-25 "南宋小百工"青少年体验展（1）图1-26 "南宋小百工"青少年体验展（2）

图1-27 "南宋小百工"青少年体验展（3） 图1-28 "南宋小百工"青少年体验展（4）

延展服务：额外增加木偶戏表演，配套出版双语绘本《我的木偶师朋友》（见图1-29）。整个体验馆具有创新性、体验性和整体性，但持续时间短，且需要收取费用，因此只短暂性得到较好的服务体验。

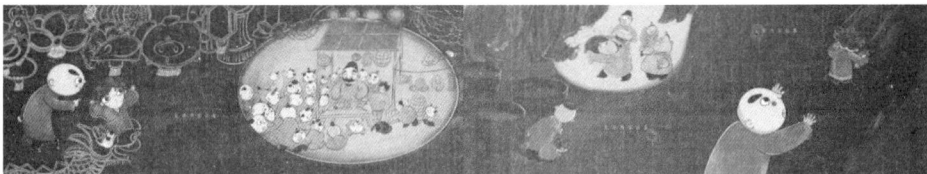

图1-29 "南宋小百工"青少年体验展（5）

案例二：浙江自然博物馆安吉馆"大自然的跷跷板"

浙江自然博物馆以"自然与人类"为主题，其中杭州馆以"自然·生命·人"为主题，以提高公众的自然科学文化素养和生态文明意识为宗旨，集生命科学、地球科学等自然类标本收藏研究、展示宣传、科普教育、文化交流和智性休闲于一体；安吉馆以"休闲体验"为主，集科普教育、收藏研究、文化交流、休闲体验于一体。线上平台一部分以网站为主，网站内设有儿童版，提供科普活动、在线课堂、益智游戏，展示区等与自然相关的内容，据网站现有数据显示，更新时间于2018年10月；公众号平台定期开展"线上小课堂""小小讲解员"等系列活动，并针对4～6岁、6～12岁不同年龄段儿童开展主题讲解活动。

2020年7月18日安吉馆启动的"大自然的跷跷板"儿童教育体验展，围绕极地小卫士、森林守护者、文物动物园、自然游乐场四个单元，以15个互动参与展项和50余个互动探索的问题，调动儿童的动手动脑探索能力，并针对不同年龄段的儿童设计不同版本的探索学习单，采用"双语"导览形式，推出面向成人的文字导览和面向儿童的语音导览，更大程度地让儿童从展览的参观者转变为展览的参与者。

　　展览内容：遵循儿童的认知与发展特点，科普自然保护知识。单元一"极地小卫士"（见图1-30）介绍南北极生态环境和特有物种，展示基地生态平衡状态和面临的环境问题，探寻解决之道；单元二"森林守护者"（见图1-31）介绍森林生态环境和其中特有的物种，展示森林生态平衡和面临的危机，探寻环保方法；单元三"文物动物园"（见图1-32）以文物为线索，展示人与动物相依相存、从动物的习性中获取创意和灵感的历程，探讨人与动物间关系的变化；"自然游乐场（见图1-33）"设置诸多游戏环节体验森林大冒险。

图1-30　儿童教育体验展（1）　　图1-31　儿童教育体验展（2）

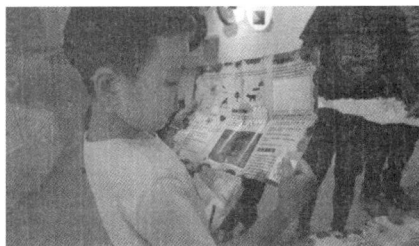

图1-32　儿童教育体验展（3）　　图1-33　儿童教育体验展（4）

　　展览形式：强调从展览的参观者转变为参与者。壁挂式、地台陈列；标本模型；模拟实验、影像资料等，标本；模拟实验知识竞答；科普讲座；野外体验等。

　　延展服务：招募小小志愿者，当一名"小小管理员"，保护展览互动区的小动物们，并在展览期间开展动物狂欢派对。

　　2. 围绕主馆内在元素定期开展儿童教育等主题性活动，项目本身具有较

好完整性，但缺乏观前、后服务延伸及大纲设定，未能形成系统性

案例三：中国国际设计博物馆"CDM——儿童工坊"

中国国际设计博物馆，作为中国首家拥有西方现代设计系统收藏的中国国际设计博物馆，其中长期陈列的两个展览以"以包豪斯为核心的西方现代设计系列收藏"为主的"生活世界——馆藏西方现代设计展"，以及"馆藏马西莫·奥斯蒂男装展"，立足生活原点，探究设计与生活的关系。馆内设有儿童工坊，不定期围绕不同设计主题开展活动，2018年4月开馆至今，共举办儿童工坊30多期，其中包括受疫情影响，线上开设项目。公众号（见图1-34）与网站（见图1-35）平台同步并单列"儿童工坊"这一项，推出项目预告与报名，具有公众信息快速获取的可及性。由于拥有丰富的教学资源，项目长期招募艺术专业支教老师与志愿者，从2021年11月启动"美，在山间·在田野·在溪边"乡村美育儿童艺术工坊公益项目。

图1-34　中国国际设计博物馆公众号　　　图1-35　中国国际设计博物馆网页

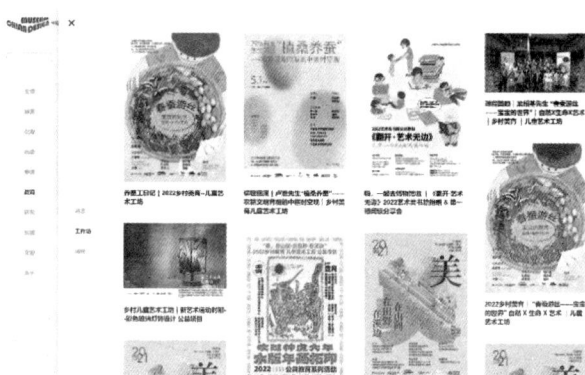

工坊内容：关爱乡村留守儿童与困境儿童的美育启蒙与创造力发展，普及专业美育知识与创造力思维启发等系列课程的开展。

工坊形式：将通过文学、诗歌、绘画、音乐、农耕文明与当代艺术等主题，去引导小朋友们回归自然、热爱生命，用他们天真丰富的想象力和大胆的创造力，去感受新的艺术创造。

延展服务：将教育空间从室内"搬到"室外。

案例四：华茂艺术教育博物馆"MoAE工作坊"

华茂艺术教育博物馆（Huamao Museum of Art Education）以"收藏为了

教育，建馆旨在育人"为立馆宗旨，是我国第一座以"艺术教育"为主题的博物馆。MoAE日常公教活动是华茂艺术教育博物馆公共教育部的基础项目，面向全年龄层，从艺术教育的视角出发，每年确立不同的艺术主题。

工坊内容：围绕藏品、展览、学术交流等，以2022年公教活动为例，开发12个美育主题系列，包括MoAE国潮系列、版画系列、建筑系列、剧场系列、与大师同行系列、自然美育系列、非遗系列、二十四节气系列等内容；特色公教活动主题"共生之土：创造未来城市"、夜巡博物馆；公益美育活动为点亮"乡村娃"艺术梦，开设竹编龙灯制作、版画工坊、舞龙工坊等美育课程。

工坊形式：日常公教活动以美育工作坊为主要形式，架起艺术与公众之间的桥梁，每个系列都进行多场不同内容的活动；特色公教活动主要有小小导览员、儿童艺术展、夜宿博物馆、MoAE一日营等形式，让参与者能长时间充分地沉浸在艺术氛围中；公益美育活动聚焦乡村儿童的美育发展，助力做好"双减"下的乡村美育"加法"。

延展服务：立足本土，馆校联动，努力实现院校课程体系与博物馆公共项目的有效融合与碰撞，打破学校、机构、公众界限，将美育渗透到日常学习和生活中。

3. 未从主馆本身找结合点和叙事逻辑，或照搬、或简单复制国外，无法满足主动学习而非强制传授的学习深度

案例五：宁波博物馆"儿童体验馆"

宁波博物馆属于综合类博物馆，陈列由主题陈列、专题陈列和临时展览三部分组成。主要以发现探索有教育意义的艺术品，利用感官了解宁波当地的历史与民俗。展品资料以宁波民俗风物为主，竹刻艺术，馆藏精品，从史前河姆渡文化至近代以来的珍贵青铜器、瓷器、竹刻、玉器、书画、金银器、民俗等文物6万余件。展览媒介有展览折页、展品说明、藏品介绍视频（见图1-36、1-37）、LED电子图文显示屏、触屏式互动屏幕、数字博物馆、展品3D展示等，形式多以视觉、听觉为主，少有能触摸的展品。馆内设有儿童体验区，整体空间并不大，主要设有陶艺机、阅读区及低幼游玩区，与本馆主题内容不一致。网站有独立设置少儿版，分"智慧碰撞""益智区""资源共享"三个板块，但内容基本停留在2017年以前，信息未及时得到更新，形同虚

设。公众号更新及时，定时发布相关主题性活动，且配合展览开展"儿童研学堂""青年探索体验"活动，如围绕新展《走进西域——新疆丝绸之路文物精品展》，开展了"戈壁彩石串""篦梳DIY""砖画临摹""手绘马俑""石塑金牌"等主题活动，通常活动人数受限，一般控制在20人左右，针对儿童的年龄层，主要集中在8~14岁，以提交信息报名、后台回复是否成功、支付等流程完成整个预约服务过程，但此过程通常由家长完成，为此存在儿童自行参与选择的服务"缺口点"，且活动结束，此服务行为也终止。以服务设计"全链路"视角看，宁波博物馆针对儿童设置的服务内容、形式，存在较多"断层面"，较多着力于展览及活动服务中端，而缺乏服务前端与后端的整体规划。

活动内容：根据临展、习俗、城市历史等推出各种主题的少儿活动。

活动形式：讲解员会对活动内容或展项进行讲解，随后根据报名情况，参加探索体验活动，一般以手工制作为主。

延展服务：围绕宁波博物馆志愿服务"小小文博人"与宁波电台"金色年华"栏目开展对话，组织青少年公益读书会等。

图1-36　宁波博物院藏品介绍视频（1）　　　图1-37　宁波博物院藏品介绍视频（2）

案例六：绍兴博物馆"社教活动室"

绍兴博物馆以绍兴历史文化地理为地域范围，以绍兴历史发展为脉络，以绍兴重要历史时期为节点，分"先越、越国、会稽郡、越州、绍兴府、近代绍兴"六个部分，系统展示了绍兴从旧石器时代到新中国成立的历史文化。最具特色的馆藏文物有新石器时代的石钺，商周至春秋战国的印纹陶、原始瓷、越王剑，汉代至唐代的越窑青釉瓷、会稽铜镜，明清时期的书画作品等。每月举办社教活动，并将文博课堂带进校园，助推"双减"政策落地项目，累计课堂教学41场次。

4.未形成儿童专区品牌化意识，造成宣传与信息推广的断层

案例七：良渚博物院

良渚博物院，是一座收藏、研究、展示和宣传良渚文化的考古遗址博物馆，展览依托"水乡泽国""文明圣地""玉魂国魄"三个展厅，根据展陈的需求介入多媒体展项，通过科技手段使用大型油画、场景复原、数字多媒体、3D打印、AR沙盘等新技术在虚实交错交互体验的过程中向儿童展示历史文化，为儿童扩充了视觉空间感受和体验，加强儿童在实体文物中参观的感受，为儿童观众提供个性化的数字化展示服务，但需要注意儿童观者对于互动装置存在操作认知负荷。公众号推送服务中，衔接参观前选择，设置"儿童走线"，且地图使用卡通风格，讲解内容通俗易懂符合儿童认知；网站中虽没有设立少儿版，但结合"虚拟游览""视频欣赏""游戏互动"可预先了解博物馆内相关文化。成立青少年第二课堂"小良学堂"，结合主馆"良渚文化"展开主题型教育服务，针对较大年龄段儿童开展"小小讲解员""小小志愿者""小小考古家"活动；针对幼儿层面，侧重将知识通过游戏的方式，传输给孩子，让其在游戏中学习、在游戏中记忆，并在游戏中实现良好的亲子互动，较大程度激活博物馆与儿童之间的系统服务。

此外，良渚博物院于2020年7月开启了"良良漫游记"系列社教活动，采用亲子读书分享会、互动社教课程等方式向广大儿童观众传播良渚知识、普及良渚文化。"良良漫游记"系列社教活动共分为"良良博物馆漫游记""良良校园漫游记""良良中华漫游记"三个部分，以《良良的世界》儿童绘本（见图1-38、1-39）为载体，配合有声故事系列，于《钱江晚报》的"小时新闻"、良渚博物院微信公众号等新媒体平台推出，进行低年龄层的良渚文化科普工作，在良渚文化的传播与展示上做出新的突破，有效串联整个博物服务系统。

图1-38 《良良的世界》儿童绘本（1）　　图1-39 《良良的世界》儿童绘本（2）

从以上项目可以看出，儿童用户价值体现不够明显，与真正意义上儿童专区存在差距，未对本馆中最能吸引儿童的部分作拓展，馆内开展儿童主题活动无外乎"手工活动""小讲解员""讲座"等，主题性项目目前逐步趋于成熟，并受儿童与家长的热捧，但年龄段较为局限，缺乏融入本馆元素，展区仅作为开展儿童教育项目的场所，未实质性贯穿"以儿童为中心"同"以儿童为主导"互补[①]的专区服务模式。展示信息多成人化表述，信息获取大部分呈被动模式，走马观花似的浏览、填鸭似的讲解对孩子来说并没有兴趣点和吸引力，儿童被处于"去中心化"地位。从不同服务接触面对博物馆信息传递、用户体验等方面看，展览大量启动互动辅助展品，增强用户认知和互动体验，定期举办的体验式或主题式活动将馆内信息点改为动手或创意，丰富了游览的内容，增加了体验的乐趣，也带来了更多乐趣和回忆。然而展览选题缺本馆主馆元素，并未与博物馆特色资源找到结合点；大量馆外信息采用官网或公众号的宣传方式，很少利用其他大众媒体与观众沟通，信息接触点人群还相对较少，且较少针对儿童定义参观路线，缺少观众应该了解什么、观看什么、参与什么等服务认知内容及观后的交流互动空间等增值服务，真实的体验价值应是用户自己创造的，而不是外在物质本身的价值。

（三）参与主体与范式转变

在被媒体包裹的时代下，博物馆参与主体重心将放在"观众"、访客和互动上，鼓励更多更好的参与，包括满足参与者需求、激发展品与人的"对话"、提高社交体验、建立展品与人关联并为之分享等。以访客为中心的博物馆实践范式受到推进，"博物馆中的儿童"这一概念也随之发生很大的变化，互动式模式也经历了诠释展品、触摸展品、动手实际操作学习等发展方式。

1990年荷兰博物馆学家梵·门施（Van Mensch）为博物馆实践范式的转变奠定了基础[②]，他在其论著中将博物馆功能从传统的五类（收藏、保存、展

---

① "以儿童为中心"的教育强调的是培养学习的兴趣；"以儿童为主导"的教育强调的是激发儿童学习的兴趣。两者互为补充。

② Peter Van Mensch.Methodological Museology, or Towards a Theory of Musemu Practice [M]. London: Athlone, 1990.

览、研究、教育），提炼成三类（保存、学习、沟通）①，其中沟通功能指向
展览和教育的混合，将展览设计的协作方式与博物馆观众的利益相结合。这
一阶段中，儿童（主要指中小学生）只是被动的受学校组织到博物馆参观学
习，而后伴随着科学家对儿童大脑功能和神经构成的研究，美国博物馆联盟博
物馆教育特别工作组（AAM Task Force on Museum Education）于1992年发布
了一部具有里程碑意义的政治报告《卓越与公平：博物馆教育与公共范畴》
（ *Excellence and Equity：Education and the Public Dimension of Museum* ），报
告建议"博物馆应支持和增加各个年龄段观众的受教育机会，加强博物馆的公
共维度和履行满足公众多样性的教育使命"②。由此博物馆参与主体越来越细
分化，不同文化、年龄及背景的观众被考虑进来，尤其对儿童群体有了重新的
认识。同年，约翰·福克（John H.Falk）和林恩·迪尔金（Lynn D.Dierking）
合著《博物馆体验》③一书，第一次提出以观众视角看待博物馆参观，彻底改
变了博物馆专业人员对于观众博物馆体验方式与组成部分的了解。20年后再次
出版《博物馆体验再探讨》④，将博物馆置于更宽泛的学习生态或学习"基础
设施"中，更全面描述了影响博物馆参观的三个情境：个人情境（个人发展水
平、学习模式、爱好、态度和动机等）、社会文化情境（个人文化背景和团体
组织互动差异化）、实体情境（场馆建筑、展陈、展品、互动实物等）。并改
变了以往对博物馆体验存在于博物馆参观过程中的认识，将博物馆体验从参观
前、中、后三个动态环形过程进行描述。范式的转变为丰富博物馆功能、影响
观众体验、调整与社区的关系提供了各种机遇和挑战，如博物馆是否有能力提
供技术基础设施以便观众使用数字参与；博物馆现场观众和线上观众对数字技
术的认识水平等。

---

① 　Edward P.Alexander .Museum in Motion：An Introduction to the History and Functions of Museums
　　［M］.Nashville, TN：American Association for State and Local History, 1979.

② 　Ellen Cochran Hirzy, ed.Excellence and Equity：Education and the Public Dimension of Museums［M］.
　　Washington, DC：American Association of Museums, 1992, 8.

③ 　John H.Falk and Lynn D.Dierking, The Museum Experience［M］.Washington, DdC：Whalesback,
　　1992.

④ 　John H.Falk and Lynn D.Dierking, The Museum Experience Revisited［M］. New York：Routledge,
　　2012.（本书于2021年被翻译成中文《博物馆体验再探讨》）

博物馆在帮助人们体验和了解世界方面发挥着重要作用，同时也是社区的重要资产。参与范式的转变激发了博物馆对观众参与的考虑，且涉及更多的相关利益者，为此，博物馆有必要发挥自己在学习生态系统中的作用。

（四）博物馆为什么要为儿童服务：培养博物馆终身观众

关注博物馆核心功能变化：漫长的人类文明史、多元的文化景观以及自然环境在博物馆有限的空间里得以浓缩和展现，考虑对藏品本身的保护，博物馆主要用静态玻璃展柜陈列，现如今大部分展览仍采用此种方式，这种陈列方式有悖于儿童学习探索的相关理论。尤其在大量传统博物馆，无论是展览的主题、形式，还是展品的高度、说明文字的难度，都不符合儿童的视角与习惯。儿童博物馆的出现，颠覆了传统博物馆展陈方式，展出儿童可能感兴趣的东西，比如玩具屋、汽车模拟空间、电力发动装置及动物标本等互动装置，由于其建立的初衷与传统博物馆不同，为此传统博物馆不能效仿儿童博物馆。那么一个让儿童喜欢的博物馆应该是什么样的？如何让藏品与儿童建立起联系？

而后伴随着儿童中心主义教育思潮的兴起，许多传统博物馆开始利用其丰富的藏品资源与学校开展合作，支持儿童教育。传统博物馆应该为儿童提供一个探索与发现的专属空间，让儿童有机会与"藏品"的艺术、知识、历史相遇，获得有益体验。第一家为儿童服务的博物馆成立于1899年——布鲁克林儿童博物馆，这里不仅为孩子们提供以儿童为中心的探索空间与学习环境，更向社会传递"儿童观"，并成为终身教育的起点。

1. 早期儿童教育理论的支持

博物馆儿童教育中，汲取并实践了众多教育学和心理学家的理论。区别于课本教育，博物馆参观本身就是一个主动学习的过程，而主动学习需要学习对象体验才能得以发生学习。乔治·海因（George E.Hein）在《学在博物馆》[①]（*Learning in the Museum*）中的教育理论模型（见图1-40），帮助教育工作者思考各种学习理论及每种学习理论与知识理论的关系，他指出学习是一个循序渐进的过程，人的思维随着学习过程变得越来越灵活，同时学习也是一个主动的过程，它能重新构建人的思维。在皮亚杰（Piaget）的理论中，他所

---

① George E.Hein.Learning in the Museum [M]. New York: Routledge, 1998.

定义的儿童不同发展阶段的年龄区间并不一定是固定的，通过体验才能更加深刻地理解所学内容。认知结构理论认为，人类世界由大量的可辨的不同物体、事件和人物组成，人类是由于具有归类的能力才不被周围环境的复杂性所压垮。这意味着，儿童可以根据类别或分类系统来与环境相互作用，或者是借助已有的类别处理外来信息，或者是由外来信息形成新的类别。因此，当博物馆儿童专区的设计能够对儿童认知有刺激性的输入，那么这些设计、理念、符号就会被儿童进行加工和分类，内化为儿童自身的认知。

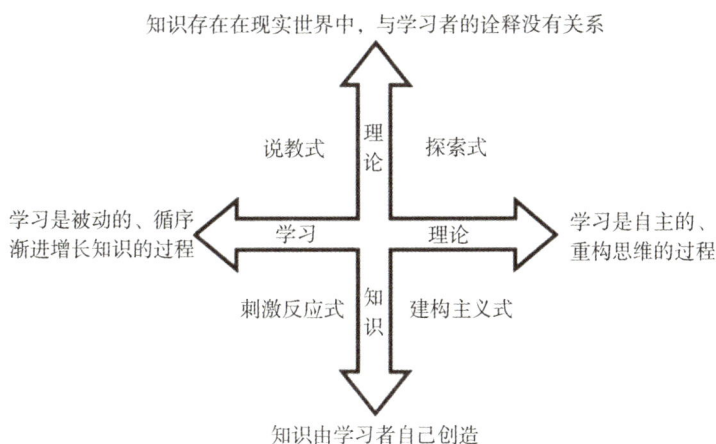

图1-40　海因的教育理论模型

苏联学家维果茨基（Lev Vygotsky）提出儿童一切复杂的心理活动的形式都是在交往过程中形成的，是各种活动、社会性相互作用不断内化的结果。儿童的知识、思想、态度、价值观都是在周围人们（特别是成人）的帮助下发展起来的。同时提出了一个重要的概念——最近发展区，即实际发展的水平与潜在的发展水平之间的差距，前者由独立解决问题的能力而定，后者则是指在成人的指导下或是与更有能力的同伴合作时，能够解决问题的能力。这就有利于博物馆儿童专区在设计的时候分开层次，不仅能够增强儿童的吸引力和兴趣，促进儿童现有水平的发展，增进儿童自身内在的发展，还有利于促进混龄儿童之间的交流与合作，促进儿童社会性的发展。

美国哈佛大学著名教育学及心理学家霍华德·加德纳（Howard Gardner）提出的多元智能理论（见图1-41）指出，人类至少存在八种智能，分别是语言智能、逻辑—数学智能、空间智能、肢体—动觉智能、音乐智能、人际智能、内省智能、自然观察智能。每一种智能都能区别其他智能而独立存在，但是这些智能之间又是相互依赖和相互补充的，这些智能在每个儿童个体身上所表现出来的差异也是明显的。儿童在成长的过程中这些身体里面的智能也需要不断地被探索和开发，只有这样儿童的某些方面的天赋才会被展现，所以博物馆儿童专区的服务设计应该要有一定的引领。

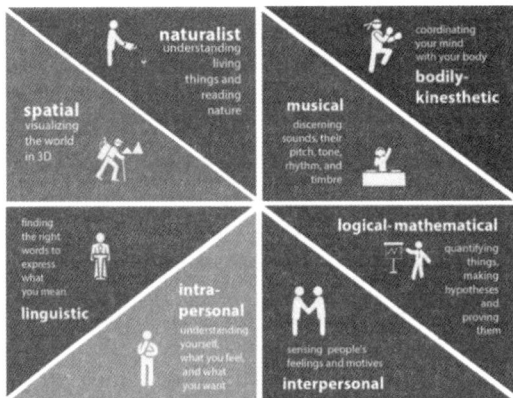

图1-41　多元智能理论模型

儿童对环境的适应机能包括同化和顺化两个过程，瑞士心理学家皮亚杰认为，同化就是把外界元素整合到一个正在形成或已经形成的结构中，即主体能够利用已有的图式或认知结构把刺激整合到自己的认知结构中。顺化是指同化性的图式或结构受到它所同化的元素的影响而发生的改变，也就是改变主体动作以适应客观变化或改变认知结构以处理新的信息。学习动机理论指出，动机是指引发支配并维持活动的倾向，学习动机（motivation to learn）是指激励并维持学生朝向某一目的的学习行为的动力倾向。学习动机与儿童的学习兴趣、学习需要、个人价值观、态度、志向水平、外来鼓励、学习后果（如学位、待遇及社会地位等）以及客观现实环境要求（如考试、竞赛和升学）等诸多因素紧密相连。动机是由需要与诱因共同组成的，需要（need）是人体组织系统中的一种缺乏、不平衡状态，可以推动着人们去活动，并把活动引向某一目标，是人的积极性的重要源泉，诱因是指能够激发起有机体的定向行为，并能够满足某种需要的外部条件或刺激物。博物馆儿童专区的设计可以利用儿童喜欢的颜色，儿童比较感兴趣的外形等去吸引儿童的注意力，更要结合儿童的心理认知结构、心理特点，创设足够吸引儿童的设计，对儿童的学习动机产生足够的诱惑刺激，同时要在各类空间、层次方面不断满足儿童的动手能力，实践能力，让儿童发挥自身的主动性，从而激发儿童自主学习的强有力动机，将传统被动的"灌输式"学习转变为"自主的"寻求和寻找。

当代建构主义强调，意义不是独立于人们而存在的，个体的知识是由人建构起来的，对事物的理解不仅取决于事物本身，因为事物感觉刺激（信息）本身并没有意义，意义是由人建构起来的，它同时取决于人们原有的知识经验背景。也就是说知识不可能以实体的形式存在于个体之外，而这些理解只能由个体学习者基于自己的丰富的和独立的经验背景而建构起来，这取决于特定情境下的学习历程。博物馆儿童专区模块的设计，可以结合这一理论，将一些枯燥无味、冷冰冰的机器巧妙地与儿童已有的认知相结合，从而让博物馆儿童专区中的所有实物对儿童发挥最大的意义。同时，当代建构主义也强调，学习不简单是知识由外到内的转移和传递，而是学习者主动地建构自己知识经验的过程，即通过新经验与原有知识经验的双向的相互作用，来充实、丰富和改造自己的知识经验。学习不是儿童被动的信息吸收者，而是儿童主动建构自己的知识过程，而且儿童在学习建构的过程中具有主动建构性、社会互动性和情境性。所以，儿童在走进博物馆属于自己的专区时，面对新信息、新概念、新现象或新问题，就会充分调动头脑中的先前知识经验，通过高层次思维活动，有目的、有意识、连贯性地对知识进行分析、综合、应用、反思和评价，对各种信息和观念进行不断的思考和加工转化。儿童也会借助家长、馆内讲解人员、高年龄儿童等这样的团体，在参观过程中不断地进行沟通交流，分享各种学习资源，儿童是自己知识的建构者，博物馆儿童专区可以为儿童创设理想的学习环境，从而促进儿童知识的自主建构。

2. 不同媒介的催热

美国儿童博物馆协会（the Association of Children's Museums）[①]（以下简

---

① 美国儿童博物馆协会的名称由来，最初的儿童博物馆领导小组成立了美国青年博物馆协会（AAYM），随着儿童博物馆在世界各地的开放，AAYM更名为青年博物馆协会（AYM），后来于2001年更名为儿童博物馆协会（ACM）。

称ACM），于1962年成立，为儿童博物馆事业的发展提供了不竭的动力与有意义的参考标准（见图1-42）。ACM自成立以来，发展出两大服务策略以满足该协会"拥护全球儿童博物馆"的使命，其一，建设和支持儿童博物馆的卓越发展与能力（出版物、规范文件、年会互动、行业研究、儿童发展研究、博物馆教育等）。其二，推广和维护儿童博物馆（传播行业资讯、开发市场与合作关系、为行业代言发声、协调全行业的积极性等）。借此有效地为不同地理位置和不同文化背景的孩子提供服务。ACM通过专业期刊《手牵手》（*Hand to Hand*）向博物馆领域分享儿童教育的相关研究成果，让社会从多层面逐渐意识到儿童的特殊性。波士顿儿童博物馆贴出"请触摸"指示牌，以全新的方式支持儿童通过游戏来学习，博物馆在该领域的发展最为迅速的时间是从20世纪70年代末开始的30年间。美国博物馆协会（the American Association of Museums）于1992年首次发布的《卓越与公平：教育与博物馆的公共维度》中，对博物馆在公共教育中的作用进行新思考，呼吁所有公民都可以充分体验博物馆的公共维度。报告对博物馆教育角色进行扩展定义，涉及整个博物馆——从受托人到守卫，从公共关系人员到提供导览服务的讲解员，从策展人到教育工作者。

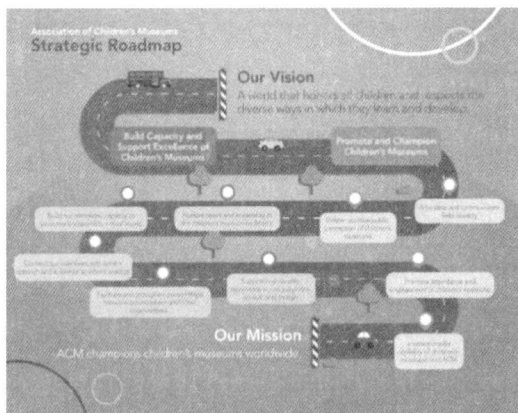

图1-42　美国儿童博物馆协会战略路线图

中国国家博物馆"传承红色血脉"青少年文化宣讲志愿者服务项目，依托馆藏红色文物和展览资源，组织青少年志愿群体进行内容丰富、形式多样的文化宣讲活动。国家博物馆志愿服务协会中参与该项目的青年个人会员每年基本保持在60人左右，项目采取常态化与特色化、线上与线下、引进来与走出去相结合的实施模式。《朗读者》《经典永流传》《典籍里的中国》《中国诗词大会》《国家宝藏》等节目的推出，使中央电视台不断被观众称道，《中国诗词大会》第五季王恒屹小朋友的出色表现更成就了一段佳话，被网友称为"中华小诗库"。2023年1月18日中央广播电视总台数字文化艺术博物馆"央博"平台于1月21日大年三十正式上线。作为总台文化数字战略工程，"央博"平台以"用前沿科技传播中华优秀传统文化"为定位，将传统文化与数字化手段深度融合，为广大受众和用户提供可触及、可互动、可持续的精神文化服务。

博物馆重视社区居民受众的建设和维护，并积极为地缘上的社区服务，已经成为共识。随着网络微博、微信等信息化的发展，新的"社区"形成了，即通过网络工具，将拥有相同兴趣、相同文化价值观念的人连接起来，组成了新的社区，而博物馆也逐渐开始重视和维护社区居民的受众，这也是博物馆未来需要重视和发展的方向之一。同时，在"互联网+"的时代，实际参观博物馆的儿童中能够真正接受博物馆信息并传播的比例很小，博物馆可以借助网络传播影响更多的受众，尤其是这种网络化的社区，他们可能从偶然走进博物馆变成博物馆"忠实粉丝"，也可能从不喜欢博物馆转变为怀着"试试看"的实际观众，并逐步改变对博物馆的认知。

3. 相关政策的推广

赋能儿童权利与相关政策的推动。为了更加务实地关注儿童成长需求，联合国儿童基金会（1996年）提出儿童友好城市相关政策，最终目标是通过倡导儿童优先理念，鼓励政府制定实施促进儿童发展的政策体系和公共服务体系，保障儿童的健康、教育、福利和安全，促进儿童生存、发展、受保护和参与权利的实现。建立高标准普惠性的公共服务体系，在图书馆、博物馆、体育馆、科技馆和其他商业场所等公共空间设置儿童设施，消除儿童融入公共空间的障碍，满足儿童成长最基本的需求。

2016年，教育部等11个部门联合印发了《关于推进中小学生研学旅行的意见》，把研学旅行纳入学校教育教学计划。此后，研学游开始逐渐火热起来。研学也成了家长丰富儿童寒暑假，提升孩子的综合素养的热议话题和倾向。博物馆、美术馆作为"城市文化客厅"，是一座城市文明的标志，也是社会美育不可或缺的"第二课堂"。博物馆、美术馆研学课程，在"双减"政策和市场需求的双重驱动下，成为研学细分市场中的一匹"黑马"。不同于传统的夏令营，博物馆、美术馆研学是"文化+教育+旅游"跨界融合的产物，更易受到家长和学生的欢迎。博物馆、美术馆研学热度居高不下，也说明了越来越多的家长更愿意让孩子体验和感受除课堂以外的知识。而且博物馆也在不断地探索菜单式、分众化课程，从而满足儿童个性化的需求。在湖州双林建设的儿童博物馆岛研学基地，在近万平方米的场馆中设计出包括艺术博物馆、数字运动博物馆、非遗博物馆、VR博物馆、动漫博物馆、建构玩具博物馆、自然博物馆、低碳博物馆和安全教育博物馆九大主题迷你博物馆，是中国第一个以博物馆为主题、为3～15岁儿童提供互动和体验式教学的研学基地。甘肃省明确到2035年，博物馆（含纪念馆）将成为全省中小学校教育教学的重要课堂。至此结合教学计划、学生认知规律与兴趣特点和博物馆实际，重点围绕纳入中小学教材内容的莫高窟、铜奔马、简牍等有甘肃特色的文物和丝路文化、长城文化、长征文化、黄河文化、革命文化，将课堂搬进博物馆，开展现场教学。宁波保国寺古建筑博物馆通过精准市场定位、融入优质课程、盘活内外资源、首推"博物馆之夜"等举措，向公众推出暑期研学营，打造研学基地文旅融合新模式，致力于挖掘传统文化、古建文化、木构文化、生态文化，课程内容也在不断迭代更新，从2021年开始还增设了手作、实验、探秘等更具有操作性、探索性、趣味性的课程。

基于我国义务教育所存在的短视化、功利性等问题，2021年7月中共中央办公厅、国务院办公厅印发了《关于进一步减轻义务教育阶段学生作业负担和校外培训负担的意见》（以下简称"双减"政策），该政策的出台促使育儿观念的更新，从高作业负担、过度培训化转向学习内容多样化、学习渠道多元化。博物馆作为公共文化服务机构，拥有优秀文物资源和教育资源，加强馆校合作，运用系统化思维、多样化手段、常态化机制，实现学校教育和博物馆教育有机融合，能充分发挥博物馆在弘扬中华优秀传统文化、构建社会主义核心价值观方面的重要作用，立德启智，文教融合促"双减"。"双减"带来的机遇，在于社会教育需求发生了变化，"双减"后，学校对于丰富多彩的社会教育有了强烈需求，博物馆作为地方的文化地标，应该与教育主管部门以及学校建立机制性送教、送展上门制度，使儿童从偶尔去一次博物馆，变为常规课程或活动，从而系统培养孩子们对城市文史的兴趣，提高综合素养。更要将趣味性与知识性融合，打造终身学习的课堂。

二、博物馆儿童专区开设及服务设计介入新机遇

据文化和旅游部政府门户网站发布的《中华人民共和国文化和旅游部2019年文化和旅游发展统计公报》统计，截至2020年6月，博物馆接待未成年人31 654万人次，增长6.7%，占参观总人数的23.6%。也就是说，未成年观众俨然成为博物馆主流参观人群，博物馆作为非正式的教育机构，是新兴的校外教育机构，支持家庭教育，补充学校教育，为儿童和家庭提供服务，对于未来教育发展产生强大的聚合效应。尽管2020年1月后受疫情的影响，博物馆的教育活动、展项人流数量都有所减少，但教育部等相继推出健全馆校合作机制，促进博物馆资源融入教育体系等政策的推出，及"双减"政策下需要校外资源的补充，都助力博物馆展教融合等项目推广。然而目前我国国内儿童博物馆数量较少，最典型的是呼和浩特老牛儿童博物馆（2020）、深圳爱得文儿童博物馆（2019）、北京彼岸儿童博物馆（2019）、中国妇女儿童博物馆（2006）、上海儿童博物馆（1996）等屈指可数的几座博物馆，更多的儿童展览是以博物馆内开展独立的儿童专区形式出现，这种展览可称为"以儿童为导向的展览"（children-oriented exhibition）。传统博物馆中的儿童专区是指"在博物馆内开辟展区，根据儿童身心特征和博物馆资源确定主题，选择、制作和征集展品，借助多种方式对展品加以活泼呈现，构成一个能反映自然、社会生活某些事实、现象和规律的展示传播体系"。它既是博物馆面向儿童行使使命的重要途径，又是儿童初识博物馆的一方窗口，[①]更是从小培养儿童博物意识的载体。最大的特点是在尊重儿童身心特征的同时，借助主馆资源去激发并满足儿童学习兴趣，实现寓教于乐。

（一）博物馆儿童专区的服务对象与核心价值

博物馆作为非正式教育机构，起初为儿童提供服务对象并没有明确划分

---

① 　周婧景.试论博物馆儿童专区展览"双重尊重"原则及其实现对策——以台北"故宫博物院"儿童学艺中心为例[J].东南文化，2018（4）：98.

年龄段，儿童参观博物馆的形式普遍由学校组织开展。直到21世纪初，博物馆将学龄前儿童纳入目标观众，重新界定了博物馆对于儿童对象的认识，与此同时随着针对儿童早期大脑发育以及认知发展领域的各项研究使早期学习领域的理论知识越来越丰富，博物馆从业人员开始重新定义儿童观众，最终突破学龄儿童（K-12）[①]的界限。如今我们所说的博物馆儿童对象（见表1-2），主要是指学龄前儿童和婴幼儿，也包括中小学生，年龄跨度增大，且不同年龄段儿童所针对的教育目标具有明显差异，不同博物馆针对儿童对象的界定也有所不同，都给博物馆带来了新的机遇与挑战。布鲁克林儿童博物馆起初是根据"6~20岁青少年的兴趣"（Scientific American 1900）以及公立学校的教育内容来选择藏品的，其中大部分藏品都与自然科学有关；美国大都会艺术博物馆则为4~15岁的儿童观众开设"儿童故事时间"聆听博物馆藏品的故事。

表1-2　服务对象年龄段划分

	年级	年龄
婴幼儿	baby	0~1岁
学龄前	Pre-Kindergarten	2~3岁
幼儿园	Kindergarten	4~5岁
小学	Grade1—6年级（或1—5）	6~12岁
中学（初中）	Grade7—9年级（或6—8）	13~15岁
中学（高中）	Grade10—12年级	16~18岁

儿童博物馆以儿童为中心，其更倾向具有独立建筑场地的服务与儿童社会教育机构，展览不受任何主题及其内容限制，为传统博物馆设计儿童专区增加了新的维度。而传统博物馆最大的限制在于，它不同于图书馆的书籍允许访客取下来浏览翻阅，也不同于儿童博物馆的展品允许访客动手操控来探索。当然它们也存在共性，都属于非正式学习环境；以空间为框架组织学习体验，不受人为时间学习的设定。

前面我们阐释了博物馆儿童专区的概念，区别于儿童博物馆（见表1-3）及场馆本身藏品或定位的不同，每个场馆所设立的专区重心需兼顾与主馆主题

---

① K-12教育是美国基础教育的统称。"K-12"中的"K"代表Kindergarten（幼儿园），"12"代表12年级（相当于我国的高三）。"K-12"是指从幼儿园到12年级的教育，因此也被国际上用作对基础教育阶段的通称。

的关联，为此不同场馆有着不同教育目标和教育内容。较为成熟的台湾"故宫博物院"儿童学艺中心，为5～12岁儿童建构五感体验的游戏学习空间，按照一定浏览动线设计，以"故宫博物院"最具代表的馆藏物品，通过"观察、触摸和互动"，激发儿童对于馆藏藏品的认知。博物馆之所以开设儿童专区，其核心价值有四点。一是发挥博物馆教育场所的功能，与课本知识相比，为儿童"量身定做"的专区更具有直观性、实物性、开放性等特点，符合儿童从互动中学习的认知特点，塑造儿童正确的价值观和思维方式，培养博物馆情结和未来观众；二是从博物馆发展来看，吸引大量儿童能带动更多成年人的关注与参与，增添博物馆人气；三是与国外博物馆相比，我国博物馆针对儿童所开设的展项及馆数与实际儿童人口比例相差悬殊；四是我国博物馆数量庞大，从国营到私立，文化底蕴深厚，类型多样，各地分布各具特色，开辟符合儿童年龄及心理特征的展览形式及内容，能让儿童更早地接触"老物件"及其背后的故事，产生强大的归属感。这就明显区别于儿童博物馆所开设的价值观。

表1-3　博物馆儿童专区与儿童博物馆核心价值区别

博物馆儿童专区	儿童博物馆
符合博物馆的整体使命	促进儿童的基本技能发展
展出各历史时期的物件，帮助理解展品的功能、技艺等	将各种抽象的概念用具象的方式呈现出来，尊重童年的概念
以历史时间或现实关联的叙事方式拉近儿童与先辈之间的距离	以有意义的方式连接家庭关系与环境
培养博物馆情结和未来观众	构建社会学习网络，补充传统课堂
充分发挥公共文化服务的社会教育功能	加强教育和照顾儿童的社区资源
助力学校教育	助力当地经济发展

（二）博物馆儿童专区服务设计介入的机遇

博物馆虽然是非教育机构，但具有兼具高价值与相关性的学习体验环境，同时具备完整的教育生态系统，包括博物馆本身及其他文化体验、教育项目、在线产品等，以及与正规教育形成的补充关系。单纯地把博物馆看作一个学习场所，不足以满足观众的实际需求，也不能适应教育模式发展、新兴技术应用、服务理念导入下的推动。为此，博物馆介入服务设计一方面符合博物馆内部与外部各种各样要素或子系统之间的协同运行，另一方面科技的发展助推博物馆系统运行的完整性。

1."展览+教育"的新模式发展

自2007年国际博物馆协会将"教育"列为博物馆首要功能之后，博物馆作为一个高度组织化与制度化的非正式学习机构的需求被极大的放大。在此之前，美国博物馆强调"教育"作为征集、保护、传播、展出等各项基本业务的共同目的，要求博物馆业务活动贯彻"教育"的目的，并以此开展相关以"教育"为主的活动，如美国克利夫兰艺术博物馆从馆藏品中选择了1.8万件复制品专供对外教育使用，设计18个教育专题，并将藏品带入校园，幼儿园和小学生接触复制品，高年级学生直接接触艺术品；大都会博物馆投资修缮教育中心，构成演讲厅、动手画画或雕塑画室、电脑互动游戏室、图书馆、教师资源中心等空间。国内首都博物馆、上海博物馆、湖南博物院、南京博物院等，考虑到博物馆教育的使命与宗旨，开设了供儿童参与的各种内容丰富、形式多样的教育活动与空间；基于此至2008年，良渚博物院专门设置了以教育为核心的新概念部门，结合教育理念，丰富藏品的解读方式、引进特展、创建良渚文化社团、主题活动多种方式，指导与创新博物馆活动的实施，传播与普及良渚文化。博物馆教育活动具有系统性、层级性，系统地服务思维模式能更好地引导博物馆教育模式的开展。

2."展览+互动"的新技术应用

博物馆互动区最早出现于1937年巴黎大学举办的发现宫，巴黎大学第一次摒弃了展馆以展物为重的固定模式，为观众设计通过操作实现互动的活动，正式为博物馆"展览+互动"打开大门。日本博物馆学家鹤田总一郎在20世纪提出博物馆是"人与物的结合"的概念，将观众和博物馆放在同等的位置，才使博物馆有了灵魂，此后，瑞士专家马丁·施尔（Martin Scheer）再次补充博物馆的根本特性是"人与物的关系"，博物馆的互动性被推进。现如今随着体验经济时代到来，新技术被广泛应用于博物馆，呈现更趋于多样化，在保留原有传统文字说明及人工讲解等方式外，融入了大量触控屏幕、体感装置、投影技术、互动剧场等互动装置，提升展览的参与性、互动性与体验感，利于参观者对展品深入了解，并增加了整个参观服务流程的各种接触点。另一角度，《2018年全国未成年人互联网使用情况研究报告》中显示，未成年人的互联网普及率达到93.7%，从各学历段情况看，小学、初中、高中和中职学生上网比例分别达到89.5%、99.4%、96.3%和99.0%；从城乡分布看，城镇未成年人上网比例为95.1%，农村未成年人上网比例为89.7%，城乡差距也并不明显；其中64.2%的未成年人通过网络参与游戏、58.9%的未成年人参与网络沟通社交等，未成年人对互动媒介设施表现出兴趣浓厚、学习能力强、应用需求大的现象，由此可得出，现如今儿童具备独立操作媒介设备的能力，博物馆融入互动装置能够打破儿童与藏品之间的隔阂，这些无不启发新的服务思考。此外，博物馆作为文化空间，可为观众提供文化学习和对话交流的平台与机会，使单向文化传播向更多参与体验与双向交流方向转变。

　　3. "展览+服务"的新理念导入

　　"服务设计"是一个新兴且重要的设计概念，它关心人的存在感与愿景表达，关注文化感受的传递，以及深入的生活和情感体验。[①]目前传统博物馆内开辟儿童专区，成为越来越多博物馆服务精细化与可持续发展的重要对策。[②]儿童专区以儿童指向性为前提，在兼顾与主馆主题及其内容的关联的同时，更要唤起儿童对博物馆体验的回忆。而服务设计可视为提升体验的必经之路，通过建立用户为先的服务立场，追踪体验流程中的所有接触点，致力于打造完美的用户体验。[③]服务设计可从儿童心理、生理、社交、安全、便捷、舒适等维度进行洞察，围绕博物馆用户价值构建、服务理念导入、接触点挖掘、增值活动拓展形成服务价值体系构建。

　　博物馆是一个高度组织化与制度化的非教育机构，同时作为一种社会公共资源，为观众提供着不可替代的文化服务功能。在服务和体验经济背景下，如何在欣赏物品的基础上强化展览的信息传播能力，提高观众的参观受益率，并得到体验延续，这需要博物馆组织结构的变革与实践策略的创新，使原本以教育、科普、馆藏等较为严肃的"风格"，从一个状态到另一个状态的单线的扁平化叙事路线，转而至全链路（从头到尾）紧密无缝的体验，重视展览方

---

① 高颖,许晓峰.服务设计：当代设计的新理念[J].文艺研究,2014（6）：140-147.

② 周婧景.试论博物馆儿童专区展览"双重尊重"原则及其实现对策——以台北"故宫博物院"儿童学艺中心为例[J].东南文化,2018（4）：98.

③ 高颖,许晓峰.服务设计：当代设计的新理念[J].文艺研究,2014（6）：140-147.

式、观众互动体验与参与。同时信息时代背景下，人们获取知识和信息的途径和方式发生了改变：主动参与、发现和探索，趋向群体的"文化交往"，渴望知识分享和共创。[①]服务设计不仅考虑用户的认知能力和感性因素，也考虑到利益相关者的满意度来提高整体服务体验，包括产品、交互和环境，形成用户可感知的价值的服务模式。服务思维进入未来博物馆发展模式，围绕博物馆参观前、参观中、参观后，整合多种资源的、跨平台的、跨接触点的体验流程，并兼顾多方利益的服务模式创新[②]，通过创建博物馆价值导向的解决方案以满足观众需求，这将成为服务设计介入博物馆的价值所在。

三、博物馆"重思"儿童专区的特征和理想模式

博物馆儿童专区建立初衷来源于博物馆儿童教育的发展，"博物馆儿童教育"包含于"博物馆教育"范畴之内，具备同一属性，除"服务对象"有所差别外，其余皆可适用。目前博物馆儿童教育内容、形式、媒介丰富，依照实施领域或模式分类，将博物馆儿童教育从广义范围内归纳为"儿童展览""儿童教育项目"两类，而"儿童展览"指向范围更广，依据儿童的特点策划展览内容和展览形式，包括"儿童博物馆展览""博物馆儿童专区展览"[③]及传统博物馆为儿童独立设置的临时主题展等以儿童为中心，提供可以激发儿童对多元知识好奇心和学习动力的展览，并对其成长带来潜在的教育意义。

本书仅对儿童专区的系统性做研究，儿童博物馆则不做过多阐述，但由于两者具有共同对象与目标，展示、活动、服务等设计存在一定共性，案例中也会涉及部分儿童博物馆，以此为儿童专区这一归属于博物馆主馆内的独立机构提供参考借鉴。由伦敦大学考古研究所斯图达特（D.C.Studart）博士围绕博物馆儿童展览对儿童及其家庭的认知和行为的影响而进行的研究中提出，所有以儿童为主要关注对象的展览可称为"以儿童为导向的展览"，并对其作出定义："儿童展览是在博物馆展览中有意识地使用交流和学习方法，以特定方式满足儿童需求，提供更有意义的博物馆体验。主要特点是提供儿童'参与'的

---

① 迪克斯.贝拉.被展示的文化：当代"可参观性"的生产[M].北京：北京大学出版社，2012.

② 张盈盈，史习平，覃京燕.服务导向的博物馆可持续性体验设计研究[J].包装工程，2015，36（22）：1-4.

③ 周婧景.博物馆儿童教育　儿童展览和教育项目的双重视角[M].杭州：浙江大学出版社，2017：38.

机会，即儿童能够通过直接与展览互动，自由表达自己的想法，并与成年人和同龄人互动，从而促进跨代和跨代沟通。"[1]儿童专区是运用儿童的视觉语言呈现儿童认知范围内容的展览，国内儿童专区为数不多，存在问题于"博物馆儿童专区现状、问题及参与范式转变"一节中已有详尽涉及，此处不再过多赘述，这些问题体现出儿童专区的同质化与形式化。为区别馆与馆之间存在差异化，考虑加强儿童观众的黏性，形成长期系统的博物馆教育与参观规划，并构建良性的社会教育网络，除了开发一定数量的儿童博物馆，对已有博物馆在空间允许情况下，需要开设并"重思"博物馆儿童专区。

杨应时博士在《如何参观美术馆》的推荐序中写道：美术馆公共教育不同于学校教育和家庭教育，具有自身独特的五方面优势和特色：基于实物、情境开放、形式多样、受众丰富、资源整合。美术馆隶属于博物馆范畴，至此博物馆也具备这五方面的优势和特色，只是有所区别在于博物馆维系的是我们的历史与当代社会的关联，而美术馆维系的是视觉文化[2]与当代社会的关联。在此基础上反观博物馆展品的实物性、直观性和教育手段的非强制性正适合儿童的学习特点，在这种情况下，博物馆儿童专区同样应为儿童提供基于实物的体验式学习，经验的积累效果促进了他们对社会和认知的发展，提高他们的人际交流，并对儿童更高的心理功能发展起着至关重要的作用。但由于博物馆展品展陈的特殊性，被封锁在透明的大玻璃展柜中，只能透过视觉观看，无法直观触摸感受，虽有别于图像、照片等平面感，但对于认知思维未成熟的儿童来说，触觉、听觉、嗅觉乃至味觉能触发对实物的理解。譬如具有代表性坐落在费城自然科学学院内的"触摸博物馆（Please Touch Museum）"（见图1-43），建于1976年，该馆主要服务对象为0~10岁儿童，以游戏来学习（learning through play）的教育理念，通过儿童主动行为、探索的方式来获取直接经验，展区分别包括迷你城市、爱丽丝梦游仙境、河流探险、路旁景点、火箭舱、露营探险、想象力游乐场、华尔华兹小屋、百年探索、触摸花园共10

①　Studart, D. C. The Perceptions and Behavior of Children and Their Families in Child-Oriented Museum Exhibitions [D]. Department of Museum and Heritage Studies, University College London, 2000.

②　视觉文化：视觉可经验到的一切文化现象的总称，可分为文本文化（语言符号）和图像文化（"画"）。美术馆是围绕着视觉文化的传播、展示、收藏研究机构，属于艺术管理机构。

个展区，见表1-4，从目的中观察到，围绕博物馆使命以及儿童成长需要培养的各方面技能以互动体验的方式，采用"裸展"的展示方法，利用情境再现、可实操的教具等展示手段，运用合理的环境色、照明等设计元素来进行氛围营造和外延设计，达到激发认知的效果。

表1-4　触摸博物馆展项目的与实物、情境

展项	目的	"裸展"实物、情境
迷你城市	锻炼运动技能、积累健康知识、学习合作沟通	根据儿童身高建造的迷你超市、医院、面包房等，以及相关真实产品（食材、三明治等）
爱丽丝梦游仙境	锻炼沟通、批判性思维、运动技能	浓缩版"童话花园"、树篱迷宫、镜子、玫瑰花、火烈鸟等
河流探索	了解环境科学、提升创造性思维	"自然池塘"、沼泽环境、小船、水的流动、闸门、堤坝等
路旁景点	锻炼协作、决策和沟通技能	公交车、车库、冰激凌摊位、城市公园
火箭舱	STEAM素养、运动技能、学习排序	火箭、操作台、星际
露营探险	了解环境科学、锻炼交流协作技能	篝火、分享、森林
想象力游乐场	STEAM素养、协作能力、运动技能、创造力、解决问题能力	泡沫积木搭建的结构
华尔华兹小屋	沟通协作、培养文学素养	共享阅读、餐桌等
百年探索	STEAM素养、运动技能和培养历史意识	大型历史场景、穿越画廊的木制火车、火车轰鸣声
触摸花园	了解环境科学、积累健康知识、锻炼分类和运动技能	闻草药、说药名、观生长等

图1-43　触摸博物馆（1）

　　从触摸博物馆观察到，大量的实物是实现博物馆儿童教育的重要载体，而什么样的实物（展品）最能吸引儿童呢？斯图达特博士在三种类型的博物馆（海事博物馆、科学博物馆和儿童博物馆）采集样本中，得出面向儿童的展品的九个属性和设计特征（图1-44）：趣味元素、挑战情境、惊喜元素、体验事物的机会、儿童大小展品设计、富有想象力的设计、角色扮演的机会、互动装置或游戏、团队合作。当然，值得注意的是没有一件展品包含所有九个属性，平均每件展品有三个属性，有些则呈现四种或更多的属性，此外研究表明在为儿童设计的环境应鼓励社交和情感游戏，如"团队合作"和"角色扮演"；智力游戏，如"具有挑战性的情况"和"互动游戏"；以及身体游戏，如沉浸式"体验"[①]等。

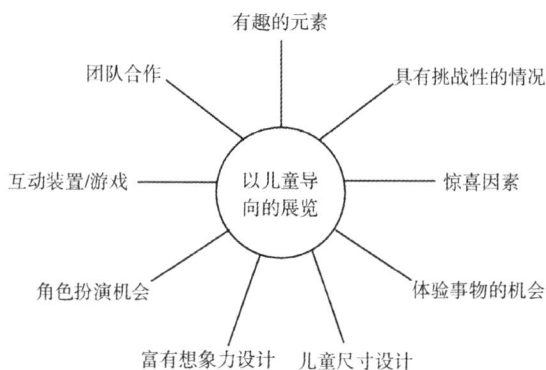

图1-44　展品的九个属性和设计特征

　　此外感官地图会告诉你，博物馆里面哪些场景有字幕，哪些地方有手语、可触摸的，通过不同颜色和标志来展现每个展馆的感官感受。例如，触摸博物馆感官指南（见图1-45）中，显示不同展区声音、视觉、触感、运动及复杂度，用红色、黄色、绿色分别表示难度高、中、低三个层级，让那些感官比较敏感的人，能够根据自己实际情况选择展厅或参与展项。

---

① 　Studart, D. C. The Perceptions and Behavior of Children and Their Families in Child-Oriented Museum Exhibitions ［D］. Department of Museum and Heritage Studies, University College London, 2000.

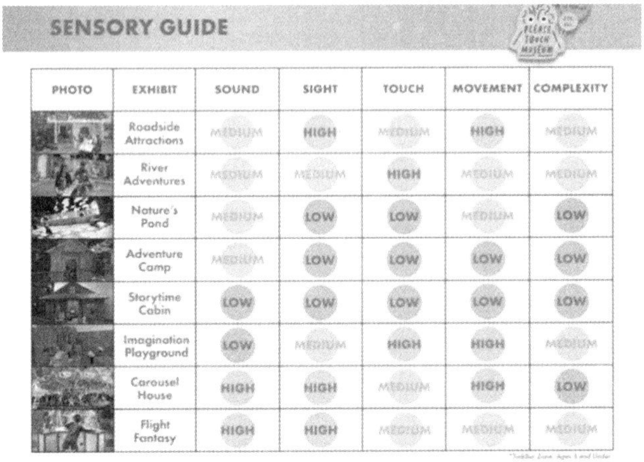
SENSORY GUIDE

PHOTO	EXHIBIT	SOUND	SIGHT	TOUCH	MOVEMENT	COMPLEXITY
	Roadside Attractions	MEDIUM	HIGH	MEDIUM	HIGH	MEDIUM
	River Adventures	MEDIUM	MEDIUM	HIGH	MEDIUM	MEDIUM
	Nature's Pond	MEDIUM	LOW	LOW	MEDIUM	LOW
	Adventure Camp	MEDIUM	LOW	LOW	LOW	LOW
	Storytime Cabin	LOW	LOW	LOW	LOW	LOW
	Imagination Playground	LOW	MEDIUM	HIGH	HIGH	MEDIUM
	Carousel House	HIGH	HIGH	MEDIUM	HIGH	LOW
	Flight Fantasy	HIGH	HIGH	MEDIUM	MEDIUM	MEDIUM

图1-45　触摸博物馆（2）

此外，大多数孩子说，他们更喜欢在家庭环境中参观博物馆，而不是在学校环境中参观博物馆。《英国“儿童在博物馆”宣言》（2011）就提出博物馆“家庭友善”的20项措施[①]：真诚欢迎每一位来访者；制定灵活的家庭票政策；适合多代家庭成员参与；走出博物馆，了解馆外的观众；不要发“嘘”声；让观众发出“喔”的感叹；使用主动语态表述物品是否可以触摸；让想象力爆发；不要假设不同年龄观众想要的；注意展品、艺术品和说明牌要足够低，以便儿童也可以看到，所有标记、标识和语句都被各年龄段观众理解；增进互动和允许触摸；有导览、参观路径及家庭成员可以一起参与的活动；有不同用途的场所，适合不同年龄段儿童宣泄、思考与活动；设计适合所有人参与的活动和项目，包括足够大的电梯、方便使用轮椅观众参与的活动，以及盲文说明等包容性设施；时刻关注观众的舒适状态，卫生设备的完善，安排放置衣服、背包、婴儿车等空间；提供健康、超值的食品，以及儿童使用的高凳和充足的自来水等家庭友善标准；博物馆商店中的货品不要太昂贵，也不要太粗糙，要能帮助他们回忆博物馆参观；博物馆网站应有助于家庭安排参观活动，并为他们提供后续信息；尊重观众回馈，并积极给予反馈；保持联系，让参观活动持续下去，邀请你的观众再来参观。法国通过制定政策，将国民教育与博

① 辛德. 英国“儿童在博物馆”宣言（2011）[N]. 中国文物报，2011-7-13（005）.

物馆教育融合，如小学、初中每周三下午放假，鼓励儿童前去博物馆。奥地利维也纳市教育局下设艺术教育专员，负责博物馆与学校之间的联系，博物馆一旦有展览皆会通知教育局，协同商议优惠举措，教育专员向学校和教师转达相关信息。英国博物馆被列入教师培训计划，小学教师或校长需接受博物馆专项指导。意大利《文化遗产法》明确规定博物馆有义务向学校提供借用标本、幻灯片、模型、图书等有偿服务。[①]本书针对各博物馆优秀的做法和提出的相关措施，将之概括分类，并适当取舍，形成以儿童为导向展览特点和变化（见表1-5），为博物馆儿童专区提供借鉴。

表1-5　以儿童为导向展览特点和变化

类型/位置	目标受众	使用限制	观展方法	解释说明	设计/展示	教育活动
·儿童博物馆展览 ·博物馆儿童专区	·适应年龄组的儿童 ·儿童和家庭 ·学校团体 ·面向所有访客	·向所有博物馆参观者开放 ·仅限儿童（由博物馆工作人员组织） ·仅限学校团体 ·仅限家庭组 ·限制时间	·互动、动手和参与式展览 ·动手结合教育材料 ·动手结合陈列柜中博物馆展品	·与博物馆主题单元有关事项 ·涉及不同和混合主题的独立单元 ·针对不同年龄组的不同内容级别 ·给予家庭成员讨论性话题	·儿童人体工程学为标准的展品展示高度 ·儿童易读的大字体标签 ·儿童易理解的语言标签（问题或短句） ·环境和展品中使用颜色 ·一次只供一个人使用 ·鼓励儿童和/或成人与儿童围绕展品进行交流或动手操作	·展品说明演示 ·博物馆物品实践课程 ·现场表演 ·儿童工作坊 ·家庭工作坊 ·学校团体工作坊

　　与此同时，博物馆围绕特定主题加以分类：自然历史博物馆、历史博物馆、社会历史博物馆、军事博物馆、交通博物馆、科学技术博物馆以及其他类型博物馆（海事博物馆、设计博物馆、虚拟博物馆）。不同博物馆具有不同的展览主题内容（见表1-6），儿童专区通常围绕与主馆展览主题相呼应的内容呈现：集中有科学、人文、艺术、日常生活和环境等方面。这种建设思路使儿

---

① 周婧景.博物馆儿童教育　儿童展览和教育项目的双重视角[M].杭州：浙江大学出版社，2017：62

童专区与博物馆主馆之间形成了牢固的纽带关系，并让儿童专区成为孩子们更深入学习主馆内容的场所。

表1-6　博物馆类型、内容与典型案例

博物馆类型		博物馆内容	典型案例
自然历史博物馆		各种动物、植物和矿物标本的聚集地，致力于对自然界的各种物品进行收集、编目和研究	美国自然历史博物馆（American Museum of Natural History）"探索屋"（Discovery Room）（2002）、伦敦自然历史博物馆、法国自然历史博物馆（Museum National d' Histoire naturelle）"儿童馆"（Découverenfamille）（2010）
历史博物馆		文物展示了历史人物和历史事件	香港故宫文化博物馆
社会历史博物馆		展示人们生活细节，收藏品包括衣物、工具、玩具、甚至整栋房屋	韩国国立民俗博物馆"儿童博物馆"
军事博物馆		陈列着武器、盔甲和制服，以及生动展现战争的历史和过程，可以了解从古代冲突到现代战争中的故事	美国宪法号博物馆（USS Constitution Museum）
交通博物馆		展示从火车到轮船到汽车和飞机以及地铁，技术是如何发展的，给交通运输带来如何更快、更便捷、更高效的影响。通常位于废弃的飞机场、仓库或火车站	纽约交通博物馆（New York Transit Museum）
科学技术博物馆		从古代医疗设备到登月舱，保存科学发现和开创性发明的相关记录	中国科学技术馆新馆的"儿童科学乐园"（2009）
其他类型博物馆	海事博物馆	专门研究历史，展出与水上航行、航运、海盗和地图有关的收藏品	中国航海博物馆的"儿童活动中心"（2011改陈）
	设计博物馆	展出以时尚、建筑、图形、产品和数码设计为主的收藏品	厦门红点设计博物馆"儿童设计创意营"、伦敦设计博物馆（London Design Museum）、美国史密森尼设计博物馆（Cooper Hewitt, Smithsonian Design Museum）、德国维特拉设计博物馆（Vitra Design Museum）、埃森红点设计博物馆（Red Dot Design Museum）
	虚拟博物馆	数字化收藏品或数字化展示，主要通过图像、音频和文本等	法国巴黎博物馆联盟、艺术英国、纽约大都会艺术博物馆、MoMA现代艺术博物馆

随着博物馆儿童教育事业的重视力度大幅提升，传统的单一讲解模式逐渐被全方位互动教育手段所迭代，诸多博物馆开始主动探索形式纷呈的文化体验活动。譬如韩国国立民俗博物馆（National Folk Museum of Korea）内儿童博物馆为孩子提供体验各种各样的教育、研究、实践和交流领域的展览和服务。

永久展厅组织了各种以韩国民间故事为主题的展览，结合多媒体设备、互动装置等以儿童为中心的动手式展览，让孩子们能够理解和体验祖先的生活方式和智慧，如借用民间传统人物故事"沈青传"，培养儿童传统文化素养；提供多项教育项目，包括与学校合作的项目，家庭项目、度假项目和文化共享项目等，并以一辆展示儿童的展览巴士作为流动儿童博物馆，补充儿童博物馆的文物内容和相关材料来促进各种交流；甚至收集和保存为儿童设计及与儿童相关的材料，为儿童开发和分发各种在线内容，提供包括展览、档案和教育在内的各个领域的丰富经验，促进与国内外儿童博物馆的交流与合作。

2021年9月苏州博物馆新馆建成，常设展厅包括苏州历史陈列、苏州工艺馆、国际合作馆、书画厅、苏色生活馆和探索体验馆6个部分。其中探索体验馆是聚焦3～12岁青少年的专属博物空间，其中以儿童的视角出发，为他们量身打造一个"折叠的时空"；"漂浮的城市"，通过视觉、听觉、触觉等多样的互动游戏体验，能认识了解姑苏城的过去，特别是人文历史、园林艺术、水乡建筑和苏式生活。从而激发他们作为城市主人的自豪感，去创造一个更加美好的未来姑苏城；"小小考古学家"开辟了一个考古全流程体验空间。模拟的"考古工地"上亲自挖出"文物"，理解"什么是考古？""考古的意义是什么？"，以及"魅力七巧板""在外婆家学苏州话""大人们的童年回忆""好奇柜观世界"等板块，每个游戏、互动和开放项目都从孩子的视角出发去设计和引导"用自己的头脑和双手去解决问题"的能力教育，探索体验馆透过展览和教育，实现儿童与苏州这座城市之间的对话，打造一个可以让孩子们尽情探索、学习和挥洒想象力的专属空间。对于儿童专区要朝着更"接地气"的模式前行，让孩子们通过不同文化的体验和对自由梦想的激发，向实现终身教育的目标迈进。

第二章　启发与驱动：博物馆儿童专区服务设计思维与应用

· · · · · ·

启发与驱动：*服务设计在欧洲早有先声，从1982年提出"Service Design"（服务设计），到1991年在设计领域服务设计被正式提出，服务设计经历了从"营销／管理"领域到"设计"领域再向外发展赋能的一系列转变。对服务的转型升级在国内早有先兆，不断更迭的文件内容也在昭示着国家政策上对于服务的认知和态度的转变。服务设计是一个系统问题，从用户的需求挖掘出发，系统性地运用设计学的理论和方法进行服务的创造和规划，以此产出高质量的服务，提升用户体验。具有全局、系统、多学科交融等特征，需要不同的领域专家共同参与、共同创造。如今服务设计相关理论与方法被运用于各个行业，为此，我国博物馆为何亟须引介和探究服务设计介入下的发展，其对儿童博物馆学习和发展我国博物馆教育事业有何实际助益，一系列问题促使从服务设计概念、流程、工具、方法及相关案例进行分析，运用服务设计思维（service design thinking）和服务设计方法（service design methodology）去解决复杂的系统性问题。*

一、服务设计

（一）服务设计思维的兴起

1. 服务设计的发展历程（见图2-1）

服务设计早在20世纪80年代在管理学领域就被广泛关注。美国金融家G.林恩·肖斯塔克（G.Lynn Shostack）在《哈佛商业评论》上发表*Designing Service*首次将服务和设计结合起来，拉开了服务设计发展的序幕。1991年在比尔·霍林斯（Bill Hollins）夫妇共同的著作*Total Design*中，Service Design一词首次出现在人们面前。同年被科隆国际设计研究学院的迈克尔·厄尔霍夫（Michael Erlhoff）作为一门科目正式提出。1995年，现任全球服务设计联盟主席麦格（Birgit Mager）成为欧洲第一位服务设计教授，并开始了她的第一个服务设计项目，为无家可归者进行服务设计。随着服务设计研究的逐渐深入，国际上对服务设计概念的定义日益清晰，服务设计方法、工具不断丰富。而服务设计的发展和应用，主要归功于IDEO、Frog Design、英国和德国的一些公共设计机构。2004年，全球服务设计联盟（Service Design Network，简称SDN）成立，它是全球领先的专注服务设计领域的非营利组织，致力于用服务设计推动全球的增长、发展和创新，在全球46个城市设有分支。此外，国际知名设计院校，如卡耐基·梅隆大学、米兰理工大学、香港理工大学等都对服务设计教育作出探索。

随着设计思维和服务营销理念的不断交叉、融合，设计学界大大推动了服务设计研究的发展和成熟。在此过程中，一些代表性的著作相继问世，萨图·米耶蒂宁（Satu Miettinen）等人的 *Designing Services with Innovative Methods*（2009年），马克·史蒂克顿（Marc Stickdorn）等人的 *This is Service Design Thinking*（2010年）和 *This Is Service Design Doing*（2018年），安迪·宝莱恩（Andy Polaine）等人的 *Service Design：From Insight to Implementation*（2013年），欧莱礼媒体（O'Reilly Media）出版的 *This Is Service Design Methods*（2018年）。国内最早罗仕鉴教授写的《服务设计》（2011年），而后王国胜教授的著作《服务设计与创新》《服务设计与创新实践》（翻译版），陈嘉嘉教授的《服务设计——界定·语言·工具》（2016年）和《服务设计基础》（2018年），茶山的《服务设计微日记》（2015年）和（2017年），李四达老师、丁肇辰合著的《服务设计概论——创新实践十二课》（2018年），胡飞教授《服务设计范式与实践》（2019年），黄蔚的《服务设计——用极致体验赢得用户追随》（2021年）和《好服务这样设计》（2021年），丁熊教授《产品服务系统设计》（2022年）。这些成果的问世，充实了服务设计的理论与实践。

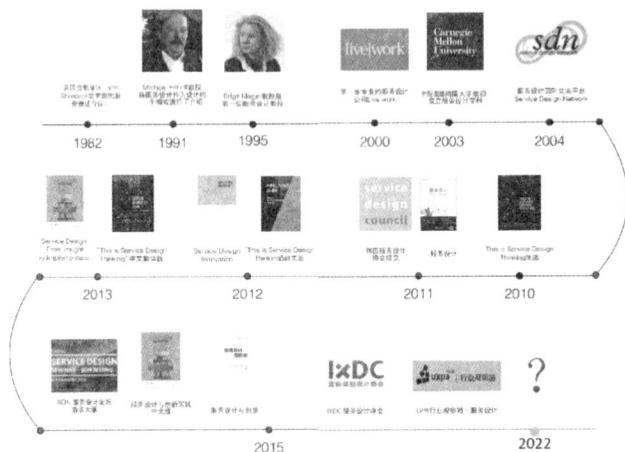

图2-1　服务设计的发展历程

（二）服务设计典型案例

1. 自行车 VS 共享单车（见图2-2）

共享单车是企业通过在校园、地铁站点、公交站点、居民区、商业区、公共服务区等提供租赁服务，完成交通行业最后一块"拼图"，是一种分时租赁模式，也是一种新型绿色环保共享经济。不同于传统自行车具有的拥有权，共享单车是一种无桩借还车模式的智能硬件。使用前用户通过共享单车APP查询停车点，支付押金后扫码开锁，即可骑行单车。使用后可以定位查询停放点，指定停车后缴费，即可完成车辆上锁。整个流程无须担心车辆停放安全、寻找等问题，以摩拜单车为例，具有品牌性，从自行车造型、配色、标志、APP图标界面，形成系统化，具有完善的后台服务与回收机制，是目前城市中心短距离骑行服务和体验的方式。

图2-2　自行车 VS 共享单车

2.实体菜场 VS 叮咚买菜（见图2-3）

叮咚买菜，一款自营生鲜平台及提供配送服务的生活服务类APP。它属于新零售模式下的电商代表，通过线上入口获客并提供线下服务。以往实体菜场具有服务局限性，只针对周边用户。叮咚买菜则扩大服务范围，不再限制于线下有限的范围，从而获得更好的价值，通过"前置仓配货—配送到家"的服务模式提高服务质量和服务效率，满足用户多样化的需求。

图2-3　实体菜场 VS 叮咚买菜

3.汽车 VS 丰田智能交通e-Palette（见图2-4）

不同于以往的交通工具，丰田智能交通e-Palette融入多功能概念，旨在利用先进的引动技术，7×24小时更好地服务用户，定时、定点、定位地提供共享交通、医院站、共享办公室，并将物流革新，在分配中心全自动运送到目的地，形成点对点的运输解决方案。它还形成移动电商平台，通过手机商城可在任何方便的时间和地点完成购物，多种需求可以自由组合预定，缩小偏远地区城市化和商业界限的差异化，或许它将成为未来的流动博物馆的新的服务模式。

图2-4　汽车 VS 丰田智能交通e-Palette

（三）服务设计的定义

近年来，随着全球服务经济的加速，单独的产品或技术之间的差别已经变得难以评判优劣。许多行业开始尝试新的发展路径，举个大家都经历过的案例，去医院就医是我们都会体验到的一项服务，整套流程包括网上预约、前往医院、排队挂号、就医、缴费、取药等一系列触点，我们通过科学的设计方法，使得医院和病患在整套服务下来都能方便地、自然地、有效地完成，并且对彼此感到满意，这就是服务设计。服务设计作为一个研究领域，聚焦于行为（场景、任务、目标、意义）、流程（过程、手段、资源）和环境（节点、物理空间和社会场所）的创新，以及由此带来的效率、效益、体验和意义的改变。①

对于服务设计的界定迄今未形成定论，但不同学者在相关文献、书籍中作了定义。全球首位服务设计教育者比吉特·麦格教授（Birgit Mager）认为："服务设计是在复杂系统中整合流程、技术、交互，为了平衡各个利益相关者的价值的设计。"国际设计研究协会出版的《设计词典》中定义，服务设计从客户的角度来设置服务的功能和形式。它的目标是确保服务界面是顾客觉得有用的、可用的、想要的；同时服务提供者觉得是有效的、高效的和有识别度的。英国国家标准局《设计管理系统管理指南——服务设计》指出"服务设计"是一个服务塑形阶段，它能吻合潜在客户合理与可预见的需求，并经济地使用可用的资源。在斯蒂芬·莫里茨（Stefan Moritz）撰写的《服务设计——通往进化领域的实用途径》中，指出服务设计是一个创新或改进全面体验服务的设计，并作为一个接口，以一种新的方式连接组织和客户端，使其更加有用、易用、理想化，以及更有效和高效。

国内设计界对服务设计也作出定义。胡飞教授认为：服务设计是"以用户为中心，协同多方利益相关者（原则），通过服务提供、流程、触点的全局优化和系统创新（内涵），引导人员、环境、设施、信息等要素创新及其综合集成（外延），从而提升服务体验、效率和价值（作用）"②。王国胜教授谈服务设计时提到，服务设计代表的是服务经济时代的设计，它不单纯是设计某种服务，它应该就是这个时代的一种设计的思维方式。服务设计的技术基础是互联网、信息、技术，大概就是这样的一种不同的背景下产生的这种设计观

---

① 中国服务设计报告（2020）[R/OL].（2020.10）[2023.1].https://mp.weixin.qq.com/s/hpaQF5iodf1rWnluytfZPA.

② 胡飞,李顽强.定义"服务设计"[J].包装工程,2019,40（10）：37-51.

念、方法。①辛向阳教授在《服务设计中的共同创造和服务体验的不确定性》中指出服务设计指的是针对提供商对顾客本身、顾客的财务或信息进行作用的业务过程进行设计，旨在使顾客的利益作为提供商的工作目的得以实现。②罗仕鉴教授提出服务设计的实质是设计一种有效的模式，用于组织、规划服务系统中的人、基础设施、沟通交流以及有形物质的各组成部分，用于提高某项实体存在产品，或无形服务的质量。③陈嘉嘉教授在其书中写道，服务设计思维最开始是为了解决全面质量管理问题而提出的，经过多学者对服务设计的研究，目前普遍将服务设计定义为一种整合了服务学、设计学、管理学、软件工程等多学科的设计思维和方法。④陈其端老师认为服务设计要对项目进行"全过程"控制与管理，"全"字既包括服务设计纵向的时间过程和维度，也涵盖了服务设计横向的学科领域和空间。⑤

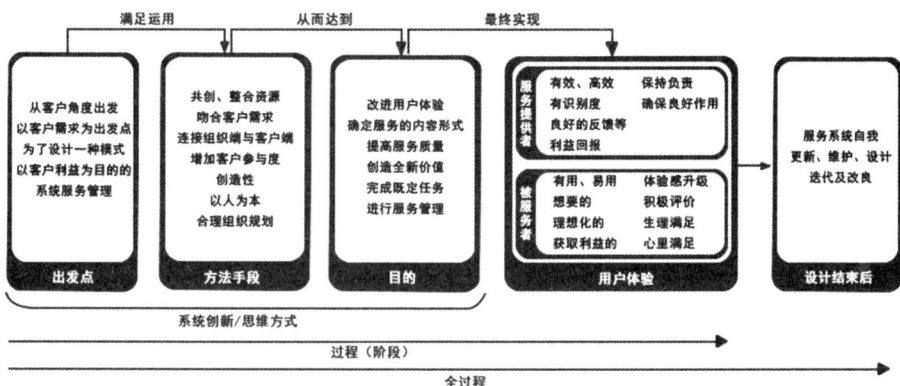

图2-5　服务设计定义归纳整理

从上述定义中归纳整理可见（见图2-5），服务设计多数以客户的利益为出发点，并通过合理的计划，有效地组织系统中人、物、资源，结合多种因素得到最终设计方案，从而提升用户体验、改进服务质量，使服务提供者及被

① 王国胜.服务设计与创新实践［M］.北京:清华大学出版社,2015.
② 辛向阳,王晰.服务设计中的共同创造和服务体验的不确定性［J］.装饰,2018(04):74-76.
③ 罗仕鉴,邹文茵.服务设计研究现状与进展［J］.包装工程,2018,39(24):43-53.
④ 陈嘉嘉.服务设计——界定、语言、工具［M］.南京:江苏凤凰美术出版社,2016.
⑤ 陈其端.论服务设计的"全"视角价值［J］.南京艺术学院学报(美术与设计版),2012(04):141-144.

服务者都获得相应的利益，并且要以全局视角看待服务设计，即使在项目结束后，也要确保服务系统的有效性及迭代性。服务设计是一个跨学科的交叉领域，不同学科对服务设计的关注度不同，不同行业对服务设计的理解和实践也不同。麦格（Birgit Mager）教授在《服务设计的未来》一书中写道："服务设计的重要性不仅在运营层面，而且在战略层面也越来越重要。"在此背景下，我们需要围绕服务设计理论体系去理解如何更好地应用于博物馆领域，这恰好是目前博物馆研究所面临的挑战与机遇。

（四）服务设计社会发展背景

根据国家统计局公布的国民经济核算指标数据，到2017年，第三产业占比国内生产总值已经超过50%，到2018年占比增长到53.2%，2019年增长到53.9%。一般来说，成熟的服务经济指服务业占国民经济50%以上。以此为标准，中国目前已然踏入成熟的服务经济的行列。①据预测，到2025年，中国服务业总产值占GDP比重将达到60%，服务业发展前景广阔。目前服务设计涉及公共服务、教育、健康、旅游等各行业，而大众对社会基础服务的认知与要求提升也促使服务设计介入的必要性。

在此过程中，随着第三产业和服务经济的繁荣，不同领域和行业都开始关注服务质量的发展，相继召开相关服务设计的论坛、会议等，以此说明服务设计将为各行各业带来崭新的可能。自2018年首届中国服务设计大会在北京召开，至今已举办五届（2018—2022年），联合国内外服务设计领域顶尖学者、专家以及领军企业共同推动"服务设计"相关政策出台、行业发展和人才培育；2019年上海桥中在中国推出首届服务设计联盟授权的"服设未来"中国大会，并每年如期举行全球服务设计共创节（Global Service JAM，简称JAM）②。而在中国服务设计教育的发展方面，据《2021中国服务设计高等教育调研报告》统计，自2010年清华大学美术学院、南京艺术学院等在设计学科开设服务设计课程后，全国正式开设服务设计课程的高校已有69所，并此数

---

① 清华大学艺术与科技创新基地, CSDC服务设计社区.2020服务设计蓝皮书[R/OL].（2020.9）[2023.1]. https://mp.weixin.qq.com/s/VjuKahsivvtM6GAHZBuX-A.

② 全球服务设计共创节,2011年起源于德国,是全球最大的协同公益共创活动,汇集不同专业背景的Jammer在48小时之内共同跟随一个神秘主题,共创创新的服务概念。

据呈上升趋势。各院校围绕各行各业展开服务设计课题，如江南大学产品设计系主任钱晓波副教授、巩淼森副教授和董玉妹博士组成联合教学团队，围绕社会热点问题选定课程主题，如"设计赋能·自在银龄"等；江南大学联合DESIS及清华大学美术学院、同济大学设计创意学院、湖南大学设计学院和广州美术学院等共同发起了以"战胜隔离的设计"（Design out Isolation）为主题的协同教学课程；广州美术学院刘珊、丁熊老师《服务策略与触点设计》课程课题"主题类博物馆服务体验提升计划"，共同探索以服务设计理论与方法介入相关问题。此过程中，"中国服务设计人才与机构评定"体系自2018年酝酿到2021年正式启动，国内外行业和学术专家共同设计了一套服务设计领域"DML服务设计人才能力架构"课程标准体系，包括设计思维以及服务设计（服务设计概论、研究与定义、方法与工具、服务设计实践、服务设计案例研究）、服务管理（服务驱动的商业创新、产品服务系统、服务管理工程）、服务领导力（服务经济、公共服务与政务创新、社会创新）三个层次能力模块，共同促成更多服务设计学术交流和政产学研互动。

目前国内外也有不少专注服务设计和咨询的公司在大量的案例实践过程中不断地探索和创造新的服务设计项目，如美国IDEO公司、中国上海BIGmind创新咨询公司、中国上海桥中（CBi China Bridge）等行业实践，也极大地推动了服务设计研究的热度。

博物馆属公益性文化机构。在当今新时代中国特色社会主义新征程的背景下，其公共文化服务的属性需重新认识，盘活所有可利用的有形和无形资源，将社会服务功能向学术科研、国民教育、经济建设、百姓生活和文化交流等领域深度拓展。其实，"博物馆教育"是一个系统的概念。过去参观博物馆的目的出于：教育、研究、欣赏，但现今的需求升级呼唤高质量服务，诸如文件方案所提出的，如《浙江省文旅深度融合工程实施方案（2023—2027年）》提到高标准打造全域博物馆，这是在全域旅游视角下所提出来的，通过全地域整合、全领域融合、全时间服务、全民共享、全媒体宣传、全方位打造、全社会参与等进一步激发博物馆发展活力。在全域概念下，需要更加注重博物馆文化带来的体验感。而这种体验感并非仅仅是参观过程中的体验感，更包含"参观前"与"参观后"的体验认知与体验回忆等阶段，是全程式、全时空式的博物馆体验。互联网技术催化出"元看展"更是为全域博物馆的全程体验服务设计提供了可能。

（五）相关服务政策及业界动态

高技术产业的快速增长和产品服务的加速更迭，改变了人们生活方式和对于服务连贯的需求，因而"提升公共服务质量"这一问题被提上议事日程。20世纪60年代以来，全球产业结构因服务业的发展而发生了巨大变化，产业结构呈现出由"工业型"向"服务型"转型的全球性趋势。在经历半个世纪的产业和社会的转型过程，服务设计的概念在欧洲和美国等经济发达地区被率先提出。而步入21世纪以后，人工智能、信息化、虚拟技术和云计算等信息网络技术的发展，服务的对象和载体都在迅速膨胀，服务的范畴也随之迅速扩张。对服务的转型升级在国内早有先兆，不断更迭的文件内容昭示着国家政策上对服务的认知和态度的转变。许多新颁布的政策文件、蓝皮书及报告（见表2-1），提出了提高相关产业产品和服务的附加值，并要求对博物馆、美术馆等公共服务创造完善条件。

表2-1　国内服务业部分政策和蓝皮书

年份	政策文件	政策文件的主要内容
2014.02	《关于推进文化创意和设计服务与相关产业融合发展的若干意见》	推动文化产业成为国民经济支柱性产业，实现由"中国制造"向"中国创造"转变，目标到2020年，文化创意和设计服务增加值占文化产业增加值比重明显提高，相关产业产品和服务的附加值明显提高。依托丰厚文化资源，丰富创意和设计内涵拓展，促进文化遗产资源在与产业和市场的结合中实现传承和可持续发展。完善博物馆、美术馆等公共文化设施功能，提高展陈水平
2014.07	《国务院关于加快发展生产性服务业促进产业结构调整升级的指导意见》	国务院高度重视服务业发展，近年来陆续出台了家庭、养老、健康、文化创意等生活性服务业发展指导意见。服务供给规模和质量水平明显提高，与此同时，生活性服务业发展相对滞后，水平不高，结构不合理等问题突出，亟待加快发展。生活性服务业涉及农业、工业等产业的多个环节，具有专业性强、创新活跃、产业融合度高、带动作用显著等特点，是全球产业竞争的战略制高点。加快发展生产性服务业，是向结构调整的主要动力、促进经济稳定增长的重大措施，既可以有效激发内需潜力、带动扩大社会就业、持续改善人民生活，也有利于引领产业向价值链高端提升
2015.04	《中国制造2025》	加快制造与服务的协同发展，推动商业模式创新和业态创新，促进生产型制造向服务型转变。大力发展与制造业紧密相关的生产性服务业，推动服务功能和服务平台建设。推动发展服务型制造，加快生产性服务业发展，强化服务功能区和公共服务平台建设

年份	政策文件	政策文件的主要内容
2016.12	《"十三五"国家战略性新兴产业发展规划》	未来5到10年，是全球新一轮科技革命和产业革命从蓄势待发到群体并进的关键时期。数字技术与文化创意、设计服务深度融合，数字创意产业逐渐成为促进优质产品和服务有效供给的智力密集产业，创意经济作为一种新的发展模式正在兴起。"十三五"时期是我国全面建成小康社会的决胜阶段，也是战略性新兴产业大有可为的战略机遇期
2018.12	《服务外包产业重点发展领域指导目录》	目录共涉及23个重点发展领域。其中，8个领域属于信息技术外包（ITO）范畴，6个领域属于业务流程外包（BPO）范畴；9个领域属于知识流程外包（KPO）范畴。建议扶持设计外包，建设一批国家级服务设计中心
2020.01	《商务部等8部门关于推动服务外包加快转型升级的指导意见》	数字引领，创新发展；跨界融合，协同发展；统筹推进，全面发展；内外联动，协调发展；到2035年，服务外包成以数字技术为支撑。以高端服务为先导的"服务+"新业态、新模式的重要方式，成为推进贸易高质量发展、建设数字中国的重要力量，成为打造"中国服务"和"中国制造"品牌的核心竞争优势
2020	《2020中国服务设计报告》	服务设计成为第三产业核心竞争力的理论基础，也是合理利用国家制度优势，发挥服务设计战略价值的重要机遇
2020	《2020服务设计蓝皮书》	呈现国内外服务设计的应用领域、行业现状、高等教育的现状，服务设计的关注领域从传统的服务业逐渐扩展到更广泛的公共服务，如养老、医疗、公共交通、教育等行业
2021.10	《"十四五"服务贸易发展规划》	首次将"数字贸易"列入服务贸易发展规划，明确提出数字产品、数字服务、数字技术和数据等四类数字贸易类型
2021.3	《中华人民共和国经济和社会发展第十四个五年规划和2035年远景目标纲要》	对"儿童友好型城市建设"的重点任务作出部署，通过优先关注儿童这类弱势群体的需要来谋划城市转型和长远发展
2021.7	《2021中国服务设计高等教育调研报告》	中国服务设计教育开始于2010年前后，清华大学美术学院依托SDNbeijing于2016年、2017年、2018年对中国服务设计教育情况开展调研，直至2021年，已有69所正式开设服务设计课程的高校和140位从事服务设计相关教学、研究的教师，致力于推动中国服务设计教育的发展
2023.2	《质量强国建设纲要》	指出提高产业质量竞争水平，大力发展服务型制作。强调大力推动图书馆、博物馆等公共文化场馆数字化发展，加快线上线下服务融合

二、服务设计与包容性设计原则

原则是行事所依据的准则。服务设计与包容性设计原则也不例外。原则本身是经过长期经验总结所得，并受制于时间的检验。为此随着服务设计理念逐渐被接受，相应的设计研究与实践也随之增多，服务设计从最初的五大原则调整为六大新的服务设计原则。

（一）初始版的服务设计原则

2010年第一版《服务设计思维》（*This Is Service Design Thinking*）[①]一书中，作者总结了服务设计思维的五大重要原则。

（1）以用户为中心（user-centered）：服务应用从用户的角度来体验。服务是通过服务提供者和客户之间的交互形成的，服务的本质是为了满足顾客的需求。

（2）共同创造（co-creative）：所有利益相关者都应该加入服务的整个流程，在设计整个服务过程中需要尽可能地考虑到涉及的不同群体。

（3）有序性（sequencing）：服务是在一段时间内发生的彼此关联的具体行动，要考虑整个服务过程的一连串行动、情绪与节奏。

（4）有形化（evidencing）：将无形的服务、感受透过实体物件彰显出来。例如博物馆参观结束所带回的纪念品，能在日后唤起当时的回忆，无意识地传递情感，增强服务认知。

（5）整体性（holistic）：应该考虑服务的整体环境。由点带面地全局考虑整个服务过程利益相关方，有序地把握各个触点、满意度和服务流程。

这些原则对实践产生了相当深远的影响，尤其对设计学科而言，"以用户为中心"的设计原则和创新方法已被普遍接受。然而，服务设计中的"用户"还是传统意义上的"顾客""使用者"或者"观众"吗？在此层面上，应该扩展目标对象至所有利益相关者，包括服务接收者、服务提供者，甚至受服务影响的非用户。与此同时，初始版的原则缺了服务设计方法的一个关键特性，即迭代性。从任何微小的产品到某个项目的落地，都是在不断更迭中以进

---

① Marc Stickdorn.This Is Service Design Thinking［M］.Marc Stickdorn.This Is Service Design Thinking[M]New Jersey:Wiley,2012.

一步满足目标用户。博物馆展区服务亦是如此，且目前已有不少的案例证明了这一原则的必要性。位于上海宝山区长江西路的儿童玻璃博物馆作为服务迭代的典型案例，中国首家"以儿童为主角、以玻璃为主题"的博物馆建立在一座具有六十年历史的玻璃熔炉车间之内，致力于为4～10岁的小朋友们提供一个妙趣横生的知识、文化和艺术互动体验空间。从2015年开馆之初便获得了家长和孩子们的广泛关注。以26个英文字母为基础，每个字母代表和玻璃相关的小知识，结合整个高低错落的展览空间、色彩斑驳的物理成像，激活儿童由潜伏状态转入活跃状态的求知欲。2021年5月18日，全新的儿童玻璃博物馆2.0由德国设计团队"协调亚洲"（Coordination Asia）担纲设计，向6至12岁的年轻艺术爱好者敞开大门。在原先儿童玻璃博物馆的基础上（见图2-6、2-7），2.0的升级（见图2-8、2-9）更新将当代艺术语言也融汇其中。在材料、空间、体验设计上大胆突破，展陈空间基于"白盒子"概念，将旧工厂时代2 320平方米玻璃仪器生产车间改造为具有独特的设计美学与叙事哲学的艺术空间。升级的本质不是完全推翻原有的成功点，升级后的空间保留裸露的原始木质结构和砖墙，保留了空间的真实性和历史感，依旧展现旧玻璃工厂这个场域原有的特色。在"新与旧"之间创造一场耐人寻味的对话。其他诸如"热力剧场""K空间""夜宿博物馆""DIY空间""玻玻璃璃环球之旅"等主题活动都进行了配套升级，使儿童不再只是博物馆的观赏者，而是玻璃艺术的创造者。

图2-6　儿童玻璃博物馆1.0（1）　　　　图2-7　儿童玻璃博物馆1.0（2）

图2-8 儿童玻璃博物馆2.0（1）

图2-9 儿童玻璃博物馆2.0（2）

（二）新的服务设计原则

2016年，一部由全球服务设计师共同打造的巨作《这才是服务设计》（*This Is Service Design Doing*）①面世，作者为马克·斯蒂克多恩（Marc Stickdorn）、雅各布·施奈德（Jakob Schneider）与服务设计顾问兼培训师亚当·劳伦斯（Adam Lawrence）、马库斯·霍梅斯（Markus Hormess）。台版译本和中文译本分别于2019年和2022年出版，书中总结了六点服务设计原则。

（1）以人为本（human-centered）：考虑受服务影响的所有人的体验。

（2）协作性（collaborative）：各种背景和职能的利益相关者都应该积极参与到服务设计过程中。

（3）迭代性（iterative）：服务设计是一种探索性、适应性和试验性的方法，它通过迭代来实现。

（4）连续性（sequential）：服务应该可视化，并编排为一系列相互关联的活动。

（5）现实性（real）：应该在现实中研究需求，在现实中为创意制作原型，并用实物或数字化现实将无形的价值有形化。

（6）整体性（holistic）：服务应该持续地满足在整个服务中跨业务的所有利益相关者的需求。

---

① Marc Stickdorn,Markus Edgar Hormess,Adam Lawrence,Jakob Schneider.This Is Service Design Doing[M].United States:O'Reilly Media,2016.

　　这里需要强调的是将传统"以用户为中心"的服务设计对象提升到"以人为本"的高度，这符合前面所提到的要关注服务中的"利益相关者"，其呈现出明显的复杂性、多元性和可转换性等特征，对服务设计流程和服务设计对象提出了更高的要求。①这些原则指明了服务设计在多维度所应努力的方向，尤其提倡被服务对象参与设计。此外，2022年8月国际博物馆协会（ICOM）发布了博物馆新定义："为社会服务的非营利性常设机构，它研究、收藏、保护、阐释和展示物质与非物质遗产。向公众开放，具有可及性和包容性，博物馆促进多样性和可持续性。博物馆以符合道德且专业的方式进行运营和交流，并在社区的参与下，为教育、欣赏、深思和知识共享提供多种体验。"要求博物馆机构在提供服务的同时关注社会责任，并以更包容的态度让博物馆资源向可持续方向发展，这一切都推动了服务设计介入博物馆进入"博物馆+教育2.0时代"。

（三）包容性设计原则

　　那么服务设计介入同时为什么要提到包容性设计，两者的关联性在于哪里，服务设计对博物馆的"包容性"又会带来什么样的影响？"包容"是在日常生活中普遍使用的词汇，并不具有特别强的专属性。"包容性"最初是作为一种价值观念出现的。包容性设计（Inclusive Design）从价值观和方法论两个层面指导设计过程，通过多种方法工具及利益相关者参与等手段，在最大程度上扩大设计受益人群。对于博物馆而言，起初并不具有包容性。随着不同学术观点的提出，新博物馆学在实践和理论上均愈发体现出包容性的特色。"包容性博物馆"在世界博物馆学引人关注，并将博物馆的主要工作重点由以"物"（即展品和藏品）为核心改变为以"人"（即公众、雇员、社区以及整个社会）为核心，这一改变恰恰体现出句容性设计的过程必然需要用户的介入、多方利益相关者的介入、多学科的介入。

　　在服务设计领域，包容性设计无论从理论还是实践上都还没有得到很好的发展，关于句容性服务设计的研究甚少。考虑到人的多样性，让更多的人获得服务资源，相关学者提出了服务包容的四个重要支柱：创造机会

---

①　丁熊、杜俊霖.服务设计的基本原则：从以用户为中心到以利益相关者为中心［J］.装饰.2020（03）：62-65.

（Enabling Opportunity）、提供选择（Offering Choice）、减轻痛苦（Relieving Suffering）、培养幸福（Fostering Happiness）。[①]在某种程度上，包容性设计不仅要优先考虑特殊人群，而且要优先考虑整个服务体系的平等。为此，在博物馆如此积极的环境中提供包容性服务是至关重要的，有利于培养公众的幸福感。

包容性设计强调人和环境的多样性，并在合理的范围内关注每个人的能力、需求和目标。从广义上理解，"包容性"可在博物馆的多种专业领域体现，例如：多样化的收藏、多元化的展陈、面向多类群体的知识传播、提供多样化的教育、采取多种研究方法、实施多维度的管理机制等。包容性设计的核心是以人为本，它兼顾人的基本需求和高级需求，由英国建筑与建成委员会（The Commission for Architecture and the Built Environment）出版的《包容性设计原则》一书中总结出五点设计原则：

（1）将人置于设计流程的核心位置；

（2）承认多样性和差异；

（3）当单一设计解决方案无法满足所有用户时提供更多选择；

（4）提供使用上的灵活性；

（5）为每个人提供方便、愉悦的建筑和环境。

"中工网"曾报道过一篇名为"博物馆不应拒绝低龄儿童[②]"的文章，写道：博物馆是保护和传承人类文明的重要场所，也是孩子们体悟历史、感受文化的大学校，理应承担起"育人"的责任。作为为公众提供知识的文化教育机构，博物馆不应拒绝儿童入内，但可以在参观方式上加以创新，将馆藏文物与孩子兴趣相结合，更好地平衡孩子和成年观众的参观体验，只有这样，我们灿烂的历史文化才能薪火相传、后继有人。刘清清博士在其发表的《包容性博物馆：以观众为中心》文章中，举了大量具有包容性的博物馆案例。史密森尼博物馆将服务内容涉及参观前、参观中、参观后。参观前提供了大量社会叙事手

---

① 杨焕、马蒂亚斯·阿沃拉、斯蒂芬·霍姆利德、张琪.包容性服务设计的三个视角：以用户为中心、自适应系统和服务逻辑［J］.装饰，2020（11）：18-22.

② 张玉胜.博物馆不应该拒绝低龄儿童［EB/OL］.(2022.8)[2023.1]https://baijiahao.baidu.com/s?id=1742153 313588033268&wfr=spider&for=pc.

册，并相应标出场馆内的亮度、噪音水平、无障碍环境、互动指南、感官指南等，还提供名为"早上博物馆"项目，让有感官需要的心智障碍儿童、孤独症儿童参与；法国卢浮宫，从博物馆入口到信息服务台、博物馆卫生间等，除了必备的扶手、盲道、电梯等无障碍装置，还配有包容性展签，服务于视力障碍者、听力障碍者或不懂法文的公众，只需要把手放在装有红外感应器的按钮上，就会展现该区域的相关信息。博物馆也格外注重藏品及标签的摆放位置，不仅考虑低龄儿童和轮椅使用者的视线高度，还考虑字体的大小、颜色、对比度、是否反光等。宾夕法尼亚大学博物馆（The Penn Museum）从馆内所有展区中选择了八个展区的一些展品来为视障儿童提供触摸体验（见图2-10），其中包括埃及展区的斯芬克斯雕像。这些挑选出来的展品往往都是未上漆的藏品，因为已上漆的展品会由于大量触摸而受损。博物馆的工作人员会站在精选出来的展品旁，引导视障儿童一边触摸，一边聆听有关该展品的介绍。在罗马展区，视障儿童不仅可以亲手触摸古罗马人的雕塑，还可以通过闻清洁油中的香薰成分，来感受古罗马人的沐浴习惯。

图2-10　宾夕法尼亚大学博物馆

包容性设计在未来博物馆将成为多数人群的设计原则，它作为一种价值理念成为博物馆界的一种主流，影响着未来的展项、环境、服务和教育，也正在成为未来博物馆战略的方向和重心之一，从而演变为目前在博物馆界被重视的可持续性发展问题。

三、服务设计特征及应用实践

服务设计在博物馆领域的应用已不足为奇，其设计研究活动受到相关学者的重视，并围绕实践展开。国内博物馆的服务设计研究与应用实践主要包含以下几个方面：

第一、面向服务的无形性与展示设计的有形化相结合，探讨服务与展示之间的关系，使之有效融合，共同作用，打造优质的服务体验。汪晓春老师在国内首家社会大众普及老龄辅具知识的科普体验展示空间"老龄辅具科普体验厅"①中，引入服务设计理念，将展示空间设计扩展到服务维度。以服务与展示相结合的设计理念及双线并行的设计流程作为出发点（见图2-11），将展示空间作为服务设计的可视化载体，为参观者提供优质的服务和体验。在具体实践过程中：①以服务为核心，优先明确展示的服务对象，精准把握服务对象需求的设计方向，确保提升服务对象满意度。②提炼与把控和用户有关的关键接触点。整个展示空间包括展示内容、形式、空间布局等各个重要的子系统。重点考虑参观者的情绪影响与体验感受。③增加展示服务的体验价值。以制作沉浸氛围与感官刺激带动情绪体验、满足情感需求，注重整体系统每个交互环节的流畅性和易用性。④拓展增值服务，拔高服务水平。强调服务内容的差异化，提升活动参与度。围绕以服务层面研究为基础的分析规划阶段、将隐形化的服务转化为显性化的设计体现整合阶段、借由服务体验的满意度验收进行校对评估阶段。最终以全局视角整合整个参观的前期、中期、后期的全过程服务要素。

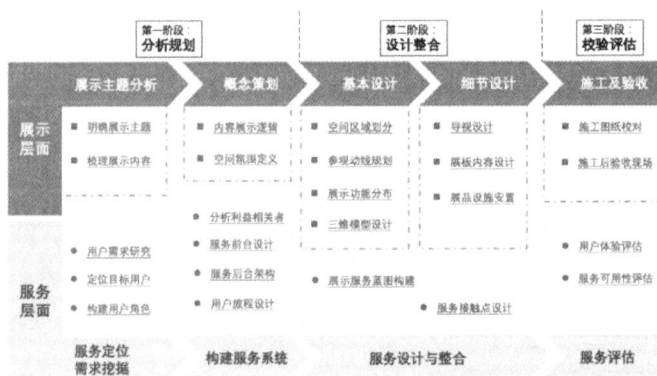

图2-11 老龄辅具科普展示设计流程

---

① 汪晓春，欧亚菲.服务设计理念下的展示设计流程探析与实践——以老龄辅具科普展为例［J］.装饰，2019（02）：102-105.

　　第二、面向用户体验为博物馆公共服务关键。主要探讨如何应用服务设计创造个性化的体验路线，侧重于如何通过服务设计促进个性化文博之旅。吴林青等[①]在分析用户多层次的需求下，构建了四川博物馆新的服务系统（见图2-12），设计出线上服务小程序和线下个性化体验路线。①通过多触点相互结合，建立用户与博物馆的情感纽带，为用户提供统一连贯且印象深刻的文博之旅；②根据用户需求设定线上推荐参观路线；③拓展博物馆与旅游景区生态链。将博物馆与其他景区文化合作，让观众了解更多当地文化，实现价值共创；④构建线上虚拟文博圈。形成分享交流社群，丰富展后的互动性。

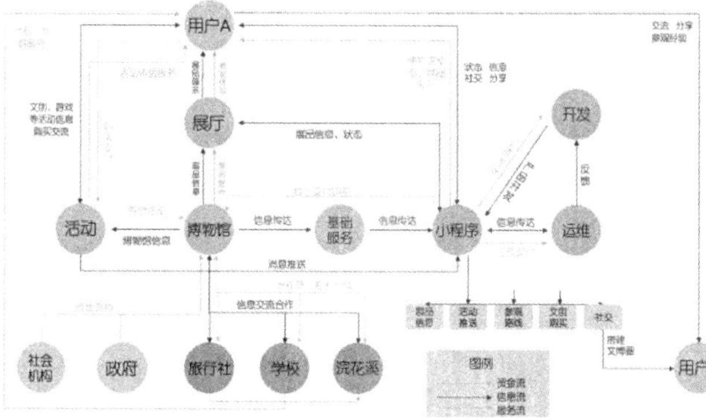

图2-12　四川博物馆服务系统图

　　第三、面向公共教育课程服务创新。导入服务设计思维，强调博物馆课程的流程、内容、场景、体验和共情。关注服务从开始到结束的整个过程，以及过程中涉及的所有利益相关者的需求。丁熊老师[②]以广东博物馆"猎德筑梦师"课程为例，将原本知识结构单一、场所固定、吸引力低的课程灌输模式，转化为多学科交叉、课程环境灵活、师生双向互动、导入在地文化的活动服务模式：①重视服务接收者与服务提供者；②强调"服务场景"对"用户行为"和"服务过程及体验"的影响。③重置课程理念、内容、流程等无形服务，外延课程海报、道具包、场地设施等有形触点。

①　吴林青，李钰，董石羽.基于服务设计思维和方法的博物馆体验设计研究［J］.包装工程，2021.42（18）：341-350 .

②　丁熊，纪合鹏.基于STEAM理念的博物馆青少年教育服务设计研究［J］.设计，2021，34（20）：143-145.

第四、面向博物馆参与建设社区的可能性。强调学科交叉、多方协同和系统整合的服务设计思维来推动创新，王玫琳等[①]设计的"你好记忆"公众失智症主题艺术展览，引入服务设计思维（见图2-13），提出面向"公众""患者家庭"以及"患者本身"三个维度的服务设计方法。①协同博物馆从内到外链接，包括线上、展内和展外三大板块服务。②基于物理和文化环境构建失智干预的场景模拟。③匹配不同利益相关者的差异化需求，分维度提供服务内容、目标和行为路径。

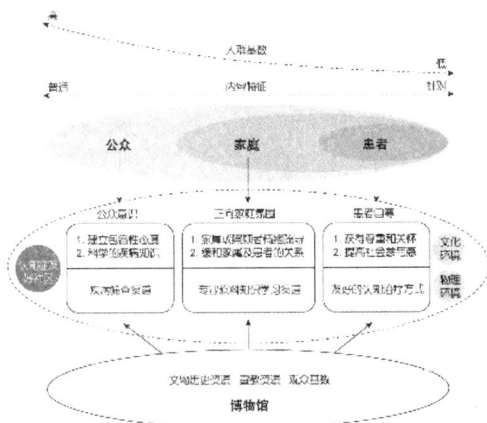

图2-13　"你好记忆"主题艺术展服务设计方法

四、服务设计流程、工具及方法

在迭代用户体验过程中，无论哪种路径进行服务设计流程，都需要结合相关的工具与方法将用户服务体验和博物馆文化价值的结合落到实处。服务设计的工具和方法很多，*This is Service Design Methods*[②]一书中包含54种关键方法的实操指导，按研究、创意、原型合计和引导四个维度进行归类。而此外常见的服务设计工具主要来自由米兰理工大学塔西整理制作的一个以"服务设计工具"命名的分享网站（http：//www.servicedesigntools.org），该网站收集了

① 王玫琳，赵颖，丁熊.博物馆参与认知症友好社区营造的服务设计方法研究[J].包装工程，2022，43（24）：125-133.

② Marc Stickdorn, Markus Edgar Hormess, Adam Lawrence & Jakob Schneider.This Is Service Design Methods[M].United States: O'Reilly Media,2018.

大量与用户研究、服务创新和服务设计相关的工具，并按照设计活动（Design Activities）、陈述或表现（Representations）、接受者（Recipients）和内容（Contents）四个板块分类整理。为了更好地支撑博物馆实际情况，成就新的社会价值，并转化成新机遇，本书整理适合的部分工具，而这些工具和方法可以根据实际情况进行选用与组合。

（一）观众洞察的方法与工具

1.同理心（Empathy）

"设身处地理解""感情移入""神入""共感""共情"。泛指心理换位、将心比心。亦即设身处地地对他人的情绪和情感的认知性的觉知、把握与理解。它将对现有用户的了解进行可视化呈现，可用以表示一组用户的想法和感受，以便更好地了解用户需求，从而促使做出更好的决策。图2-14同理心地图内容主要包括：用户"说了什么""做了什么""听到了什么""是怎么想的"。

如何绘制同理心地图：

（1）确定研究的用户和目标。

（2）收集并整理已有的材料。

（3）分别放置相应的模块内。

（4）分类并综合分析，整理内容。

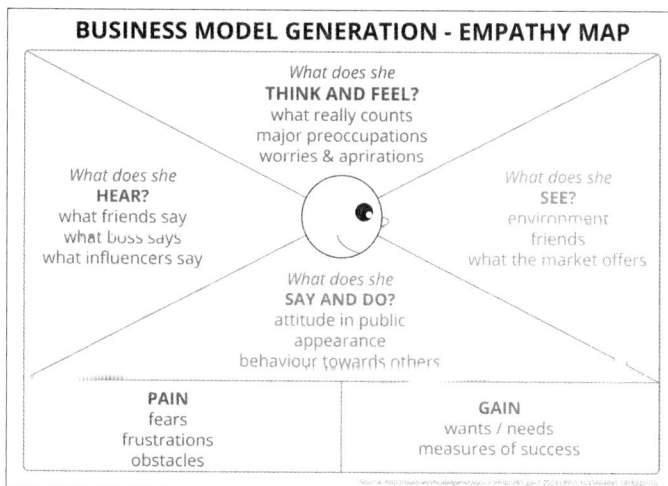

图2-14　同理心地图

2. 用户画像（Persona）

图2-15用户画像是基于用户的认知而进行的视觉化表述。其本质是将用户研究的结果放置到某个模板之中，模板内容包括用户年龄、爱好、原话、需求等，可将不同类型用户的不同需求最概括最全面地容纳进来。

（1）以观察、访谈、扮演等形式获取用户信息。

（2）列出具有共性的用户特征、行为、习惯、喜好等。

（3）将这些共性的特征归类为"一类人"塑造其独有的角色。

图2-15　用户画像

3. 用户体验地图（User experience map）

将发现阶段收集的原始数据整理归纳成体验地图是服务设计的重要方法和环节，对挖掘用户内在需求起到重要作用。用户体验地图是把服务过程中的用户需求和体验通过地图化、视觉化流程图的形式展示，用来直观地观察用户的行为触点及不同阶段情绪变化与心理感受，由此反映出服务构成中用户的痛点并提出改进措施。通常体验地图包括服务阶段、接触点、用户情感、用户行为和痛点及产生新服务的机会点等几部分，配合使用的是人物角色（persona）。图2-16常见模型结构，通过对体验阶段（L1，L2…，Ln）中各要素分析，以可视化的结构呈现，借用曲线图或表情符号表现用户体验情绪，从中发现服务流程中痛点和定义服务的机会点。需要注意的是，用户体验行为颗粒度（见图2-17）根据实际情况进行缩短与延长，以便于更清晰地发现问题。

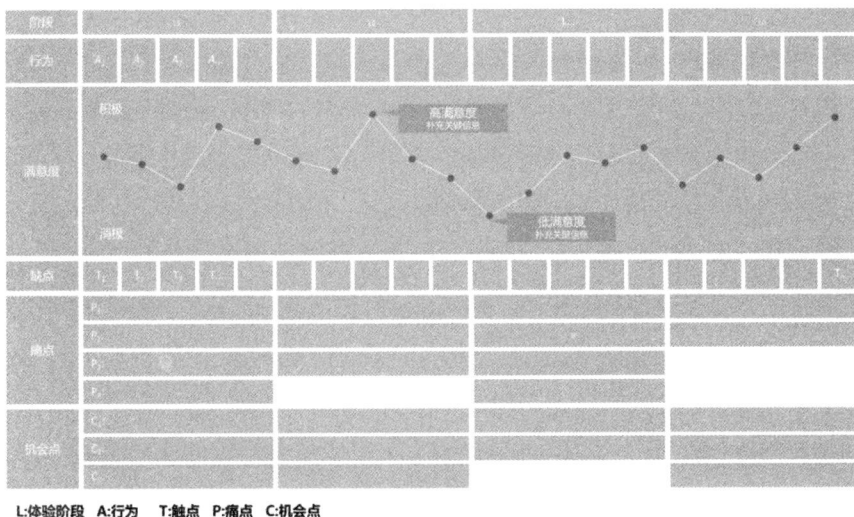

L:体验阶段　A:行为　T:触点　P:痛点　C:机会点

图2-16　用户体验地图常见模型结构

用户体验行为颗料度

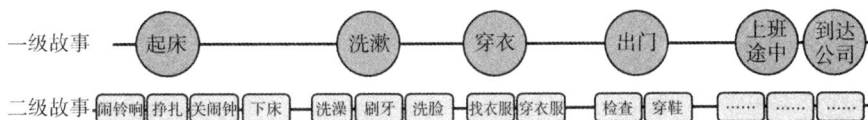

图2-17　用户体验行为颗粒度

如何绘制用户体验地图：

（1）明确用户角色。

（2）通过行为触点和各种媒介设备记录并研究用户行为需求点与接触点。

（3）串联用户与不同触点的体验过程。

（4）以可视化的流程故事与曲线符号描绘用户体验感受与情绪起伏。

（5）根据客观实际情况设计更好的服务机会点。

用户体验地图的表现方式有很多种，我们可以根据实际情况选择所需要的方式去呈现用户需求的全过程。如线性展示用户与服务进行交互的体验地图。用不同颜色的信息符号构建"旅程"时间轴，以言简意赅的方式详细介绍服务的方式和体验节点。

4. 利益相关者地图（Stakeholder Map）

与传统意义上的"观众""参与者""使用者"相比，服务设计不仅考虑主体对象的需求，还需要考虑包括服务从无到有，执行、完成过程中设计的所有利益相关者的需求。以服务设计的角度思考整个展览项目或活动的周期性，需要综合考虑利益相关者各方高效、顺畅且愉悦的"合作"服务流程。而直观地查看他们之间的关系，最快捷的方法是使用利益相关者地图。利益相关者地图是一种商业工具，将服务系统和环境中用户、工作人员、合作者（组织者）以及其他利益相关者放在一起，从整体上分析服务系统中不同参与者或组织的关系，并按照重要度和影响力将各利益相关者进行分类。通过分析各组织和个人之间的相互作用与关系，找出对项目最重要的某个或多个主要研究对象，并用视觉化的方式将复杂的服务关系可视化。

（1）列出利益相关者并排序构成

根据实际项目列出所涉及的利益相关者，但是否将所有的利益相关者纳入地图中，则需要进行讨论与调整，并分析重要程度进行排序，最常见的是采用三个圆圈标识不同的利益相关者群。如图2-19所示（由内到外的绘制）：A代表"用户"（主体）；B为内部利益相关者；C为外部利益相关者。或者三个圆圈来表示利益相关者的影响程度（由主要到次要），A作为核心利益相关者；B作为重要利益相关者；C为影响较弱的其他利益相关者。如图2-18描绘的是一项名为Green Pavement的公共参与服务，旨在促进当地社区的绿色空间。该服务通过社区行动支持绿色倡议，并对创造气候变化带来积极影响。以此服务鼓励居民在现有绿地种植，促进居民关系并共同为社区做出贡献。内圈主要与中心利益者直接关系的，学校、本地居民、花园、当地活动等服务提供商和知识支持场所；外圈有初创企业、气候变化方案、街道等场所创造者和间接接触者。[①]

---

① Fianda van Kuler. A public engagement service to foster green spaces in local communities [D]. University of the Arts London.2021: 43.

图2-18　Green Pavement利益相关者地图

（2）分析利益相关者之间的联系和相互作用，特别要弄清楚对于主要参与者来说利益是什么？获取利益的动机是什么？如图2-19，先围绕中心利益者绘制出A、B、C三层，并将与次要利益相关者和潜在利益相关者分别填入不同的圈层，图2-20再通过互相之间的关系、动机等绘制出对应的连接线。

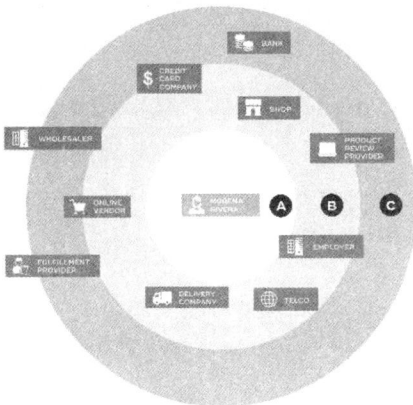

图2-19　利益相关者地图（1）　　　　图2-20　利益相关者地图（2）

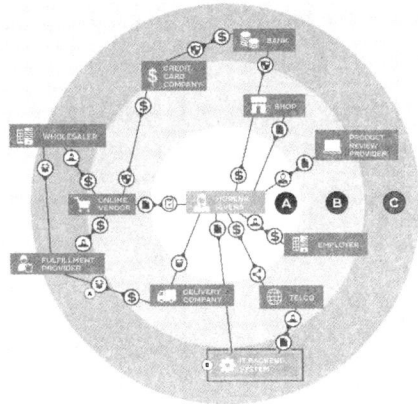

（3）绘制利益相关者地图，必要的话，找出其中的机会点，并在图中加以强调。图2-21绘制的是Udemy在线教育平台利益相关者地图，Udemy利益相关者分为系统创建者、系统支持者、私人用户、模式者用户、直接支持、间接支持、公共干预者和私人干预者。从外部到中心，呈现对服务的参与程度、与服务的交互程度。

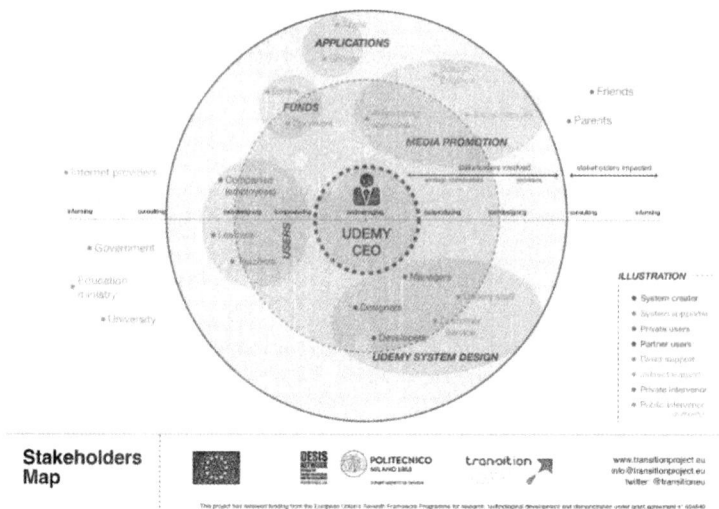

图2-21　Udemy在线教育平台利益相关者地图

（二）参观流程的方法与工具

1.用户旅程图（Customer Journey Map）

用户旅程地图是研究服务系统中用户整体旅程体验的关键工具，能够使服务提供者的研究视角从关注个人体验到整个旅程体验，降低顾客在旅程中的体验波动，以提升服务系统体验的流畅性。[①]用户旅程图的表现方式并不拘泥于线性过程。如图2-22为一个人一天的生活旅程，以环状的形式表现出来，内层分别代表不同的时间点，每个阶段又对应不同的工作内容，很直观地看出不同阶段对应的工作任务或状态。

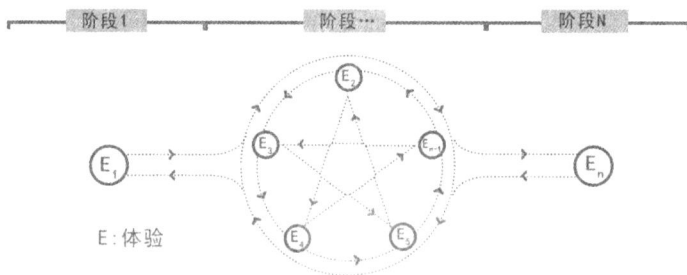

图2-22　用户旅程图

[①] 韦伟, 吴春茂.用户体验地图、顾客旅程地图与服务蓝图比较研究[J].包装工程, 2019, 7(14): 217-223.

如何绘制用户旅程地图：

（1）明确用户角色。

（2）界定用户需求。

（3）界定服务接触点。

（4）描述用户与不同接触点之间的互动过程，并将其连成体验旅程。

2. 系统图（System Map）

系统图是服务系统的视觉化描述工具。图2-23是对服务技术组织的直观描述，将系统所涉及的主、次要参与者及相关服务要素（物料、资源、信息和资金等信息的流动）进行梳理。所以，服务系统图更重视使用相对标准的符号语言格式与布局对服务场景进行搭建，从而将抽象概念通过要素重组转化为更具象、清晰的图示语境，即服务场景。[①]值得注意的是，每个服务设计项目中系统图的数量可视具体项目需要而定。

如何绘制系统图：

（1）明确系统要素，并绘制表达要素的图标。

（2）将系统要素分类在不同的系统功能下，生成主次系统位置。

（3）运用不同的流动箭头符号，建立子系统之间的关系。

（4）补充要素流动中的关键点，生成系统图。

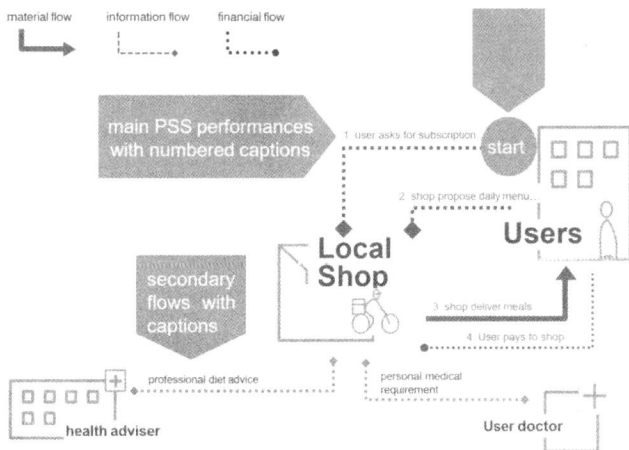

图2-23　服务系统图

---

① 姜颖.服务涉及系统图的演变与设计原则探究［J］.装饰，2017，6（290）：79-81.

3. 服务蓝图（Service Blueprint）

服务蓝图是常用的服务设计方法，从其布局演变的角度，其发展分为三个阶段：以"服务接收者"为中心（1984年），以"利益相关者"为中心（1993年），以"系统"为中心（2004年）。[1]图2-24服务蓝图将物理实物、用户行为、前台行为、后台行为和支持流程等要素通过可视化方式，在时间轴上进行构建，使服务系统中的隐性服务因素得以显示。[2]它更像是一种集合化的工具，包含用户画像、用户旅程图、系统图等工具。

如何绘制服务蓝图：

（1）使用用户画像来理解用户需求。将用户需求分类整理后，整理整个服务系统的运作，建立起制作蓝图的目标。

（2）梳理用户使用服务的流程，并填入对应的流程顺序中。

（3）整理服务内容或用户行为，填入每个对应阶段。

（4）将用户行为对应服务提供方的前台行为进行对应填入。

（5）后台行为与支持过程也通过对应服务实施情况进行填入。

（6）标出前后台互动关系线。前台行为与后台行为之间用实线表示，外部交互作用线与内部交互作用线用虚线表示。

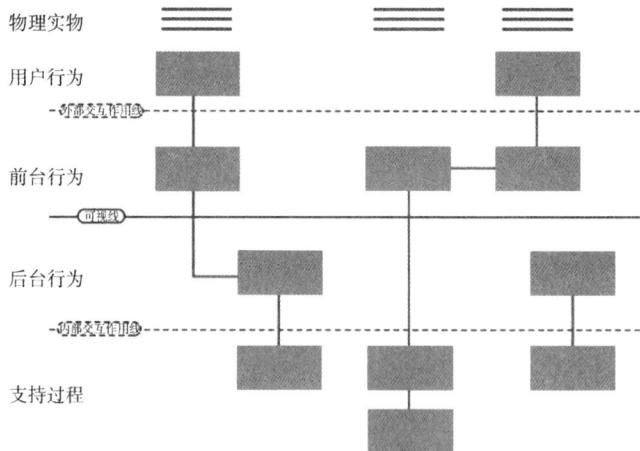

图2-24　服务蓝图

① 楚东晓, 彭玉洁.服务蓝图的历史、现状与趋势研究[J].装饰, 2018, 5（301）: 120-123.

② Bitner M, Ostrom A, Morgan F. Service Blue-printing: A Practical Technique for Service Innovation [J]. California Management Review, 2008, 50（3）: 66-94.

4. 故事版（story board）

故事版是将用户（角色）需求还原到情境中，通过角色—产品—场景的互动，说明产品或服务的概念和应用。"用户（角色）"是宽泛的包容某一类用户特征的融合形象，博物馆中用户称之为"观众"或"参观者"。"产品"通常指被用户使用和消费，并满足某种需求的任何东西，包括有形的物品、无形的服务、组织、观念或它们的组合。放在博物馆视角，多指藏品物件，是对儿童展开教育的基础。"场景"是一种快速、协作和迭代地创建产品和服务故事的方法和工具，是整个服务链路中的一个或多个表现环节。儿童进入博物馆儿童专区是一个整体场景，停留在某一展项前让儿童与物品产生更多的互动是一个场景，与引导员进行互动交流学习又是一个场景，这些零散的场景构建成了一个完整的儿童专区学习圈。

故事版来自影视制作中衍生出来的分镜头工具，用来呈现观众对（预想）服务的使用状况、感受。借用绘图、照片、乐高搭建或借用工具包等可视化表达将不同的参观场景串联成叙述性的故事，直观地表现服务场景、服务流程、体验亮点以及潜在问题，视觉化且立体地传达完整的用户旅程图，也可以用来表现某一段服务，且更直观、生动地帮助内外部利益相关者展示与交流研究见解。如果对真实的应用场景服务进行改造，则采用实际照片来呈现故事版；如果只是用来测试新产品或新服务，则多以手绘漫画式、乐高场景搭建、SAP工具包scenes（见图2-25）等，综合视觉、触觉乃至嗅觉等来辅助整个共创过程。

几种故事版形式各具特点：照片较为真实地呈现实际场景，较易产生共情性；手绘漫画式场景内容可根据实际需求或期望进行表达，具体故事情节或内容增减可控；乐高场景搭建与SAP工具包scenes可作为服务原型进行测试或共创，形成可视化空间场景（见图2-26）。

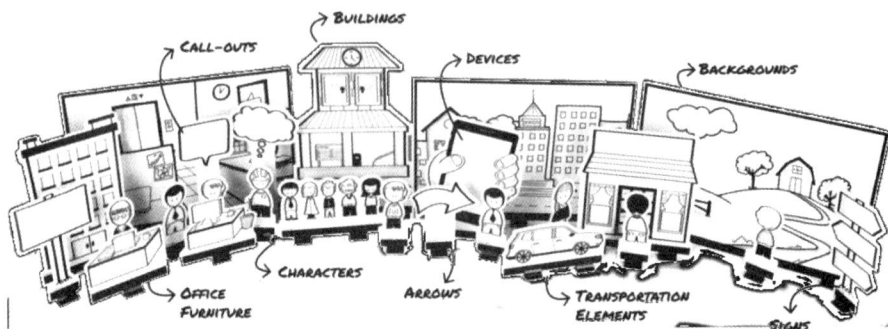

图2-25　SAP工具包scenes（1）

图2-26　SAP工具包scenes（2）

如何绘制故事版：

（1）选定项目需要的目标用户作为故事版主要角色。

（2）分别形成服务核心场景的卡片或模块。

（3）将卡片或模块以服务发生的逻辑顺序进行排列。

（4）根据场景触点标记角色—产品—场景间的互动关系与情绪关系。如人物表情、行为动作、界面细节内容、品牌（logo）形象等，增强故事版阅读性。

5. 服务原型（service prototyping）

服务原型的对象可以是完整的服务流程，也可以是一段核心服务阶段，是将关键触点和服务流程以快速原型的方式进行呈现。虽然实验室状态下的原型不能完全还原真实场景的使用情况，但是在一定程度上是可以有效收集用户的体验和操作，进行快速测试与方案迭代。从纸面模型到高仿真模型，服务原型的还原程度没有限制，可以根据实际项目需求灵活选择。一般用在实际开发之前以模拟场景来进行用户测试，避免后期可能存在的风险，降低经济损失。而形式上一般有桌上演练，如乐高、积木、黏土、折纸等实体物件；数字模型，比如模拟手机界面绘制线框图；戏剧原型，辅助一些简单的道具来模拟搭建服务场景，展示服务内容，把服务体验带入真实场景进行检验，比较适用于博物馆儿童展项或儿童专区的施工前检测。

需要指出的是，事实上服务设计的工具远不止这些。而实际应用中，也会根据项目开展过程的服务需求进行选择，如根据目前儿童专区所存在的共性问题，形成参照服务设计工具与解决对策综合表（见表2-2）。

表2-2　参照服务设计工具与解决对策综合表

存在问题	缘由	对策	服务设计工具
周期性短，缺乏延续性学习体验黏度	原因1：缺乏对儿童阶段性身心特征的理论认知 原因2：未考虑教育目标的长期性 原因3：未树立异于主馆的标识系统和宣传意识	建议1：构建精准且个性化的推荐服务 建议2：形成博物馆儿童学习指南 建议3：搭建馆内外学习服务和宣传形象	人物角色（Persona） 利益相关者地图（Stakeholders Map） 动机矩阵（Motivation Matrix） AT-ONE模型（AT-ONE MODEL） 顾客旅程地图 （Customer Journey Map）
缺乏观前、后服务延伸，未能形成系统性学习内容	原因1：未构成逻辑递进关系的完整系统 原因2：内容策划与主馆主题的断层	建议1：多触点连接，重构现有服务系统 建议2：搭建主馆与专区体验连贯的学习生态链	服务接触点（Touch-Points） 服务系统图（System Map） 用户体验地图 （User Experience- Map） 服务蓝图（Service Blueprint）
未从主馆本身找结合点和叙事逻辑，未达到本馆学习深度	原因1：与展品（物）相关的研究不足 原因2：与展览有关的儿童教育学、心理学研究缺乏	建议1："为儿童设计"用户行为驱导，创造体验附加值 建议2："与儿童设计"协同共创，发展新服务	用户同理心地图 （Customer Empathy Map） 故事板（Story Board） 服务原型（Service Prototyping）

五、服务设计理念对儿童专区的启示

"服务设计"的理念兴起于欧洲。近年来，渗透于各个领域并得到快速发展。所谓服务设计，是指从用户的需求挖掘出发，系统性地运用设计学的理论和方法进行服务的创造和规划，以此产出高质量的服务，提升用户体验。服务设计提供的是一套整体解决方案，不但关注服务全程的体验黏度，也重视服务中用户的体验深度，以及所有利益相关者的感受和利益。服务设计能对用户的学习体验连贯性提供有效的内部管理与外部赋能。儿童专区是在博物馆服务精细化和可持续发展的重要对策下开辟出来的，这种"馆中之馆"的形式，服务对象是儿童，服务内容要有更明确的展示教育目标，并围绕明确的科学或文化概念，围绕主馆的核心内容组织并重构儿童易于学习、理解的知识点、展品、展项和游戏等。单纯从儿童最大程度参与的角度看，参观中的各种体验、互动是博物馆服务打造的重心，然而通过全链路服务设计视角分析，儿童参观的全流程分为参观前、参观中、参观后三个阶段，而每个阶段都会营造儿童对于博物馆从陌生—好奇—沉浸—留恋的心理变化。为形成"观前"认知、"观中"沉浸与"观后"回忆，完成从同化到顺应再到平衡的认知构建过程，应提供连贯的、递进的、可参与的有效学习服务体系。服务设计给予儿童专区设计新的启示，即从学习体验要素、学习过程关键触点、学习意义获取方式梳理服务体验的研究重点。

（一）体验要素分析

教育家强调博物馆学习体验三个要素：学习者的主动参与、多种感官体验以及学习者与环境互动[①]，儿童专区本身具有学习对象"物"的属性和学习场所"空间"属性，因此从服务设计角度探究儿童专区体验关系，可以从"主体—人、客体—物、场域—空间"三个核心要素方面展开（见图2-27）。"主体"包括学习者、家庭成员、讲解员、场馆内伙伴等专区内直接或间接的所有利益相关者。儿童作为体验需求的接受者，需重点考虑儿童生理尺度、心理尺度、关系尺度，其中良好的家庭学习体验是博物馆成功吸引儿童观众的关键。[②] "客体"是主体产生物理活动的学习对象、内容及范围，指任何学习体验的实体或虚拟物质基础，包括实物展品、辅助展品、可参与装置、公共设施等，同时也要兼顾学习内容难易度及展示主次程度。"场域"是学习体验行为发生的学习环境，并非单指物理环境，如空间的照明、湿度、温度、配色、风格、装饰等舒适度，还依托主体、客体而形成知识嵌入的动态"信息环境"，也包括他人的行为以及与此相连的诸多因素，如引导方式、方向、位置、路线

---

① 美国儿童博物馆协会.儿童博物馆建设运营之道［M］.中国儿童博物馆教育研究中心，译.北京：科学出版社，2019，38.

② 莎伦·E.谢弗.让孩子爱上博物馆［M］.于雯，刘鑫，译.南京：译林出版社，2018，4.

甚至视觉形象等，都会影响学习的效果。[①]

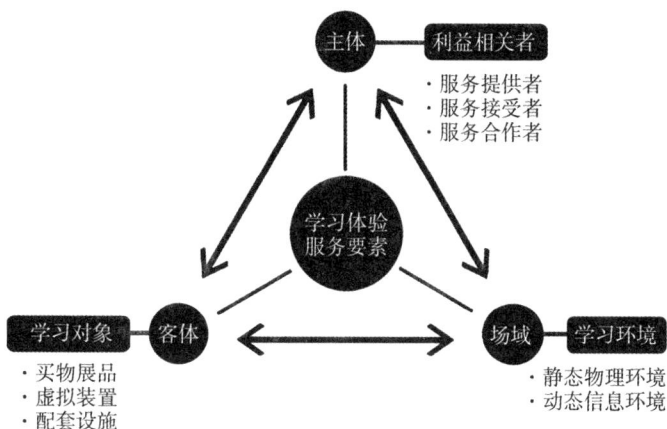

图2-27　博物馆儿童专区学习体验要素

（二）体验触点构建

探索展览期，该阶段以"用户"的目标需求展开，这部分归属于用户参观目的，不同参观目的对于前期信息查找也存在差别，可通过网页、APP、小程序等互联网平台作详细的内容说明进行宣传，以辅助用户认知层面感受博物馆此阶段所开展的项目。通常情况下，在地用户主要了解博物馆位置、近日展讯及儿童体验活动等，并通过线上平台预约，然而此阶段大部分博物馆仅是适时在平台上挂出相关信息，导致诸多家庭对定期儿童教育项目的开展存在盲点，更不用说游客对于参观信息的获取。在美国，机场可免费领取印第安纳儿童馆儿童教育项目宣传资料，加拿大绝大多数博物馆会把教育项目方案的单页寄给当地家庭，部分住宿酒店亦能找到博物馆项目的介绍，博物馆咨询台前更是可随时领取本周、本季度的儿童项目安排。乌得勒支的博物馆区更是通过散点式和集中式的博物馆信息发布于街道等容易让更多人获取信息的接触点。从这些经验中得出，参观前阶段博物馆可以延伸更多外部平台，让馆内信息的传递更加快速化、开放化。

参观展览中，从整个服务流程看，这阶段属于儿童参与度最高的部分，涉及"抵达博物馆—领取导览手册—儿童根据导览手册参观—进入儿童专区—

---

① 王艳艳, 巩淼森.基于学习体验的博物馆儿童专区服务设计策略研究［J］.家具与室内装饰, 2022, 29
（09）: 110-115.

参加儿童专题活动或游戏互动"等复杂的过程。从近年来民众消费升级趋势看出，儿童来博物馆参观以及参与活动的目标，从满足基本生活需求，到满足娱乐需求，再到满足成长性需求。在这个阶段中，影响用户体验的关键点主要是服务内容、服务流程、服务形式、服务空间、服务反馈。面向儿童的服务内容主要以教育为主导，即"儿童展览""儿童教育项目"；服务流程贯穿整个参观过程，涉及参观动线的设置、导览系统的流畅、信息内容获取的连贯等；服务形式相对比较多样化，例如借由多媒体平台产生沉浸式的视觉体验，采用儿童指南或读物、讲座、工作表、操作时间、假日活动、角色扮演等，或在博物馆专职教育人员的指导下，自主运用研究性学习方式获得应用知识，发现和提出问题等；服务空间指餐饮、衣帽寄存、家庭厕所等公共空间；服务反馈体现在儿童参观过程中，是否即时或延后地给予适当的信息反馈或奖励机制，也是是否能引导二次参观的重要环节。总之，这一阶段的服务质量是儿童参观体验是否满意的关键环节。

回顾展览，此阶段相对比较简单，但是决定能否留住观众的重要阶段。通常情况下，主要表现为意见反馈服务、投诉处理服务、文创产品购买与邮寄服务、观众调研服务等，需要注意的是，对于儿童观众来说，这些服务除文创产品购买，几乎没有直接的关联性，当然儿童可以给予博物馆提出宝贵的意见和建议。诺贝尔经济学奖获得者丹尼尔·卡内曼（Daniel Kahneman）的"峰终定律"（Peak-End Rule）——峰值和终点时刻的体验，很大程度上影响用户对整个体验的评价。[①]其中的"终"指的就是这里的结尾，即给予用户有力而印象深刻的参观结尾。为此可以重新考虑此阶段的服务内容，从而形成客户黏度、构建闭环的服务流程，改善整体服务体验并留存良好的服务印象。值得关注的是，利用博物馆资源还可以开发形式多样的延伸服务，如流动展、巡回展和租赁服务等。

（三）体验方式驱导

为了让儿童在感官层、行为层、认知层和情感层参与进来，以此产生愉悦感、吸引力和持续力。可将博物馆体验依次分为感官体验、行为体验、认知

---

① 黄蔚.服务设计驱动的革命［M］.北京：机械工业出版社，2019：170.

体验和情感体验四个维度。在感官体验层面，给儿童直接感官感受，基于个体本能，提供探索周围环境的条件，包括灯光、温度、湿度等，并提供除视觉感官以外的体验，包括聆听、触摸甚至品尝等，每种不同程度感官刺激激发学习者具体认知。在行为体验层面，依托实物作为学习媒介，主要为有形"藏品"（仿真或复制的展品）和无形"藏品"（深层介入内容的互动媒体）。对于前者，强化儿童参与探究、操作发现、知识创建等深度学习，使体验更具有认知意义；对于后者，提供各种新互动方式与知识延展等广度学习。在认知体验层面，站在"同理心"角度运用儿童可理解的文化符号，从连续性角度建立对话、引导、分享等认知机制。在情感体验层面，形成以儿童为本的"探索式""游戏化""剧场式"等服务形式，从讲解文物故事到传递文化内涵再到发扬文明精神，递进式实现体验价值的创新。此外，提升用户的有效参与将直接决定服务设计的整体质量，儿童作为专区重要的利益相关者，既是创造者也是价值共创者，在参与过程化设计中获得"用户驱导"作用，具有更为直接的"话语权"。[①]

六、博物馆儿童专区服务设计原则

在博物馆体验过程中，用户与博物馆的互动是多维的、即时的、不确定的，为了使用户在每个维度上都能获得持续良好的体验，需要系统性地分析用户体验需求，并结合服务设计的思维和方法，为此在服务设计原则的基础上，总结出博物馆儿童专区服务设计原则。然而没有一个服务可以一成不变且永远受到青睐，这就需要不断推陈出新，在原有运行的基础上，迭代服务体验，评估服务效果。

（一）以人为本地尊重儿童阶段性个性化设计原则

在博物馆与社会公众的持续互动中，博物馆逐渐认识到，要有效地为观众服务，应针对不同人群的不同特征与动机，采用分别对待的方法。公众教育的概念在探索式的实践中变得丰富多样，而后阿卡西斯工作室首次将博物馆展示和教育从原先收藏的空间独立出来，博物馆史学家称这种方式为"二元配

---

① 王艳艳,巩淼森.基于学习体验的博物馆儿童专区服务设计策略研究[J].家具与室内装饰,2022,29
（09）：110-115.

置"，二元配置的施行使博物馆展示与教育的功能明朗化，直到19世纪末，世界第一座儿童博物馆——布鲁克林儿童博物馆诞生，正式从制度层面将儿童观众视为博物馆服务对象的独特类型，影响博物馆效仿建立专门的儿童展区和活动区。而此后"目标观众"（target audience）的概念被提出来，博物馆不再试图满足各种不同的观众群，而是设定目标观众，按照目标观众的需求设定主题，选择材料，进行策展与设计。儿童专区就是非常典型针对目标观众（儿童）与博物馆所设定对应关系的独立区域，为了使展品与内容得到理解与教育，要充分考虑儿童观众动机、兴趣、行为特点、学习方式等，诸如文字说明系统开发、儿童人体工程学设定、年龄组别互动实现方式设立等，并且对目标观众的身心具有良好的亲和性与匹配性。策展人员则协同其他教育工作者为优化专区的用户体验，以适龄化需求和感受出发，以儿童为中心进行展品内容、参观结构、空间营造及活动安排等布置。

美国北卡罗莱纳州大学教授罗纳德·李维斯特（Ronald L.Mace）提出针对儿童的体贴关怀通用设计（Universal Design）的原则：①公平地使用各项设备；②允许各种各样的弹性使用方法；③内容设置与使用方法简单且容易理解；④可透过多种感觉器官理解讯息；⑤即使以错误的方法使用也不会引起事故并能恢复原状；⑥尽量减轻使用者的身体负担；⑦确保使用空间的尺度，避免姿势与动作状况不受限制。也就是说儿童理应被"区别对待"。

在依附于博物馆主馆内容的展览空间中，无论是传播知识、信息阐释还是课外教育，目标对象主要指儿童。周婧景老师提出儿童专区展览"双重尊重"原则需遵循的首要原则中提到，最终目标是尊重儿童不同阶段身心特征，以获得适合身心的发展体验，包括尊重儿童的人体工程学、尊重目标观众的认知特征、尊重儿童参观的结构特点，并通过观察、动手、体验、游戏和思考等方式实现。[①]而这点与服务设计基础原则"以用户为中心"不谋而合，从用户体验的角度去审视整个服务系统，好的服务应该来源于用户需求，同时也应该超越用户需求，达到让用户感动的程度。

但随着服务创新领域展开，服务设计所涉及的相关领域（旅游、文化、

---

① 周婧景.试论博物馆儿童专区展览"双重尊重"原则及其实现对策——以台北"故宫博物院"儿童学艺中心为例［J］.东南文化，2018（4）：98.

教育等），都面临着服务设计的对象从"用户"到"利益相关者（系统）"转变，这里利益相关者（系统）包括人和系统两个层面：人是指顾客（用户、观众等服务接受者）、服务人员、组织等，系统是指这些利益相关者之间的联系、行为、活动等。从"以用户为导向"（user-centered）转变为"以人为本"（human-centered），保持原有用户基础上明确涵盖了服务提供者、顾客和/或使用者，以及其他利益相关者，甚至是受到服务影响的非用户、潜在用户等服务中的所有人。在服务设计背景下重新定义创造一个良好的儿童专区服务体验首要原则，站在全生命周期的角度思考，综合考虑所有利益相关者的需求，让利益相关者各方可以高效、愉悦地完成服务流程。[①]

（二）契合主馆特色的连续性设计原则

从博物馆学视角来看，博物馆儿童专区是从博物馆发展而来，以博物馆资源为载体，面向儿童群体的教育空间；从教育学角度而言，博物馆的儿童专区是以儿童全面发展为目的，根据不同年龄段儿童身心发展特点，由教育人员（专员、教师等）统筹、策划和举办展览、活动的教育场所。儿童专区在以独立区域设置与博物馆资源紧密相关的展览和活动，配置教育人员为儿童提供专属的本馆资源服务。每个博物馆都有自己的特质，并具有地方和地区意义[②]，CMRC研究中心制定的《中国儿童博物馆行业指南（2019版）》也提出博物馆具备教育、公共、地方三重属性，而地方属性则意味着扎根于所在地区的独特背景。为此，儿童专区是博物馆展览体系的构成部分，契合主馆要素展开创意展览，所发挥的教育功能、游戏功能、科学培养、兴趣开发等，以及传播方式、目的、展品资料、内容组织结构、信息阐释、研学活动等，都应遵从儿童教育理念，彰显本馆与本土特色，探索一种完整系统的递进展览模式，从而推动主馆与专区展览内容的内在逻辑，使得展览内容策划由浅及深、由表及里。

案例（见图2-28～29）：香港文化博物馆"儿童探知馆"是为4至10岁的儿童设计，以爱护香港大自然及认识香港历史为主题，"香江童玩"展览展出香港设计、制造的玩具（如Zeroids机械人系列），家具套装按照香港70年代流行家居摆设；"米埔湿地"探险模拟真实场景以游戏及互动的形式，吸引小

---

① 丁熊,杜俊霖.服务设计的基本原则:从以用户为中心到以利益相关者为中心[J]装饰,2020（03）:62-65.

② Fore W.Bell, DVM . Excellence and Equity [R]. The American Association of Museum, 2008.

朋友积极参与；农村生活学习区，小朋友化身为小村民，体会昔日农村生活；海底花园学习区遨游在"海洋"空间以电脑游戏的形式激发孩子对深奥的海底世界探索，透过多样化的展览及专案，以生动活泼的形式展示文物，让孩子们透过欣赏参与每个展览环节，寓学习于休闲。

图2-28　香港文化博物馆（1）

图2-29　香港文化博物馆（2）

（三）多触点结合的整体性设计原则

从博物馆整个系统的角度进行考虑，需要保证系统的一致性和完整性。根据用户参观博物馆的观前、观中、观后三个服务阶段，用户在参观流程中的体验一致性体现了系统的整体质量，包括是否有统一的信息代码、统一的数据呈现方式、统一的主题规划等。服务设计的用户旅程地图通过触点将服务可视化，并预判不同触点上影响用户体验的相关因素，通过多触点结合能为用户构造完整有序的馆中之旅，即无论是传播目的、展品资料，还是内容结构、信息阐释，或者临展、教育活动，都应始终与主馆要素紧密关联，让主馆与专区的空间、内容、结构等相互依赖、相互联系。

以适龄的争议性话题为例，这是一个非常敏感又容易回避、淡化的议题。这就要求主题简化为孩子们能理解的内容，与此同时采取多触点的方式达到有效学习。英国曼彻斯特人民历史博物馆（People's History Museum）提供多种资源来支持成年人与儿童在参观时开展深入对话，比如专为年轻观众设计的情感卡，还有家庭友好参观路线等；英国伦敦移民博物馆（the Migration Museum）则设计了一个儿童市集，以有趣的动手活动来体验复杂且有挑战性的移民故事。以及参观前的服务，如利物浦国际奴隶制博物馆（The International Museum of Slavery in Liverpool）网站中列出常见的问题；英国伦敦移民博物馆的参观手册特别标出专为年幼儿童准备的内容和活动；萨克雷医学博物馆（The Thackray Museum of Medicine）在指示牌或网站上标注出敏感内容提示；伦敦帝国战争博物馆（the Imperial War Museum London）大屠杀展厅对敏感展品进行提前说明，并推荐参观年龄，以便观众自行决定是否观看。

（四）适应系统动态变化的迭代性设计原则

回顾国内博物馆对教育空间的规划与建设发现，博物馆儿童服务体验在时间与实践考验下被重新审视，自2008年博物馆全面施行免费开放以来，博物馆的教育功能逐步凸显，各类活动开始出现。从起初社交活动"挤"进博物馆，由于受场地的限制，教育活动的内容与形式也有所局限，到开辟专属教育空间，在此阶段形成了一批为儿童与青少年打造的专属区域，配套相应的教学设施，关注整体空间氛围的营造，并引入图书馆、学校，提供相应的课程资源和材料。如武汉博物馆2019年重新开放的教育空间，面积约800平方米，由青少年互动区、数字武博区、教学体验区、交流展览区等四个功能区域组成，可同时容纳600人。为不同年龄段观众开展教育、研修、亲子活动提供了灵活便利的互动体验空间，带给公众更加多元化的文化体验。再到为博物馆教育赋能，出现了以探索式学习为内核的探索空间、以游戏型教育模式建构的解谜空间等，通过沉浸式体验、情景模拟等方式，更加强调孩子们的感官体验与自主学习，也让他们在与展品的互动中形成更深入的理解与认知，见图2-30。博物馆必须在适应整个教育服务系统动态变化过程中优化创新，而对于已经具备教育专属空间的博物馆而言，也要随着教育理念的革新而随之迭代。

图2-30 博物馆迭代的不同阶段

（五）价值共创的可持续设计原则

博物馆的服务和用户的体验是双向互动的，儿童专区策展的前提是以儿童自身发展为目的，而儿童专区所依托的是传统博物馆的资产，通过筛选、加工与阐释来服务儿童，其价值的体现需要双方共同参与创造。服务的生产与消费有同时性，服务接收者必须参与到"服务设计"的过程中，即"与儿童设计"充分协同参与过程并共同创造价值产出。运用服务蓝图、服务系统图等服务设计工具构建儿童专区服务系统去搭建用户与博物馆的持续性互动，不仅实现文化可持续发展，同时重组了一张适合儿童群体的更具弹性的社会文化传播与传承场所，以实现社会层面的可持续发展远景。此外，博物馆认可其社区生态系统中的多元化关系网络互动，积极拓展博物馆网络关系多样化，可在此基础上实现博物馆组织机构的可持续性。

七、国内外博物馆儿童专区服务实践

（一）国外博物馆儿童教育实践与相关研究

国外对博物馆儿童教育的产品与服务设计领域的研究与实践起步较早。从1899年世界第一家儿童博物馆"布鲁克林博物馆（Brooklyn Children's Museum）"在美国纽约诞生，随后大小不等的儿童博物馆遍布20多个国家，如美国、英国、法国、加拿大、韩国等，其中美国拥有400多家儿童博物馆，年访客量超过3 000万人次。不但从各项功能和指标来满足儿童需求，在细部上更是依照儿童的特点进行特殊设计，如在建筑装饰材料细部处理、室内外设施构建、灯光色彩环境、区域指示导向系统、展览装置、参与式互动体验等各方面都考虑了儿童生理和心理的需求。例如纽约长岛儿童博物馆（Vanderbilt Museum）根据看、听、闻、触、尝等感官体验，设置攀爬区、工具之家、幼儿区、修理站、户外体验式花园共五区，让孩子充分感受到大自然的力量；法国国家自然历史博物馆（Museum national d'His toire naturelle）通过不同主题区，借由感官的刺激，融入手动装置、器具、电子设备等多媒体，具有相当丰富的多元性；大阪儿童博物馆（KIDS PLAZA OSAKA）让孩子边学边玩，以兴趣滋养创造力和挖掘新的潜力的服务理念，促进儿童发展。丹麦安徒生博物馆（Hans Christian Aandersen Museum）（图2-31～32）由日本明星建筑师隈研吾（Kengo Kuma）和他的团队设计，以童话大王安徒生的传奇一生作为蓝本，将现代建筑、自然和童话巧妙结合，"探索自我和外界的关系"。"学习世界"是汉斯·克里斯蒂安·安徒生之家的一部分，以童话为主题的互动区域，专门面向有年龄段的学生开放激动人心的课程和活动。

图2-31　丹麦安徒生博物馆（1）　　　图2-32　丹麦安徒生博物馆（2）

　　塞尔吉奥·科雷亚（Sergio Correa）认为服务设计应用于博物馆与人文环境的设计开发具有较大机会点，互动媒体和眼睛、戏剧性的灯光和美观的细节、精心设计的图形和信息设计、有效的路径和用户导航无疑成为观众参与文化内容、从被动到主动状态的关键因素。①而这种因素的挖掘来自所有利益相关者密切合作开发与更深地对用户和参观者潜在意识动机的理解，并运用服务设计方程式模式，结合多学科产生更高阶的服务对象了解。荷兰乌得勒支博物馆区以博物馆而闻名，包括教堂塔、运河网络和许多博物馆。应用采访、跟踪、移动采访、文化探针②洞察参观者如何参观博物馆，了解他们是如何参观体验的，访客参观博物馆动机以及动态，利用这些信息如何更好地满足他们的需求？捕获特定特征的客户、用户或访问者的原型和品质，从移情角度对五种人物角色"学者""博物馆参观者""艺术家""休闲享受"和"潜力用户"采取不同"说服策略"，如每本旅游手册中都介绍"米菲博物馆（Miffy Museum）（见图2-33）③"、设定博物馆游客旅程地图，最终的结果创建一个更强大博物馆集体，创造一个更活跃的氛围在街道上，提高该地区博物馆的知名度。乔安·诺里斯（Joann Norris）介绍了美国242家儿童博物馆，列出的

---

① Sergio Correa.Service Design in Museums&Cultural Environments [J].Touchpoint,2014（5）：46-49.

② 文化探针：博物馆工作人员记录他们参观其他博物馆的事件、感受或交互，以更好地理解他们的文化、思想和价值观。通常用于设计过程的前期，成为用于提供相关信息并收集移情数据的研究方法。

③ 米菲博物馆（Miffy Museum）位于荷兰乌得勒支市，米菲是迪克·布鲁纳（Dick Bruna）出版的124本小画册中32本的主角。在故事中，米菲经常与家人和朋友一起积极探索她周围的世界。用这个名字命名博物馆，孩子们立刻联想到迪克·布鲁纳创造的人物以及他们所经历的冒险。迪克·布鲁纳刻意创造了一个孩子们可以用自己的想象力填满的世界。这是米菲博物馆背后哲学的关键部分。

所有博物馆都声称拥有儿童参与式、互动式、动手展览和/或展示，或正式组织专门针对儿童的教育计划。许多不专门标榜为"儿童博物馆"的大型博物馆正在提供儿童展厅，甚至是专门为儿童建造独立建筑。[1]塔拉·佐林格·亨德森（Tara Zollinger Henderson）[2]认为学习是一个持续动态的过程，博物馆提供一种将儿童学习扩展到课堂之外的手段，这种合作将博物馆环境与课堂环境的好处结合起来，让儿童参与协作、对话和自我导向的探索，将游戏、学习、体验为之整合。麦戈·梅菲尔德（Margie.I.Mayfield）在*Children's museums: purposes, practices and play?*[3]中，基于作者对儿童博物馆30年的观察，论述了儿童博物馆的定义、发展历史、使命和目标。西方国家在儿童博物馆的产品和公共服务领域半个多世纪的研究发展过程，能够为中国的相关研究者和有关部门提供相当有提示意义的经验教训以及成果和手段。

je eerste museum

Ben je nooit eerder in een museum geweest? In de themaruimte 'het museum' ontdek je wat een museum is. Maak kennis met de kunstwerken van Dick Bruna, ga zelf aan de slag met vorm en kleur, of richt je eigen museumopstelling in.

图2-33　米菲兔博物馆

2011年4月，日本NHK电视台正式推出以培养儿童"设计意识"为主旨的电视教育节目《啊！设计！》（*Design"あ（Ah）"*，200集），节目捕捉生活中的每一个细小的设计，致力于儿童所需的视觉艺术、创新意识等抽象能力培养，遵循7～11岁儿童的思维转变，类型覆盖产品设计、平面设计、照明设计、交通设计、景观设计、室内设计、建筑设计、家具设计、服装设计、字体设计等传统设计领域，也包含机器人设计师、未来设计师等

① Joann Norris. Children's Museums: An American Guidebook, 2d ed［M］.United States: McFarland, 2009.

② Tara Zollinger Henderson, David J.Atencio.Integration of Play, Learning, and Experience: What Museums Afford Young Vsitors［J］.Early Childhood Educ J, 2007（35）: 245-251.

③ Margie.I.Mayfield.Children's museums: purposes, practices and play?［J］.Early Child Development and Care, 2005, 2.179-192.

新兴设计师以及编舞、木工、花艺、料理等"非典型设计师"，其中"设计师"板块邀请日本诸多具有国际影响力的老、中、青三代设计师加盟，就设计问题展开对话。2013年与2018年，节目主创团队将电视节目两次"搬到"现场，在21_21Design Sight美术馆和富山县美术馆策划了两次"あ"展（图2-34～37）。"空间+影像+实物"的结合与电视内容和展览结合，更具直观地传达设计多种形态，让儿童在互动中感受设计的魅力，潜移默化地接受了设计的教育。此外配套的书籍（见图2-38～39）将视频的每一帧都表现出来，真正做到视频、书籍、实体展厅融为一体。目前节目还在更新，未来期待新的展览主题"搬到"现场。

图2-34 "あ"展现场（1）

图2-35 "あ"展现场（2）

图2-36 "あ"展现场（3）

图2-37 "あ"展现场（4）

图2-38 《啊！设计！》书（1）

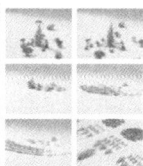

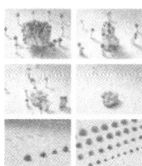

图2-39 《啊！设计！》书（2）

除此之外，儿童展览以各种形式成为博物馆关注的争议性话题，20世纪70年代波士顿儿童博物馆（Boston Children's Museum）首先开河，举办了两次颇具争议的儿童主题展览，探讨残障问题"如果你做不了该怎么办？"和题为"终结：死亡与失去"的主题陈列；2001年，"告诉我什么是死亡"主题展在德国柏林菲斯儿童博物馆（Fez Children's Museum）展出；2003年，荷兰阿姆斯特丹热带青少年博物馆（Tropen Museum Junior）呈现了"天堂和它的同伴"；2006—2007年奥地利维也纳儿童博物馆（Zoom Kinder Museum）与无国界医生救援组织联合举办了聚焦全球人口迁移问题的展览"逃跑与生存"；2012年MoMA举办"儿童的世纪：与设计一起成长，1900—2000"（Century of the Child：Growing by Design，1900—2000）[1]（见图2-40），这是第一次大规模呈现现代主义对儿童和童年关注的展览范例。这类型的儿童展览题材虽非主流，但也体现出儿童展览应以贴近儿童认知的方式，把握合理展览内容，深入浅出地阐释晦涩难懂的主题；以及像所有展览一样，儿童展览也要为成年观众服务，以辅助孩子在主题复杂的展览中一起讨论问题，收获体验。菲斯儿童博物馆馆长克劳迪亚·洛伦茨（Claudia Lorenz）认为，展陈设计方案是决定一个主题展能否吸引孩子、消除他们的担忧和恐惧，并让他们参与的主要因素。她建议用富有诗意的方法来帮助孩子们理解相对沉重的话题，并逐步探索解决问题的方法和改变策略的可能性。她所指的"沉重的话题"是上述类似的展览主题，当然她与维也纳儿童博物馆馆长伊丽莎白·梅娜瑟（Elizabeth Menaser）坚信应该大胆举办更多富有挑战性的主题展览，让孩子们为应付复杂多变的世界做准备，也培养他们的同情心和同理心。[2]这也是博物馆办儿童展览或儿童专区的意义所在，普及社会责任意识，传递正向价值观。这些展览对儿童专区内容选择、布展思路提供宝贵经验。

---

① 展览借题瑞典设计改革者、社会活动家爱伦·凯（Ellen Key, 1849—1926）的著作《儿童的世纪》（*The Century of the Child*, 1900初版，英译本1909年出版），副标题取自1990年举办的"第40届阿斯本国际设计大会"（IDCA, International Design Conference in Aspen）

② 克劳迪亚·哈斯, 杨丽明.讲述欧洲故事——为什么我们对儿童展览和项目的主题如此谨慎? [J]博物院, 2019（03）:31.（原文发表于儿童博物馆协会会刊《手牵手》2011年冬季刊）.

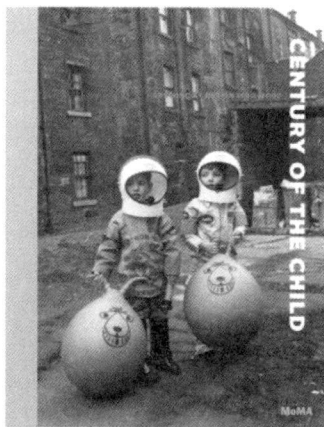

图2-40　Century of the Child：Growing by Design

（二）国内博物馆儿童专区案例与成效分析

我国儿童博物馆的发展较为缓慢，不论是在数量上还是规模上都处于萌芽阶段，影响力和创新力都比较弱，馆内开展的教育活动形式也比较单一，自20世纪八九十年代，国内首家儿童博物馆——上海儿童博物馆①建成。到目前为止，只有北京、上海、呼和浩特等城市设有儿童博物馆及一所中国儿童博物馆研究中心（CMRC）。随着19世纪末儿童教育本位思想的兴起，诸多国有博物馆中比如综合类、历史类、科学与技术类的博物馆纷纷开始在馆内开辟儿童空间，重视儿童教育功能。这种"馆中之馆"的设计受到儿童受众的欢迎，也将传统博物馆的观众群扩大至少年儿童，甚至婴幼儿。据中国科协网获悉，共有162家博物馆、纪念馆、陈列馆被认定为全国科普教育基地，都将受益于青少年，使博物馆成为名副其实的第二课堂。

学术界对博物馆儿童教育相关理论与实践从不同的视角进行研究，在博物馆学视角下，学者们从策展的角度讨论儿童专区创设的必要性、历史、意义以及探究儿童展览中互动展品、场景、游戏、多媒体的设计方法。②在教

————————

①　上海儿童博物馆，投用时间：1996年5月29日。占地面积9 000余平方米、建筑面积4 632.97平方米、室外活动面积1 450余平方米、室外可活动水域面积660余平方米。是科学技术类科普专题博物馆。馆内设四大展区，分别为"跨越距离，触摸未来"主题科学展示区、互动探索区、主题展览区、儿童阅读区。http://www.shetbwg.cn/

②　周婧景.试论博物馆儿童专区展览"双重尊重"原则及其实现对策——以台北"故宫博物院"儿童学艺中心为例.［J］.东南文化，2018（4）：97.

育学视野下，随着逐渐认识到在特定空间内借助藏品、标本、实验器具等辅助教学活动，有助于知识动态生产过程的表达和体验。[①]博物馆儿童教育问题引起了教育界的关注，近年来涌现出一系列主题性研究，如"博物馆+儿童文化教育""博物馆+幼儿教育""博物馆+STEM教育"，教育界已在博物馆介入儿童教育方面做出实践性探索。在服务设计介入博物馆相关研究中，研究理念方面不单局限于儿童身体机能及行动特点，而开始关注儿童心理需求与体验，研究对象方面突破单纯对公共空间的规划和展品展示设计，强调产品设施和软性服务。2017年中国地质大学刘军和刘俸玲老师发表在《装饰》杂志的《基于角色认知的"互联网+"博物馆公共服务设计研究——以故宫博物院为例》，从用户思维视角分析博物馆和观众的角色定位及服务体验特征，探讨了"互联网+"故宫基于参观流程的深度接触服务设计和泛在化应用的衍生服务设计内容。程洁菲以参观者为导向用服务设计的思维与方法对博物馆展陈的功能、形式、内容等方面及各类接触点进行多角度、多维度的分析。张盈盈老师等运用服务设计的创新思维和方法，构建博物馆跨时间、多触点、可持续的体验设计。此外，学者从体验设计的角度研究博物馆儿童认知实践，如杨静和张嘉敏老师的《基于儿童认知的博物馆交互体验设计策略研究》以广州南越王博物院为研究对象，借用服务设计相关工具，从多维度的角度探讨博物馆儿童体验从愉悦参与到主动探索以及自主创新的体验设计；周杰老师、刘菲菲老师的《博物馆儿童模拟考古的情景体验——以西藏博物馆动画〈吉吉〉为例》，从儿童身份探讨主题动画与模拟考古教育互动的有机融合，并以此将考古知识与科学素养、历史人文、审美精神进行结合。还有学者从围绕博物馆教育展示活动构建要素进行阐述，郭侍锷老师《协助观众建构知识体系：博物馆中科学绘画展示手段的嬗变研究》，以博物馆教育展示活动所特有的"物质"和"空间"双重属性特征为切入点，讲述科学绘画"从信息的无序化积累到信息的分类化呈现""从舞台化地呈现信息到'再情境化'地组织信息""从大众化视角的信息阐释到系统化的信息表达"的变迁过程，可见科学绘画向着更为系统化的信息表达方向前行，

---

① 蔡静野.展教结合：高校博物馆的源流与内涵[J].中国博物馆，2020（3）：105.

进一步表明其能够有效协助博物馆观众建构知识体系。秦健和高峰老师的《学前儿童美育视角下的博物馆展现设计研究》，以博物馆的展线设计作为研究对象，探讨儿童认知特点与展线引导的关系，博物馆内"实线"与博物馆外（家庭、社区、学校）"虚线"的全流程美育打造。

在国内，博物馆内设立儿童专区的，虽数量不多，但在借鉴成功的博物馆儿童专区案例的基础上，目前部分博物馆内都开始陆续设置"儿童专区"，并取得较为良好的社会效应。以下围绕国内现有博物馆儿童专区或儿童教育服务内容与服务成效展开具体分析（见表2-3）。

案例1：长沙博物馆儿童展区："哇哦，博物馆"

"哇哦，博物馆"（WOW MUSEUM）儿童展区（见图2-41）是长沙博物馆的常设原创儿童展览。展览位于长沙博物馆儿童区博乐园内，面积120平方米，以长沙博物馆的展示与典藏内容为基础，针对5～12岁儿童设计，其中5～7岁儿童以亲子家庭的方式参与，家长鼓励引导儿童参与，一起完成任务；8～12岁儿童则以个人或组队方式参与，以"体验式互动展览"的形式，引导儿童积极参与探究博物馆的台前幕后，建立儿童对博物馆的正面印象，激发其对博物馆和长沙历史文化的兴趣，传达博物馆文化共享理念。

展览试图营造一个可亲、有趣的儿童体验空间，注重品牌形象的建立，取名为"哇哦，博物馆"，以表达发现博物馆的不可思议、兴奋与惊喜之情。展览设计由自由参观和教育员引导的专场参观两种模式。内容分7个部分（见图2-42），分别为"谁在博物馆工作"（博物馆人与工作），"博物馆有哪些宝贝"（博物馆的藏品与分类），"它们是怎么来到博物馆的"（藏品的来源），"博物馆的宝贝藏在哪里"（藏品保管），"文物医院"（保护）、"宝贝们都做什么用"（藏品的功用）、"我们的博物馆"（关爱残障人群，文化共享）。各部分具有较强的关联性，又具有独立性。除展览内容外，项目还规划了"博物馆学艺员"系列专题体验进行延伸拓展，包括考古体验营、小小研究员、藏品大管家、文物医生和博物馆代言人，目前已推出考古体验营活动。展览及相关项目除固定展项外，还包含大量可移动教育。

图2-41　哇哦，博物馆（1）

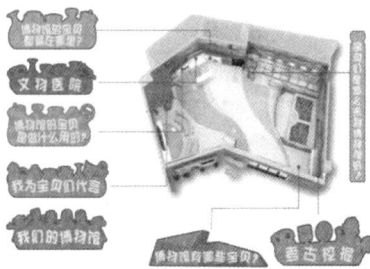

图2-42　哇哦，博物馆（2）

案例2：上海自然博物馆"神奇鸟营地"

上海自然博物馆内除了常设展区中的实验室、研究室、教育活动点之外，馆内特设教育活动场所"探索中心"，以儿童、青少年、学生团体、亲子团体为主要受众群体。结合博物馆特色展示资源、衔接学校课程内容，自主开发教育课程，活动形式不拘泥于传统的授课，兼顾观察记录、动手实验、主题演示、角色扮演、讨论对话等层次丰富、交叉互动的学习方式。

以主题形式开展的"神奇鸟营地"（见图2-43～44）于2018年12月正式推出，是专为3～8岁儿童及亲子家庭打造的沉浸式可移动综合性展览。观众可自由进入4个情景式主题区——化装舞会、飞鸟餐厅、试验场、宿营区，解锁16个趣味互动游戏；展览综合运用34幅原创绘画、3段视频、13件互动装置、12件玩偶、活体等多元展示互动形式，将"角色扮演"设定为展览体验方式，让儿童站在"鸟"的视角体验它们的"衣食住行"，并借助多感官刺激，配套开发"鸟巢工坊""跟着候鸟去旅行"等体验式教育活动。

图2-43　神奇鸟营地（1）

图2-44　神奇鸟营地（2）

案例3：汉景帝阳陵博物院"长乐未央"——瓦当主题活动

依托汉阳陵出土的精美瓦当作为主题教育课程（见图2-43～46），针对年龄段为8～15岁中小学生，以研学体验及进校园的模式。选取其中具有代表性的文字瓦当，如"长乐未央""长生无极""汉并天下""千秋万岁"以及精美的云纹瓦当，通过展厅导赏、课程引导两个授课环节，"淘淘乐——瓦当陶艺制作""拼拼乐—瓦当拼接""拓拓乐——瓦当拓印""涂涂乐——瓦当蜡笔画""节日荟——吉语瓦当""扫扫乐——AR瓦当字库"六个互动体验环节，并在此基础上以"穿汉服·书汉隶""瓦当美食""瓦当文创"延伸服务模式，全面解读瓦当和其背后蕴含的历史、文化、艺术。采用以小见大的引导方式，以及横向、纵向的对比方式让青少年感受汉代审美以及汉代文化在现代文化的传承，很好地配合学校或家庭的辅助教育，并在体验中架构自己正确的价值观体系。

图2-45　瓦当主题活动（1）　　　图2-46　瓦当主题活动（2）

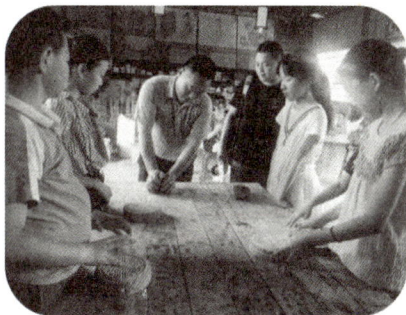

案例4：邯郸博物馆

邯郸博物馆是河北省爱国主义教育基地，秉承"弘扬传统文化，服务邯郸民众"的理念，搭建"两堂一园"——"艺术的殿堂""学习的课堂"和"休闲的乐园"的服务民众桥梁。依据教学最优化和学生主体理论，以5～12岁儿童主要受众群体为对象，开展"了解成语故事，体验皮影乐趣"教育活动，将传统皮影戏与成语典故文化故事相结合，通过设置听成语文化讲座、看皮影故事表演、参与操作皮影、迁移应用皮影元素、分享交流等环节，传播文化知识，增强儿童文化底蕴，引导儿童学会学习。

表2-3　博物馆儿童专区或儿童教育服务内容与服务成效

博物馆名称	长沙博物馆	上海自然博物馆	汉景帝阳陵博物院	邯郸博物馆
博物馆性质	综合类	自然科学类	历史类	红色教育类
服务空间	儿童展区："哇哦，博物馆"	教育活动场所"探索中心"	主馆内"研学体验"	"两堂一园"
服务内容	了解博物馆与文物的"台前幕后"	"神奇鸟营地"	"长乐未央"——瓦当主题活动	"了解成语故事，体验皮影乐趣"
服务对象	5~12岁儿童	3~8岁儿童及亲子家庭	8~15岁中小学生	5~12岁儿童
服务形式	内容图示化、问题驱动、空间营造、互动体验、对话式展览语言等	观察记录、动手实验、主题演示、角色扮演、讨论对话等	展厅导赏、课程引导、互动体验（AR技术）	讲座、表演、体验
服务流程	提出问题—参观探索—引导认知—拉近距离	"鸟"视角的衣食住行	授课—体验—总结	听成语—看表演—进幕后—做分享
服务成效	拉近儿童与长沙历史文化之间的距离，激发儿童对博物馆和相关展览、活动的兴趣，引发后续再次参观和探索欲望	提升博物馆优质教育资源的可及性，全方位融入"参与式"理念，满足儿童多感官需求，促成更有效的学习	拉近博物馆与青少年的距离，加深知识的传播，贴合青少年的心理需求，配合学校辅助教育	有效传播文化知识，提升儿童动手操作能力，培养儿童知识迁移的意识和创新能力，"流动博物馆"项目拓展至馆外

案例5：儿童绘本插图展

亲子沉浸式互动艺术展立体化还原绘本故事，以绘本大师艾瑞·卡尔的《好饿好饿的毛毛虫》（见图2-47）最具代表性。这些经典的故事从绘本里跑出来，保留绘本中独有的拼贴画技法、大胆的用色方式，色彩丰富的字母墙，以及巨幅的具有吸引力的绘画，艺术品挂在儿童的视觉高度，并化为充满创意与乐趣的互动游戏，交互式的学习材料，展览的亮点：①艾瑞·卡尔（Eric Carle）绘本场景化，沉浸式+动手体验的阅读方式；②博物、工艺、美术、科技大集合的展览方式，互动性很强；③艾瑞·卡尔亲自制作Tissue的绝版真迹，对儿童来说是非常友好的。

图2-47　艾瑞·卡尔绘本展　　　　图2-48　宫西达也的绘本世界

宫西达也的绘本世界——创作40周年大展（见图2-48）中，栩栩如生的绘本场景让人身临其境。《宫西达也恐龙系列》是宫西达也所编著的一套温馨的故事系列绘本，展览配合绘本中的形象，布置了不少互动的场景；展览贴心地安排了绘本阅读区，可以独享惬意的亲子阅读时光。

除以上比较典型的博物馆儿童专区及儿童教育项目外，如武汉市中山舰博物馆"我的名字叫'水手'"亲子互动课堂、葫芦岛市博物馆"海丝扬帆"儿童教育系列活动、辽宁省科学技术馆"大自然的恩赐"等，都针对主馆的内容开设了儿童教育项目或儿童专区，取得了明显成绩，有些甚至将博物馆"搬到"了馆外。但其中也存在部分不足，一是缺乏系统性服务全流程与服务阶段性评估；二是部分项目开展仍缺乏服务空间视觉、听觉等感知觉氛围的营造，且缺失博物馆本体的品牌塑造；三是部分互动体验环节可多角度提升；四是可拓展低龄幼儿对象，更精细化的受众群体参与设计；五是教育衍生品市场化研发与展览传播形式和途径有较大发展空间，如线上传播、书籍和文创产品等。

对比国内外博物馆开设的儿童专区项目，欧美、日本、韩国等博物馆重视儿童教育施教内容，项目为儿童量身定做，使博物馆教育功能得以强化。自21世纪以来，我国博物馆在学习国外经验、重视儿童教育项目开发上有所突破。项目内容开展虽仍反映出不少局限性与信息获取的不即时性，且开展的城市多分布于北京、上海、广州、长沙等大城市，但从2022年相关数据统计博物馆作为"第二课堂"无论从总体数量，形式实施上都有所增加。

第三章　分解与探究：博物馆儿童专区服务系统用户需求

分解与探究：服务设计考虑的第一要素是用户，只有当用户参与到整个服务系统中，服务的存在才有价值。服务设计的实施必须坚持"以人为本"的原则，一方面，主动走近或观察用户，洞察用户的真实想法，包括任何可能引发服务的动机、习惯、预期、信仰、期望及思维方式等；用户行为，包括其参与的活动、行为方式、做事的方法途径、互动模式以及与他人相处的方式等；用户的使用偏好，包括喜欢的产品、服务、品牌、环境、信息以及系统等。确保服务有用、好用且想用；另一方面，要从服务提供方的角度出发，充分考虑他们的身心需求，增强他们的服务意识，激发他们的服务行为，确保服务系统的高效运行。以此为基础，本章从服务对象、服务要素的角度进行分析，在用户和服务组织之间建立一种和谐共生的服务关系。

一、用户需求构建方法

（一）观察法

观察法最初起源于人类学，在设计研究中应用观察法源于人类学中民族志的研究方法，通过对用户日常生活的研究发现更多潜在需求，是一种以视觉研究形式来采集数据的方法。研究人员在确定调研主题、对象，制定相关的观察项目提纲后，运用感官和一些量化辅助工具记录被观察者的行为事实，如照相机、录音笔、手机等来辅助观察。研究主要观察儿童在参观博物馆整个过程中的表现，观察参观者和构成整个展览体验的各个元素的相互作用以及在展览中花费的时间，如展品或展项浏览先后顺序和分配时间长短。针对博物馆这一场所，儿童作为对象，需要观察：场所的物理属性、场景中目标对象的行为与互动。由于空间中光、影、色彩、质地、材料、走线等因素都会影响用户的行为，在观察过程中，可有针对性带着问题观察：儿童参观过程中的兴趣度如何？儿童参观过程中的参与度如何？儿童在接受知识时主要是被动的还是主动的，探索性的、聆听式的……。

通过在场景中对对象的行为活动上的观察，可以发现中国博物馆的文化刻板印象还存在着，主要都是以"静"为主，空间面积也不够充足，所涉及的方面、层次和阶段也比较局限，儿童在参观博物馆时更多的是以"观"为主，在实践中很少有机会让儿童真正地共同参与到设计中，即使有动手操作的项目，也往往是由博物馆的工作人员进行操作，儿童只能是被动地、无意识地接受，儿童就缺少了自我动手权，自主选择权，自主思考、探索的能力，只会"上所施、下所效"，缺乏创新性。儿童天生就是知识的追求者，学习的好奇者，创新的探索者，博物馆儿童专区的设定更应该以儿童的心理为契机，关注儿童教育的方式方法，加强服务的整体性，服务的全面性，更要借鉴国内外优秀的一些博物馆设计理念，尊重地区差异、文化差异，努力探索出属于自己博物馆儿童专区的特色。另外，不同年龄阶段的儿童对学习的感受能力、接受能力是不一样的，在学习的过程中，一些儿童善于通过读或者看获取知识，一些儿童习惯通过听来获取知识，一些儿童喜欢从做的过程中获取知识，而我国国内博物馆儿童专区设施摆设比较陈旧，部分设施的安全性还不够，主题与主题之间缺乏有效的关联性，不能够从儿童成长身心发展的需求和兴趣出发，忽视了儿童的认知方式、感官学习以及学习差异。偶尔开展的学习活动也存在创意不足、深度不够的问题，无法吸引人，未能贴近儿童。

（二）访谈法

访谈法是为了向被调查者了解所要研究的问题而进行有目的、有计划、有方向的口头交谈方式。本书通过对不同职业的部分家长和不同阶段的部分教师进行访谈，访谈方式分为面对面的交谈和电话交谈。了解目前家长和教师对当前博物馆儿童专区设计的看法，分析我们当前博物馆儿童专区还存在的问题，分析其存在的问题原因，从而为我国博物馆儿童专区服务设计提供更好的发展对策。

目前，我国博物馆从数量和质量上都进入快速发展的阶段，但能充分利用博物馆资源专门为儿童量身定做专项课程并提供特定认知活动空间的还是非常稀缺的。通过对不同阶段老师和不同职业的家长进行访谈后，发现博物馆儿童专区在服务设计和内容迭代性上不够与时俱进。博物馆作为一种重要的教育资源越来越被关注与认可，但在开发深度与广度上尚不能满足儿童的需求，对于儿童的教育作用还未充分发挥，很多的博物馆还是重"展"不重"教"，习惯与其所设置的展览画等号，展览设计的创新性不够，博物馆的教育活动效果不明显，还停留在教育的表面和独立上，不够深入和连贯。同时，对外开放的渠道不够通畅。信息化的时代，博物馆在宣传上应该加大力度，在访谈中发现，不管是教师还是家长，在对博物馆儿童专区的设计和延续教育活动中得知的基本上都是很延后的，而且基本上博物馆儿童专区在网络上的服务教育都未开通，即家长如果未能到现场或错过了某次博物馆的展览或者教育活动就无法弥补，不能够线上线下同时进行。博物馆公众号上的消息推送往往都是些展览的推送，事实上，无论是常设展览还是临时展览，来参观的人也往往不是很多。博物馆不能够有效地借力"互联网+"时代的网络"社区"，网络往往是一个传播信息比较快速的地方，国内很多的博物馆不能很好地借助网络微博、微信延伸、深入博物馆的定位、发展理念、展览、教育活动、文化活动等，未能与社区积极地达成合作共识。

博物馆儿童专区的服务还不够全方位。国内儿童参观博物馆的时候，基本上都是有家长一起陪同参观的，所以在服务设计这方面，还要对家长具有一定的吸引力，要让家长能够感受到博物馆儿童专区在服务设计方面是有特色的，是完全能够满足不同阶段孩子成长的需求的。同时当儿童在参观的时候能有专门的区域及工作人员进行照看和讲解，让家长从陪同者转变为观察者。因为访谈中也发现很多的家长其实在"研学"和"双减"政策的作用下，还是愿意在周末、节假日或寒暑假带儿童去参观儿童博物馆或者博物馆的，也比较倾向报名参加博物馆、美术馆等举行的学习活动，但是有时候因为工作或者生活中的一些事情实在无法领儿童经常参观，博物馆对家长的服务理念上还是需要加强。而且博物馆中的工作人员在服务中主要负责的还是馆内各类展览和活动项目，与参观人员尤其儿童之间的互动和交流并不多，而这恰恰是对儿童的身心发展、学习风格等特点的忽视，很多的工作人员在工作的方式和内容上还仅仅是停留在最表层上，对博物馆服务认识的深度和广度还不够，对博物馆儿童专区的性质和理念上还不能有充分正确的认识。

二、博物馆儿童专区服务对象

据中华人民共和国文化和旅游部发布的《2021年文化和旅游发展统计公报》显示，2021年，博物馆接待未成年人19 911.55万人次，增长46.8%，占参观总人数的23.5%，[①]"到博物馆去"成社会新风尚。可见儿童俨然成为博物馆重要的服务对象。一切机构提供的服务都离不开人，而博物馆的价值就是建立在为观众提供服务的基础上的，因此对于博物馆儿童专区的建设，要对目标对象进行接触点、需求点关注。国际《儿童权利公约》（*Convention on the Rights of the Child*）界定儿童是指18岁以下的任何人，因此对于博物馆儿童专区的服务对象界定为0～18岁之间，见表3-1。

表3-1　博物馆儿童专区的服务对象

直接服务对象	0～18岁的儿童	0～1周岁的婴儿期
		2～7周岁幼儿期
		7～12周岁少年期
		13～18周岁青年期
间接服务对象	20～65岁的馆内工作人员	
	23～70岁的家属	23～40岁的青年家属
		41～70岁的壮年、老年家属

（一）博物馆儿童专区服务对象的学习特点

不同年龄段的儿童对展品的喜好、参与时间长短、操作材料的使用等方面均有差异。儿童群体的年龄跨度从某种层面上决定了展区内容、空间、形式等设置。世界著名发展和认知心理学家、"多元智能理论"创始人霍华德·加德纳（Howard Gardner）曾分析了人从出生到20岁的审美感知发展历程，把其分为5个发展阶段：0～2岁婴儿处于感知运动阶段，靠触觉探索周围世界；2～4岁幼儿是前概念或象征思维阶段，此阶段出现用语言符号、游戏模仿等手

[①]　2021年文化和旅游发展统计公报[EB/OL].(2022-6)[2023-1]https://zwgk.mct.gov.cn/zfxxgml/tjxx/202206/t20220629_934328.html.

段来理解外在客体；4～6岁为直觉思维阶段，认知判断仍以直接感受为主，但开始出现一定的思维过程；6～10岁为具体运算阶段，儿童开始具有逻辑思维，可凭借具体而形象的事物来进行逻辑分类及认识，但这一阶段仍不能脱离具体事物及形象形体的分配；10岁以上进入形式运算阶段，能对抽象的材料进行逻辑思考，能认识超越现实本身的事物关系，基本接近成人认识思考模式，见表3-2。

表3-2　不同年龄段儿童的学习方式与特点

年龄	阶段	学习方式	学习特点（针对博物馆）
0～2岁	感知运动阶段	感官探索、身体运动	多种感官体验、开放式场馆、保证肢体运动安全性、自主探索
2～4岁	直觉思维阶段	语言符号、游戏模仿	简易化、动手展示、假装游戏
4～6岁	前运算阶段	动手创作、相互协作学习	提供不同类型展项，引导思考、示范并针对性提问
6～10岁	具体运算阶段	独立创作、提出问题、多人协作	操控复杂装置，少量新奇元素、环境，不过分刺激，给予社交互动机会
10岁以上	形式运算阶段	抽象符号理解，具备思考能力	具备逻辑思维能力，图文搭配认读，激发想象力的空间

由此可见，婴儿幼儿时期即可进行博物馆参观，如美国海氏艺术博物馆（High Museum of Art）经典教育活动"幼儿的星期四"，专为15个月至3周岁的孩子及家庭设计，结合博物馆中的艺术藏品、艺术创作活动和艺术故事举办不同主题活动，让孩子们在活动中发挥想象力，与家人和同龄的孩子一起探索、学习和创造（见图3-1）；7岁之前建议不强调对展品内涵的学习。在展品题材上，建议选择相对比较具象、直观的人物、动物等作品，避免"说教式"讲解，可用儿童自发提问的形式或肢体互动去帮助理解；对7～11岁的儿童，增加展品的赏析；12岁以上的儿童，加强展品以及展品背后的探索。如上海当代艺术博物馆（见图3-2），以互动投影动画的形式将敦煌壁画"飞天画卷"融入了交互及三维动画技术，观众通过扫描自己绘制的人物形象，创造属于自己的飞天仙女，拉近观众与动画角色的互动。马良画画水族馆（见图3-3）应用同样的技术原理，通过融合中国神话故事，并结合成像技术、动画技术、传感技术等高新技术，使小朋友自己的想象画游进巨大的水族馆。

图3-1　海氏艺术博物馆

图3-2　上海当代艺术博物馆　　图3-3　马良画画水族馆

（二）儿童获取信息方式

建构主义之父让·皮亚杰（Jean Piaget）认为，个人建构知识是在旧的经验基础上发展而来，新知识的学习渗透到已有经验框架中，然后重新构架出和现有经验不同的新知识。当展品、研学活动内容与儿童生活有密切关联时，以往的经验可以促进和提高儿童获取信息的学习效率。博物馆开放式的学习空间给儿童提供了多种获取信息的方式。

与实物建立联系：以实物为基础的活动为儿童提供体验式学习，有助于他们更好地发展事物认知，增强他们的人际互动，并对儿童高级心理功能的发展起着至关重要的作用。

与熟悉的事物和经验建立关联：与熟悉的事物和经验建立关联是孩子们在博物馆获得记忆的重要方式。无论是当代展项还是历史展项，孩子们都可以与之建立强有力的联系。这种与熟悉的日常生活经验之间的联系，是儿童接受教育和在博物馆环境中进行学习的重要环节。

儿童化的语言：展览中所有的交流都要把儿童的语言和儿童所感兴趣的话题纳入考虑。展览说明牌文字风格和位置能够极大地影响家庭的博物馆体验，包括邀请参与、吸引注意力、描述活动参与方式、预测并回答相关问题、解释展品的背景故事、引导和鼓励家庭参与对话，以开放式的沟通方式或"讲故事"呈现。

（三）参观动机差异化的目标用户分类

依据学者所提出的博物馆服务儿童四个阶段的类分众模式，[①]明确体现不同年龄段的儿童对展品的喜好、参与时间长短、操作材料的使用等方面均有差异。儿童群体的年龄跨度从某种层面上决定了展区内容、空间、形式等设置。笔者联合参与中国儿童博物馆教育研究中心（CMRC）线上学术研讨与线下实地走访的17家博物馆，通过采访、跟踪、移动观察等记录，对数据进行筛选和整理，根据对象与陪护人员参观博物馆的动机、特点及期望值的不同，创建了三类用户角色模型，分别为当地家庭观众、研学团队、外地观众。

针对此三种类型，见表3-3，呈现出差异性，本地家庭希望提供丰富儿童展教项目、高效地互动体验装置；学校组织通常以"研学"的形式开展，有专属老师进行活动流程安排，希望情景化空间与内容输出相匹配；外地游客由于信息获取烦琐与断层，希望能够增设前端信息交流平台，优先参考路线引导、儿童参观模式的语音导览等。结合本年龄段用户共性特征与陪护对象差异痛点，为此将儿童对博物馆展区熟悉程度与展品认知深浅为重要依据，立足于同年龄段不同背景到馆的多样化需求，运用服务设计理念，将用户体验与线上线下参与模式引入到设计过程中，优化儿童专区的服务设计流程，为博物馆儿童专区服务体系的构建提供一定程度的理论参考。

① 周婧景.博物馆与儿童利用者：一种类分众模式的实践［J］.中国博物馆，2017（1）：63-64.

表3-3　用户分类与需求总结

用户类型	目标用户	参观动机	参观特点	期望值
本地家庭	儿童、家长	儿童：好奇、主动与被动意愿相结合 家长：加强亲子关系、了解传统文化、丰富课外活动等	参观频次适中对展品有所熟悉，但只是走马观花	儿童：展教形式丰富、已有认知范围、创新展教活动、互动参与体验等 家长：亲子互动等
学校组织	老师、学生	对校内知识的拓展与补充	参观频次高专业教师带队讲解	学生：拓展书本外知识 校方：深度挖掘展览资源、长期合作，有匹配的情景化空间与辅助展品
外地游客	儿童、家长	儿童：被动安排 家长：了解地方文化、开拓孩子眼界	参观频次低不了解博物馆文化背景、馆藏信息与馆内专区设置	儿童：语音导览、实地道具感知、参与方式多样性 家长：优先展品筛选、信息前置获取

（四）构建博物馆儿童教育指南

为了能更清晰地认识不同年龄段儿童的博物馆展项具体指导内容，结合儿童教育学、心理学研究理论基础，将0～18岁儿童划分为四个年龄段，分别就"语言发展、动作与活动发展、认知发展、情感与社会性"四项心理指标，即三岁以下、三至七岁、七岁至十二岁、十三岁至十八岁，构建各阶段儿童教育指南（见表3-4），为后续在开展博物馆儿童展项或儿童专区时，开展服务主体对象分众化的博物馆展项提供参考。[①]

表3-4　不同年龄段教育指南

年龄阶段	婴儿期（3岁以下）	幼儿期（3～7岁）	少年期（7～12岁）	青年期（13～18岁）
语言发展	语言模仿能力强，经历简单发音（0～3个月）、学习连续音节（4～8个月）、学话萌芽（9～12个月）、学习单词（12～18个月）、简单句（18月～2岁）、复合句（2～3岁）	口语发展的关键期。可通过游戏、劳动和学习，增加词汇量。2.5～3.5岁为书写敏感期；4.5～5.5为阅读敏感期。同时口头表达完整性、顺序性和逻辑性逐步完善。顺序性要好于逻辑性	第二语言发展的理想期。识字并进行汉字音、形和义的联系，快速培养阅读能力，发展书面语言，开始掌握协作能力，并进行模仿，可同时发展儿童口头语言、书面语言、内部语言	已具备充分的词汇量，口语水平几近成人，书面语运用灵活自如，内部语言日趋简约

续表

年龄阶段	婴儿期（3岁以下）	幼儿期（3~7岁）	少年期（7~12岁）	青年期（13~18岁）
动作与活动发展	动作协调能力的黄金期。婴儿期"反射动作"，3个月起"情感动作"，9个月起"感知动作"，动作与感知相匹配。2岁婴儿掌握行走技巧，喜欢到处走动；2~3岁幼儿，较为灵活，动作变化大，如跑、跳、攀爬等	3~7岁间，逐步表现出行为的稳定性，但女孩稳定性要大于男孩。具体3~4岁可交替两脚登楼，能跳远、跳高、单脚站立；4~5岁发展出平衡能力，日常自立能力；5~6岁跑跳、头球等动作	学习活动占主导，开始有意识学习，对自然现象和人的行为产生兴趣，参与各种集体活动，并能完成大量惊喜的复杂活动	独立行事、期待自我价值得到认可，发展儿童学习活动，促使儿童学习动机更深刻、自觉、稳定和远大。同时发展儿童学习态度、能力
认知发展	认知发展的最佳时期，用观看、倾听、叫喊、触摸、品尝等分辨事物位置与事物的关联度。9个月产生客体永存性概念，2岁开始认知假设，可开展假装游戏，3岁明白真实与想象的不同	多样化感觉逐步健全，视、听觉占主要地位，时间、空间和观察力等知觉获得发展，可接受文字、图像等简单概念，能频繁运用语言符号和象征符号来替代外部世界。并利用环境，无意识获取知识并进行有意识加工	由具象思维向抽象思维过度，初步掌握读、写、算等基本知识技能，具有初步抽象逻辑思维能力，并善于表达，形成一定的行为习惯。根据属性对事物分类、辨析事物之间的关联，具备思维可逆性	认知能力获得质的飞跃，12~15岁，可利用语言文字等抽象概念在头脑中想象、思考并解决问题；17或18岁前为经验型抽象思维，可产生创造型思维
情感与社会性	0~1岁半，积极效果为其充满安全感，并获得信任感；1岁半~3岁，获得自主感，体会意志达成	此阶段年龄差异性较大，随着年龄变化，心理意识增强，具有自我的个性。各种心理过程带有明显的具象性和不随意性，长时间待在同一环境，会产生抵抗情绪；喜爱造型丰富多变的空间环境、喜爱新鲜事物	儿童认识自我并构建自我的最佳时期。此阶段可塑性大，习惯模仿，社会感与道德意识不断发展。呈现出明显的个性、人际关系、自我意识、兴趣等特征	属于一个半幼稚、半成熟、独立性和依赖性错综矛盾的时期，需要有安静的环境，相对独立的空间

尽管儿童参观过程是受环境、兴趣等多方面的影响，但考虑到儿童群体对于空间环境感受与喜好的特殊性，就博物馆儿童专区环境设计与相关设施配套而言，应以儿童不同年龄段感知特征与审美特点为依据，明确展览选题。选

择主题不但要关注儿童的接受能力，考虑展品制作或设计技术，而且要广泛咨询不同学科如儿童心理学、儿童教育学、传播学的专家和受众对象的建议与意见，同时，注重硬件设施的人机尺度，诸如博物馆展柜和展品高度、桌椅高低和大小等。因此，在儿童专区设计时，要单独对其设计规划。

1.三岁以下儿童

针对此阶段特征，博物馆应为儿童提供行为动作为基础游戏教育，包括爬、摸、滚、打、蹦、跳等感知运动，创建完全感性的安全展览或活动空间，并延伸至室外活动，比如攀爬、学步、奔跑、玩泥沙、沐浴阳光，锻炼身体各方面的控制能力；在交流中激发、调控和强化儿童感觉综合系统。

2.三岁至七岁儿童

博物馆可采用讲故事、听故事等手段，激发并培养儿童口头表达能力。同时博物馆以实物教育为基础，可组织简单模仿动作的项目，或刺激感官的项目，或创造性的项目及角色扮演等象征性的项目。这阶段以具有的社交行为，可尝试采用合作性游戏，发展社会技能。

3.七岁至十二岁儿童

此阶段有明显的两阶性，10岁前借助直观展品或展项等协助理解，10岁后用相同或相近新词来协助理解；10岁前注重学习形式和过程，10岁后关注学习结果，如博物馆可策划学习单、寻宝图等教育项目；10岁前引导儿童进行展品归类并开展主题式思考，10岁后运用语言描述归类展品并展开研讨。

4.十三至十八岁儿童

鼓励儿童独立进入博物馆学习，博物馆方提供儿童表达机会，促使语言能力成熟，帮助儿童适应展教内容多样性，推动青少年学习动机与社会意义紧密联系，发展儿童感知、关注力、注意力、记忆和抽象逻辑思维，提供更多社交机会，促进青少年形成对自然、社会、人生等系统稳定的见解。

总体而言，儿童通过感知能力对馆内信息从视觉、听觉、触觉、嗅觉上进行接收，并对博物馆进行认知。在博物馆空间信息中，存在四大块信息，包括语言信息（展览标签、学习册、社交）、社会信息（审美观念、文化观念、价值观念、生活观念）、环境信息（光、色彩、声音、气味）、设施信息（形态、色彩、材质、功能），合理的设计这些影响因素，使博物馆服务系统更适应儿童的发展规律。

（五）陪同家属的需求分析

父母作为参与者，与孩子共同学习；作为协助者，协助孩子学习；作为共同创作者，扮演特定角色融入学习。父母的需求，一般为显性需求，即比较明确的需求，如空间导向明确、空间氛围舒适、温馨，设施安全卫生，辅助性标签、家庭友好参观路线或指导手册，能帮助他们解决儿童对陌生环境或物体等所提出的疑问；隐性需求，即没有明确的需求。如有工作人员的帮助、第一时间获取信息提示等，这两个需求可以统称为高效需求。据调查目前带孩子参观博物馆的家长主要集中在"80后"和"90后"，年龄段在23～40岁，普遍受过高等教育，他们希望通过良好的展览环境和设施让孩子获得更多元的知识。还有少部分是祖辈们，年龄段在40～60岁左右，具有丰富的阅历，尤其针对历史博物馆或红色文化展，能在参展中给予孩子辅助性讲解。

三、博物馆儿童专区服务要素

"馆中之馆"儿童专区体验核心是以尊重儿童身心特征为原则对主馆资源背后现象的体验，是一个以载体、内容、行为、传播、认知为介质的多维度、螺旋式、可循环的学习生态系统。前一章简要阐述了博物馆儿童专区的服务要素"主体—人、客体—物、场域—空间"，本节将对各部分要素详细说明。

（一）主体

完整的服务系统对象包括服务提供者与服务接受者，通常我们更多关注服务接受者的利益，也就是直接接触服务的对象，也是整个服务的"主体"。对于博物馆儿童专区或教育项目来讲，其"主体"包括儿童、家庭成员、讲解员、场馆内伙伴等专区内直接或间接的所有利益相关者。而对于整个儿童专区或教育项目实施的关键，必定由科学的展览团队组成，包括策展人、研究人员、展示设计师和教育工作者。博物馆参观与学习过程实际是在空间中站立、行走、观察、操作和思考，[1]并多种行为方式交替发生来获取物理空间内物的

---

① 王旖旎.关于博物馆体验学习若干问题的探讨［J］.东南文化，2020（05）：134-140.

信息，体验方式是体验触点与体验内容转化，利用有效的设计方式从认知、心理和情感三个方面去思考访客的学习收获[①]。服务设计指导下的体验方式不是散点式的无序分布，而是具有前后贯穿的逻辑性，使儿童在感官上、行为上、认知上和情感上参与进来，以此产生愉悦感、吸引力和持续力。

利益相关者是经济学中的概念，最早由斯坦福学院于1963年提出，在服务设计中，利益相关者指在产品所提供的服务系统中与产品有着某种联系的相关人群或组织。博物馆作为征集、典藏、陈列和研究代表自然和人类文化遗产的实物的场所，是特定人或事所占有的环境的特定部分，指的是建筑物或公共空间活动处所。其包含人、物、空间等一系列可见或不可见的部分，当人进入到博物馆空间，会发生人与人、人与物、人与空间等多重属性与关系，为此，在博物馆中创造一个良好的服务体验需要综合考虑多层利益相关者的需求，通过设计让利益相关者各方可以高效、愉悦地完成服务流程或参观流程。在系统和体验的语境中，服务的设计遵循"以利益相关者为中心"的方法和原则，设计的对象是多角色"利益相关者"，包括服务的提供者和接受者。

莎拉·埃尔德曼（Sarah Erdman）、玛格丽特·米德尔顿（Margaret Middleton）等联合著作的《欢迎幼儿参观博物馆实用指南》（*Welcoming Young Children into the Museum A Practical Guide*）[②]于2021年12月出版。他们建议为确保博物馆能以对游客和机构都有利的方式满足幼儿的需求，博物馆在考虑"大局"需求（如遵守博物馆使命）的同时，还考虑后勤因素（如清洁时间表）等，如标有"男婴站（Men Baby Station）"的卫生室，表示有更衣台的男厕；指示婴儿车停车位的图标；符合儿童身高的消毒清洁标语"消毒！这需要清洗！（Sanitize This!It Needs Cleaning）"，大量案例证明，必须仔细考虑来访者的年龄和需求，以及博物馆的资产和潜在障碍，在从引进员工的阶段到实施和评估，保证服务提供者，包括行政及策展、教育工作者、前线员工、辅助员工每一个阶段都受到精心指导。

---

① 美国儿童博物馆协会.儿童博物馆建设运营之道［M］.中国儿童博物馆教育研究中心，译. 北京：科学出版社，2019: 38.

② Sarah Erdman. Welcoming Young Children into the Museum A Practical Guide[M]. London;New York:Routledge ,2021.

博物馆作为文化机构，是个闭环的系统。宋向光教授指出：美国的儿童博物馆多是由教育专家和博物馆人士共同设计的，而我国目前的博物馆多是由博物馆人士策划设计的，①甚至受到经费限制，由博物馆外包给相关设计公司进行设计，儿童作为重要的利益相关者，儿童参与具有必要性。博物馆儿童专区作为从主馆独立出来的空间，同样需要在众多利益相关者的共同作用下发展。其服务对象是儿童，为儿童提供优质的主馆信息和相关参观服务，包括环境布置（照明、声音、温度等）、路线、互动装置、游戏规则等设计，还包括陪同人员（父母、兄弟姐妹、同伴等）；内部利益相关者则包括工作人员、志愿讲解员、安检人员、保洁员等，作为博物馆服务形象的代表，为营造博物馆整体的品牌形象，需要对其进行服务态度、服饰形象、服务语言等设计，同时配以物理与数字空间中的参观流线、空间导览、服务流程、服务平台等系统性，直接或间接影响服务体验满意度；而除前台服务界面与产品等优质提供外，很大程度依赖于外部利益相关者，主要保障后台运营，如策展人员、文物修复工作者、环境设计师等，以及政府部门、媒体、合作者、社区、交通部门等。

同其他展项一样，儿童专区整体设计与参观过程要为受众创造一个良好的服务体验，并在此情境中无形地体现它所具有自由、开放、真实、情景化等非正式学习的特点，为此，在服务设计中单纯考虑用户方是不够的，用户只是作为服务接受者。服务设计研究服务生成的全过程，需要将服务提供者以及其他相关人群的需求引入进来，②综合考虑所有利益相关者的需求，通过设计让利益相关者各方可以高效、愉悦地参与服务内在流程③与外在品牌形象设计。对于儿童专区来说，不仅有活动策划者、策展人、释展人、非遗传承人、管理/运营/后勤等服务提供方，还要引入展品研究人员、博物馆教育人员、学校、教育机构等，让更多的利益相关者参与到设计中来，共同创造整个展教项目，还包括后期品牌的运营、媒体的宣传、教育项目的开展等。如波士顿儿童博物馆的西格纳·汉森（Signe Hanson）强调在策展中采取团队合作策略，认为核

---

① 丁艳丽.儿童博物馆发展慢 受众需求是根本 [N].中国文化报, 2012-5-31.

② 高嘉蔚.服务设计视角下的虚拟展示设计研究 [J].包装工程, 2014（7）：89-93.

③ 丁熊.服务设计的基本原则：从以用户为中心到以利益相关者为中心[J].装饰, 2020（3）：63.

心成员可包含项目负责人、教育策展人、设计师和项目协调者。正因为团队合作中，不同利益相关者的共同参与，并通过彼此间的关联与互动，才能更好地找准全流程服务存在的问题以及潜在的机会。

家长作为最近引导者，能最大程度发掘儿童潜力，形成儿童和家长服务统一体，展览与其生活经验的相关性。家庭已成为一个重要的目标群体。有效推动国内博物馆儿童教育效益提升。大都会艺术博物馆将儿童项目分为五个常规项目群，官方提前预告受众一个季度内五大项目群的活动安排，同时每日持续执行教育项目10余项，周六达20余项。①

除此之外，应当考虑，包括参观前、参观时、参观后的任何一个可以延伸的点。"参观前"服务平台作为"桥梁"联结博物馆、学校、社区、家庭，并拓展至地铁、车站等公共出行点。如荷兰乌得勒支市博物馆区通过散点式和集中式的博物馆信息发布于街道等容易让更多人获取信息的接触点。②建立高效且适龄的线上文化资源平台，博物馆线上提供展品详细信息列表，③通过社交媒体与观众建立连接。疫情期间，纽约大都会艺术博物馆（New York's Metropolitan Museum of Art）提供优秀的教育资源给家长或者教育工作者，青少年教育计划"MetKids"的访问量增加了15倍。加强利益相关方的交流，如策展人预先告知设计师展览内容、结构以及空间需求，参观动线等，以利于合理安排和分割公共空间、展览空间和办公空间。参观时的活动固然是主体，但博物馆教育活动的规划与实施同样包括吸引目标观众、潜在观众及虚拟观众前来，以及对参观后的实际观众继续提供教育产品和服务。④博物馆教育活动不局限于观众的实地参观阶段，作为"参观后"阶段，访客参与展项和活动策划服务为人们提供的是使用权，形成整体化的完整服务。

---

① 周婧景.博物馆儿童教育-儿童展览与教育项目的双重视角 [M].杭州：浙江大学出版社，2017: 553.

② T Enninga,M Manschot,CV Gessel,J Gijbels,B Godfroij.Service Design Insights from nine case studies[M].Boston Berlin：ResearchGate,2013.

③ Enhancing pupil Learning on museum visits [EB/OL]（2016-3）[2023-1]https：//www.open. edu/openlearn/education/enhancing-pupil-learning-on-museum-visits/content-section-0?active-tab=description-tab.

④ 郑奕.提升科技博物馆展教结合水平的五大对策与建议 [J].自然科学博物馆研究，2017（2）：28.

（二）客体

不论是博物馆主馆还是附属下的儿童专区，展览模式都需要通过物体和标签去呈现信息或体验形式。随着高科技的创造性使用，应用于展览元素，可用的形式包括书面文字（标签、导览册、工具包、问题包）、图像（照片、电影）、图标（符号）、声音、可触摸的物体、气味、操纵设备（机械和电子互动设备）、插图和其他形式图形（图表、地图、数据）、人工演示、计算机和其他数字设备（如：智能手机、Ipad等）或借给参观者的数字设备，以新的方式探索藏品，以及建筑、照明、颜色和展览路径和边界。法国国家自然历史博物馆"儿童馆"（见图3-4），关于启发儿童对"地球环境"关心的展示内容结合了动物展品模型、标签文本、图形符号、几台互动搜索装置等，许多模式组成了一个集成的演示。借由感官刺激，"看一看"双筒望远镜观察"苍蝇"、"听一听"热带雨林虫鸣鸟叫、"闻一闻"河岸林间自然气息以及野猪标本旁浓烈的野猪味、"摸一摸"以真正老鼠皮毛制作的老鼠雕像，创造如临其境的五感体验；同时，用静态观察与主动参与交替的行为体验来理解展示内容，"圆形观察孔""夜行动物室""探索花朵内部"，以营造真实的情境气氛；有助于家长解说及儿童专属文字注解、示意符号，给予认知层面的即时反馈；亲手操作展品，如"记忆游戏"互动装置、"想当年，巴黎…"角色扮演、"可转动的瞄准"咨询探索①等，兼顾舒适的参观品质和展示沟通的效度，更直接地从情感层面体验环境问题并提升"环境保护"的认知程度。

图3-4　法国国家自然历史博物馆"儿童馆"

① 阿涅丝·巴杭, 迪迪耶·朱利安·拉费瑞耶荷.为儿童而展示 [M].台湾: 远足—木马文化, 2013.

1.展览说明文字的魅力

在今天的博物馆中，说明文字通过语词阐释体系的构建，为观众架起一座动态对话且参与感强的桥梁。①说明文字，又称标签（Labels）。麦金尼（Mackinney）认为它包括"展览简介、说明牌、墙面文字、信息描述、标题、图表的文字注释、卡片及解释"。其作用在于解释、引导、提问、提醒或启发、吸引观众参与其中。把说明文字放置标签中，需要考虑诸多因素，一个在展览空间中必须出现但并不被过多关注的触点，应该引起重视，"一个好的标签激发想象力"②。贝弗利·瑟雷尔（Beverly Serrell）于1996年和2015年先后推出两版《展览标签：一种阐释手段》（*Exhibit labels：An Interpretive Approach*），为不同观众提供了大量关于标签书写艺术的信息，探讨了在展览中放置标签的理论和设计要点以及技术进步对标签制作过程的影响，这是目前博物馆专业人员创建标签的重要参考指南：

·标签应以具体的、视觉上的参照物开始，这些参照物被解释使其具有生命力。

·标签应与展品的大创意相关，不能没有重点或目标而漫无目的，或包含子主题。

·标签应注重解说（提供刺激）而不是说明（显示信息）。

·标签应了解受众，并说明访问者的先前知识、兴趣和/或误解。

·标签所提出的问题应为观众关心的问题。

·标签设计应反映标签的内容或上下文，并具有可识别的标签类型组织系统。

·标签应使用大多数访客都能接触到的词汇书写。

·标签应该简短，更像一条推文而不是一本书。

·互动标签应以逻辑、直观的方式集成说明或解释。

·排版（字体、大小、设计、颜色、照明、材料和位置）应使其清晰易读，易于目测，不繁忙或分散注意力。

---

① Adrian George. The curator's handbook [M].London: Thames and HudsonLtd, 2015: 21.

② Beverly Serrell. Exhibit Labels:An Interpretive Approach 2nd[M]. Washington DC: Rowman&Littlefield, 2015:25.

瑟雷尔对展览中标签的研究和评估告诉我们，标签应作为一个综合系统来发展，这"十诫"将增加参观者对标签的使用，鼓励阅读，促进参与、理解和意义创造。同时强调针对儿童（例如，十二岁以下）的标签不应淡化对成人的陈述，而应遵循儿童发展水平、熟悉的词汇来制作，以更具包容性"分层的"解释信息。为了达到最佳状态，它需要一个单独且为主题服务的程序。英国博物馆一些展览（包括常展和特展）会在普通展签旁边加上专门给儿童和青少年阅读的特色展签。语言更加简单易懂，会用提问的方式引导青少年进行有针对性的思考。2021年大英博物馆特展"尼禄：神话背后的人"[①]（见图3-5），试图通过留存的文物探索文字以外的历史，探究尼禄到底是年轻且缺乏政治经验的统治者、是励精图治的君主，还是冷酷狂妄的弑母者？通过展示文献记载之外的尼禄生活，邀请观众重新审视对尼禄"暴君"的定性，从而辩证地看待和评价历史人物。此展览主题宏大，内容聚焦，证据串联，对于独立思考能力不足的青少年来说，很难跟上展览的常规进程。展览一开始便希望青少年观众站在当时的历史背景下跟随展览中紫色展签问题一起思考，尼禄究竟是个怎样的皇帝以及做出的种种选择背后的原因？

图3-5　大英博物馆特展"尼禄：神话背后的人"

---

① 展期为2021年5月27日—10月24日，策展人弗朗切斯科·博洛尼亚（Francesca Bologna），展览地点：大英博物馆，全票：22英镑，16岁以下儿童免费。

几个有趣的问题："尼禄出生在一个有钱有地位的家庭中，他能成为罗马皇帝是因为他是奥古斯都的后代。那在你心中成为一个统治者应该基于他的家庭、金钱还是个人能力？""尼禄在位时曾有英国的叛乱，威胁到了罗马帝国的统治，尼禄便命令罗马军队击败叛军。如果是你会怎么做？战斗、谈判，还是撤离？""有些历史学家说尼禄在罗马大火期间躲在皇宫里唱歌毫无作为，也有人说他为民众提供了食物和避难所。如果你是皇帝，你将如何应对灾害？""现在你已经了解了更多关于尼禄的信息，你认为他是一个投身罗马帝国建设的好皇帝？还是你相信古代作家的传言，认为他是个坏皇帝？"

被称为"解读之父"的美国文化遗产学家弗里曼·蒂尔登（Freeman Tilden）于1977年提出"解读"的六大重要原则中就提到"针对孩子的解读不应该减弱对成年人的适用性，但是需要运用完全不同方式"[1]。也就是针对儿童所进行的标签说明牌设定要重新考虑文字编排、内容选定、语言表达、传播方式等。

（1）"所见即所得"标签文本设计

标签的生成和阅读环境是重要的考虑因素。标签文本按照设计形式大体分为三类：二维平面类、三维立体类以及多媒体互动类。二维平面类在博物馆标签样式中占较大比重，博物馆标签本身就属于视觉传达类，可使用视觉传达设计方法，赋予标签文本整体设计与读者对易读性与可读性的需求相平衡，考虑字体、字号、字间距、字母间距、行距、站距、颜色组合和照明的影响及网格化设计法则。标签材料、颜色、图像、位置、尺寸或其他因素都应该"拥护"文字信息。通过增强色彩明亮度、字体加粗、使用着重号、改变字体和尺寸、使用非传统材料等来区分重点和非重点展品的说明。

在进一步讨论之前，还需要清晰标签版面三要素文字、色彩、图形之间的设计要则：对于文字来说，文字在标签构成中不仅是信息传递的符号，而且是艺术表现形式。文字是标签编排的核心，也是视觉传达中最直接的方式。标签文本包括标题文字、介绍或引导性文字、部分或说明文字、展项说明文字

---

① Freeman Tilden. Interpreting Our Heritage [M]. 3rd ed. United States: University of North Carolina Press, 1977:47.

等。需要根据文字信息的主次关系，有效组织视觉流程编排文字。设计中字体分为无衬线字体（Sans-serif）和有衬线字体（serif）两种，为博物馆标签的正文副本提供了出色的易读性。儿童建议至少使用20号字体。

如芝加哥科学院/佩吉·诺特巴尔特自然博物馆（2017年美国博物馆联盟"展览标签写作卓越奖"获奖作品）的"气候变化：不断变化的世界"展中（见图3-6），简单而精彩服装差异解释天气和气候，作为重点展项的"今天你穿了什么？"，其标签描述为"你的服装反映了即时天气；你的衣橱反映了你所处的气候"，为配合内容进行情境营造，标签被设计成挂在衣架上的T恤造型，字体活泼，背景和无饰线体的文字采用对比度高的蓝白两色（图3-6）。芝加哥历史博物馆（Chicago History Museum）（见图3-7）是一座介绍芝加哥历史，保存、保护芝加哥重大事件遗物、遗存的博物馆，这个展现"银幕成为主流"20世纪三四十年代的美国时尚标签用不同字体和大小、大写和小写字母以及无饰线体与有饰线体的巧妙布局结合标识和解释性文本，黄色背景上的黑色字体提供了最大的对比度，以提高易读性。这些文本的词汇和语句需要做到准确表达，把握关键点，并以较好的视觉呈现。

图3-6　展览标签写作卓越奖作品（1）　　　图3-7　展览标签写作卓越奖作品（2）

三维立体类的版面是在使用网格化设计的基础上，对文字、图形进行再设计。如伦敦自然博物馆（见图3-8），"土地生态系统受到许多因素的影响，其中最重要的是日照、温度、降雨的季节性变化"。

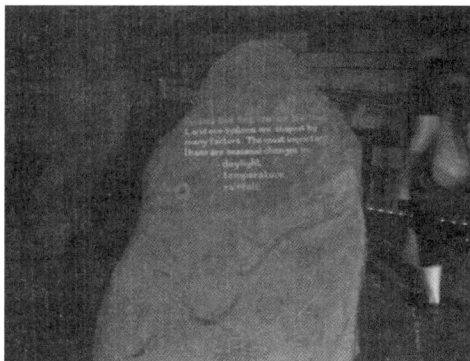

图3-8　伦敦自然博物馆

随着博物馆展览中数字技术不断增加，多媒体互动运用到特定的媒介上或重点展示内容上，主要以数字设备如计算机屏幕、交互式平板电脑、智能手机应用程序等为载体，互动展品行为由参与者根据标签指示发出动作，"互动的核心是行动的互惠性，参与者对展览采取行动，展览以某种方式做出反应"。这类数字屏幕允许访问者以各种方式与内容互动，并提供有意义的体验，更深入探索信息、熟悉使用方式（如按下按钮、抬起翻盖等）、参与展览或收藏相关游戏，生成访客个性化内容等。

（2）内容选定与准确表达：信息层级与引导

丹佛自然历史博物馆（Denver Museum of Nature & Science）"史前之旅"展览中，根据三类观众兴趣层次通过图形设计线索组织信息：让儿童及低兴趣、低知识的访客"发现"，让大多数访问者"探索"，让积极学习者、业余古生物学家和感兴趣的回头客"研究"。诚如弗里曼所提到的，任何解读都是基于信息的，获取可靠的信息资料是准确表达的首要基础，即展览的学术支撑实为关键。

不同类型访客之间最显著的差异与年龄有关，这些差异主要与儿童不受约束的探索行为有关。孩子们本能地用手调查事物，更有可能在成人之前触摸和操作互动，同时标签适用于站立的、时间有限的人群，儿童阅读标签的可能性低于成人，这与他们的行为习惯、认知水平高低有关，应该以信息丰富的标题或副标题开头，有节制地覆盖基本信息，如果需要提供给"更感兴趣的读者"，可以把它放在小册子或讲义中提供扩展的解释。

（3）"寻找你的声音"增强信息互动性"对话"与"交流"

易于阅读且大声朗读听起来不错的标签将有助于促进成人与儿童之间的社交互动。弗里曼·蒂尔登（Freeman Tilden）在他的《解读我们的传统》（*Interpreting Our Heritage*）中，讲述过一个故事，当他还是小学生的时候，博物学家在谈话过程中多次使用"生态"这个词，让他很难理解。但当这个词被解释为一个由草、树、昆虫和动物组成的生命共同体，它们的命运被紧密相连在属于他们共有的"家"的地方，孩子们不仅感兴趣，且被这个想法及其内涵所吸引。所以当用被普遍接受的语言进行表达，"生态"这个词除了补充孩子们的词汇库，关键是形成生物联想以及对生物系统性的认知。[1]"当标签单词无须解释或翻译且容易读出时，成年人更愿意为儿童读取标签文本"[2]，展览元素空间足够大，以便家庭团体一起互动。此外，国外展览常基于"5E学习环"（5E-learning cycle）模式，依次为：吸引（Engagement）、探究（Exploration）、解释（Explanation）、迁移或扩展（Elaboration）和评价（Evaluation），对标签说明内容进行设计。除文字本身之外，借助图像、物件、互动设备等外力组合标签，更具有吸引力，有意义，并且比纯文本标签更令人难忘，如图3-9洛杉矶自然历史博物馆"尊重老鼠"标签，将老鼠的行为用绘画的形式表现。

图3-9　洛杉矶自然历史博物馆

---

① Freeman Tilden. Interpreting Our Heritage [M]. 3rd ed. United States: University of North Carolina Press, 1977:48.

② Beverly Serrell. Exhibit Labels :An Interpretive Approach 2nd[M]. Washington DC: Rowman&Littlefield,2015: 341.

　　标签可以讲述故事，鼓励标签撰写人、访客之间及展出物品之间三者对话。如今，很多策展人都在尝试让馆外的群体更多地在馆内发声，这种写作展品说明牌的方式让观众与展品产生更多的个人联结。策展人温蒂·池本的展览"纽约胜景"中，邀请曾经作为城市游泳运动员艾伦·韦恩伯格评论雷金纳德·马什的作品《东河》（见图3-10），写道："这幅画让我想起了每次跳入东河参加游泳比赛时的快乐。我是一个城市游泳运动员。人们时常问我为什么能不生病。我的秘诀是每次游完泳都要来一杯龙舌兰酒！"而由策展人撰写的说明文字："五十年代的纽约客经常于炎热的夏日在河里游泳。这幅未完成的作品描绘了五个成年人在东河岸边玩水。马什在这幅画中让这项免费的消遣活动与远景中仅有少数人能负担得起的游轮旅行形成了鲜明对比。"

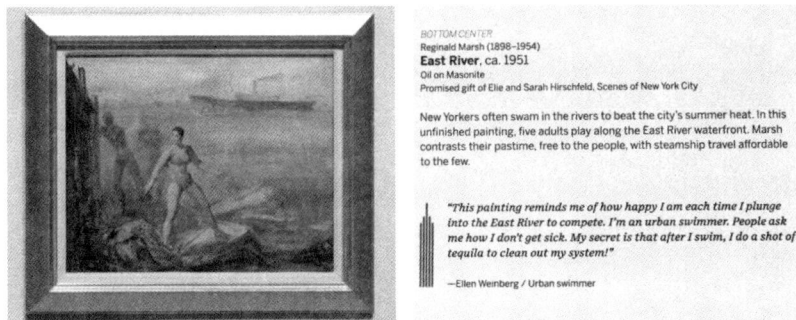

图3-10　雷金纳德·马什的《东河》

　　曾在说明牌写作比赛中担任评委、现任加拿大皇家安大略博物馆高级行政官的斯瓦鲁帕·安妮拉说："这样的实践将有助于博物馆与更多的公众产生联系，变得更加包容。"费城艺术博物馆"现代：美国艺术1910—1950"（2019年美国博物馆联盟"展览标签写作卓越奖"[①]获奖作品）以多元视角和团队洞察力包容"儿童的声音"，以更大的包容目标邀请儿童观察、回应、提问，与儿童合作开发"儿童"标签，在艺术博物馆里听到各种年龄人的声音，为了说明博物馆倡导不同的观看方式、体验、诠释世界，甚至更重要的是建立

---

① 　"展览标签写作卓越奖"由美国博物馆联盟（AAM）于2008年设立，由AAM策展人专委会、AAM教育专委会、展览开发与设计专委会、华盛顿大学博物馆学研究生课程等联合主办。该奖项旨在认可与鼓励优秀的展览标签撰写者与编辑，从而为高质量的标签写作提供标准与启迪。评审团由各专委会代表、往届获奖者、华盛顿大学研究生组成。

尊重的思想交流模式。图3-11墙上标签上的提示遵循儿童评论，希望欣赏孩子们的观点：

· 为什么艺术家把她画成这样？

· 这是马奇，这位艺术家12岁的女儿，她爸爸决定离开。她的脸一片空白。

· 他是偶然做的吗？他就不能不画脸吗？——吉安娜

· 我想他那样做是为了展示她不需要一张漂亮的脸让人惊叹。——佩勒姆

图3-11　展览标签写作卓越奖作品（3）

（4）"沉浸在故事中"传播方式：标签的故事性

借助儿童口吻组织展览文本，能够帮助儿童更好地进入展览故事情境中，提高展览的易理解与故事化程度。芝加哥郊区自然中心将标签安装于洗手间——水槽和小便池上以及蹲位内，为了信息与位置保持一致，以"自然界中的一切都必须去洗手间"为主题，使用插图为特色，从洗手间门外的中央墙上开始，一直持续到里面，特别针对学龄前及以上的儿童，讲述来自自然界的短篇故事（二十到三十个单词），如：粪便中的滚动可能意味着保护：马铃薯甲虫幼虫用自己的有毒粪便覆盖自己，让捕食者产生吃这些幼虫是一个危险而又令人讨厌的想法。以一种新的人性化方式将他们与大自然联系起来。

同时，图像和文字需要在整个展览中协同工作，而不仅仅是在单个标签上，展览的图形外观和感觉需要与整体环境和创意相协调。图像可以加强和增加语言和具体体验的新维度，通过照明、颜色、纹理和声音改变情绪可以以非语言方式改变感官体验的性质。再者，图3-12洛杉矶自然历史博物馆（Natural History Museum of Los Angeles County）于1913年开馆，是美国西部地区较大

的自然历史博物馆，馆藏超过3 500万件，横跨45亿年的历史，包罗万象，拥有惊人的展品和收藏，展品包括人类学、植物学、昆虫学、脊椎和无脊椎动物学、古脊椎动物学、软体动物学、鱼类学、爬虫学、棘皮动物学、鸟类学、矿物学和古生物恐龙等，让游客大开眼界。博物馆较大的特色就是以动物标本为主体，还原到动物的生态环境，将游客带入到不同的历史时期及生态环境。栩栩如生的动物标本及灯光、剧场视觉表现的手法，让人颇为震撼，每个动物只有大约15个单词的文字标签。

图3-12   洛杉矶自然历史博物馆

（5）引起你的好奇心

在展品标签上提问激发儿童参观者思考、观看、参与并从展品中学习，以保持警觉和好奇心。这种标签存在多种形式，包括翻转标签问题、开放式问题和对讲问题；提问的语言方式，分为开放式问题和封闭式问题，如"当你闭上眼睛时，你能感受到什么？"其中翻转标签上的问题向上翻转、滑动或旋转的标签是博物馆展览中最常见的。图3-13芝加哥历史博物馆（Chicago History Museum）始建于1856年，收集、展示了芝加哥以及全美国的历史相关展品，包括人民日常生活、经济、工业、艺术、文化等相关资料。专门为孩子设立了趣味十足的"芝加哥探索馆"，在亲身体验芝加哥相关文化与历史后，通过类似大富翁的游戏地图和高科技手段来温习知识，并针对各种各样的问题进行思考，如可触摸连衣裙的标签"下面是什么？"激发儿童掀起裙子的下摆以获得答案。

图3-13　芝加哥历史博物馆

站在同理心的角度，博物馆为游客提供重要且有趣的信息目标与游客创造个人意义和享受自己的目标并非不相容。这些提示挑战游客在立体模型中找到隐藏细节，而在标签之外，借由大量信息数据的采集，提供更多信息获取最佳方式，例如导览册、网站、公众号以及提示性引导自行网络查找。

2. 寻路系统：展线的延伸

如果说展品、标签是一个个"点"，那展线则是将这些"点"串起来的"线"。一般来说，展线或展览动线可狭义理解为组织观众参观的行走路线，是展示空间中的核心要素。策展人员通过将空间中不同的展示区域与功能节点有效组织并引导观众，帮助观众把握主次内容和方向，最终达到展览传播意图和对展览脉络的认知。目前展线多以成人视角来设计，围绕展览的核心线索和框架结构，类型主要有直线型，以时间、地点或事情发展顺序为逻辑安排展览内容；"串"字形，若干相对独立的单元依次穿在这条主线；平行线型，至少具有两条主线；同心圆型，把展览各单元按照从大到小、从外到内、从宏观到微观、从表象到本质这样的逻辑顺序排列；放射线型，一个中心主题，各个部分的内容互相没有关联，也不分主次，但都是围绕着这个中心主体为它服务的；"田"字形，把几个部分自由地安排在展厅；"A"字形，一个展览归于同一个核心思想，有两条互不相交的线索；"V"字形，从一个中心点开始，分成两个脉络阐述；"H"字形，同一个线索中，不同部分的主次程度不同，通常形成简略而承上启下的过渡部分；"T"字形，同"A"字形、"V"字形构架[①]，采用分别描述的方式对中心思想进行阐述。

对儿童专区而言，空间面积并不大，借于它所遵循主馆的原则，理应从主馆开始就儿童展线或亲子展线给予设置，形成一条从主馆到儿童专区连续性强的展线，此外考虑到单元空间之间系统的导览指示，首都博物馆杜莹老师提出应在博物馆展览中建立"双展线"[②]，即在展陈策划、展品选择以及展品说明词方面充分考虑到亲子观众的要求与儿童认知接受度的具体表现，可从多角度考虑儿童展线设计：

（1）依照人体工程学角度出发。主馆展品展示多以封闭的形式，阻碍处于敏感期儿童的视、触觉感知功能发展，降低博物馆学习的认知效果，而儿童专区以开放形式呈现，弥补主馆展品因玻璃隔层所带来的距离感，当然专区因受到空间面积的限制，通常需要策展人员、教育工作者甚至儿童观众等共同商榷确定。基于此，我们应该从主馆出发形成具有秩序感且内在逻辑性的儿童或亲子展线布置，对于展品的高度与展示形式应从人体工程学角度出发，思考儿童站姿状态下眼高的位置，如图3-14不同年龄的儿童视线高度具有明显差异，充分考虑儿童的身体客观因素，从儿童的身高体型上定位，设计的尺度与设施的安置要符合儿童的尺度。针对展柜与展品的尺度大于儿童观察尺度，以及考虑成人与儿童综合视觉角度，通过展品纵向错层的展示或设置儿童脚踏台来兼顾不同身高人群观展需求。图3-15美国凯文葛罗夫艺术博物馆（Kelving Art Gallery&Museum）以儿童为中心的迷你博物馆，聚焦从全部藏品采集的脸部和脚部图像，探寻儿童喜爱的方法；主馆每个展厅则设有一个儿童故事，根据儿童的身高和年龄来悬挂画作，并提供与之相应的说明文字与故事阐释触摸屏。

① 姚安. 青物馆12讲[M].北京：科学出版社, 2011.
② 杜莹.博物馆儿童美育——让儿童感知博物馆的"美"[M].北京：科学出版社, 2020：55.

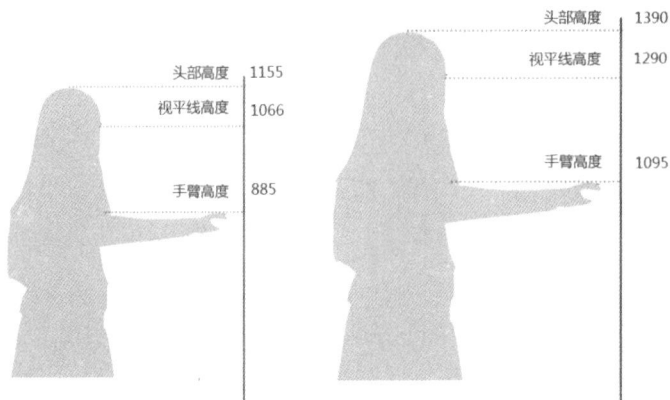

图3-14　6岁儿童和10岁儿童人体尺寸（mm）

图3-15　凯文葛罗夫艺术博物馆　　　　图3-16　苏格兰国家博物馆

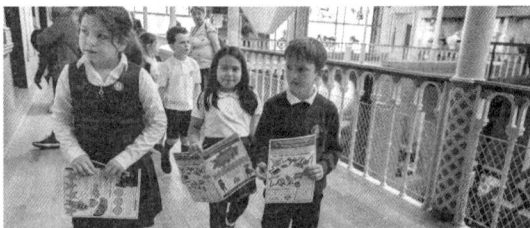

（2）符合儿童认知特点。为儿童专门设计导览图或展品介绍等可视化形式，串联博物馆展览空间。语言上避免生硬，利用多媒体技术配以适合儿童审美的图案或动画形式。当然展线不能长期保持不变，建立虚实结合的全流程展现。将博物馆与家庭、幼儿机构、社区、图书馆等空间之间的展线打通，方能形成一个整体。形成博物馆展现"实线"，延伸到家庭、学校等其他空间的展现即"虚线"。①选择展览中部分有针对性的展品进行趣味解读和科普教育，出于对儿童对象的考虑，展品展示多以开放形式，图3-16苏格兰国家博物馆通史展厅在展现设计中充分考虑孩子的需求，针对儿童的知识性图文设计、游戏设计，甚至让儿童动手剪纸。

（3）借由线上进行提前展线推荐。良渚博物院第三展厅"玉魂国魄"，展现良渚文化的重要特征。玉器是良渚时期权力、礼制、信仰的物质载体，用以

---

① 秦健,高峰.学前儿童美育视角下的博物馆展现设计研究［J］.家具与室内装饰,2021(11)：133-137.

标识身份、区分登记，以神徽像作为共同信仰的神，并与玉琮、玉钺、玉璧为代表的神权、军权、王权形成良渚社会独具特色的用玉礼制。公众号推送服务中，衔接参观前选择，图3-17设置普通"导览走线地图"与"儿童走线"两个版本，普通导览地图推荐进入口后右转，围绕玉琮、玉钺、王族用玉、玉璧的脉络进行参观，"儿童走线"则推荐入口后左转，沿着贵族用玉、贫民用玉、统一的神徽线路，讲解内容通俗易懂符合儿童认知，地图采用较为直观的扁平化风格，配以淡雅的颜色加以区分。此外，第一展厅"水乡泽国"、第二展厅"文明圣地"，都分别设置40分钟精华路线。

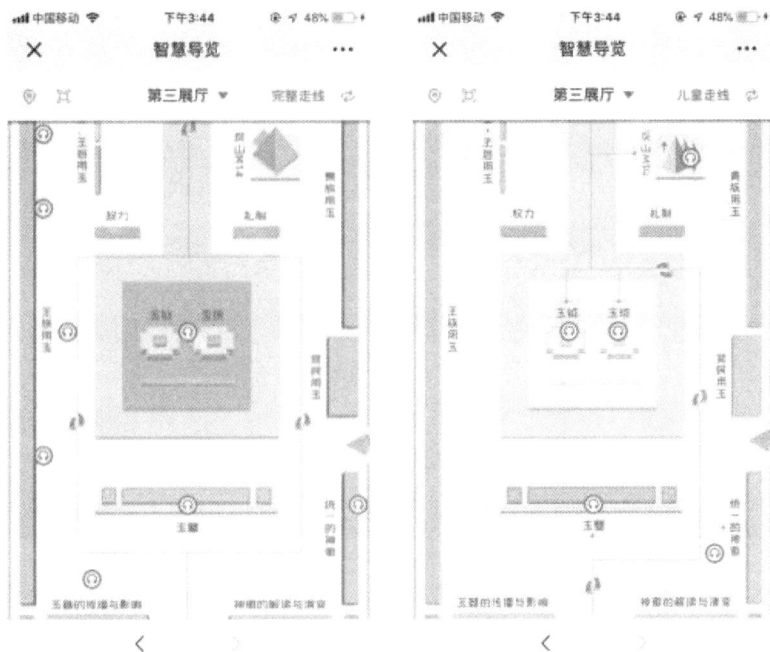

图3-17　良渚博物馆完整走线与儿童走线

（4）以故事叙事方式呈现。由英国著名小说家J.K.罗琳于2001年创作的《神奇动物在哪里》（*Fantastic Beasts and Where to Find Them*）一书被英国伦敦自然历史博物馆（Natural History Museum）[①]将其中的玄奇瑰丽的魔法世界与严谨的自然科学研究完美结合。图3-18展览通过展示动物化石、标本、艺术

---

① https://www.nhm.ac.uk/visit/exhibitions/fantastic-beasts-the-wonder-of-nature.html?continueFlag=52
5f38378227087b8e4710703deb71fc.

作品、小说经典桥段和电影道具，以魔法世界中的神奇动物为线索，也将魔法神奇动物的独特行为与相关真实动物的标本、文献等对应陈列，引领观众探索自然界的神奇奥秘。同时，展览营造出身临其境般的魔法学校氛围，提供了多感官、全方位的互动体验，传播着探索自然、保护动物的理念，实现了自然历史类展览中学术研究与趣味体验之间的平衡。而展览的最终目的是呼吁生活在城市中的观众，通过自己的行动来拯救我们与动物共同生活的星球，从身边小事做起。

图3-18 《神奇动物在哪里》展览海报

3. 体验类型

博物馆儿童专区体验形式主要包括展览和体验两种类型。展览是以展品为基础，配合辅助装饰，按照特定的排布方式设计出的传播文化科学信息的展品群。体验项目是指专门为儿童观众定制的围绕展览主题所开展的拓展服务或活动。博物馆为儿童提供了越来越多的多样化、富有引导性和趣味性的体验材料与活动。博物馆根据体验类型的时效性，通常分为常设项目和临时项目。表3-5常设项目主要包括导览解说、导览手册、学习手册、网站APP、儿童社教活动、工作坊等，除社教活动及工作坊会根据周期性进行主题更变外，其他基本保持较长固定时间；临时项目为短期项目，设立时长为一天或一周不等，举办频次不固定，会根据受欢迎程度进行调整，包括演讲比赛、艺术表演、博物馆奇妙夜、讲座、节假日特殊活动等。

表3-5　博物馆儿童专区体验类型

常设项目	导览解说	最为常见的体验形式，由博物馆工作人员用生动形象的话语，深入浅出地为儿童讲解展览内容
	导览手册	为儿童推荐适合其参观的最佳路线，对重点、有趣的内容进行标注；展览导览的儿童版本
	学习手册	设置一些展览相关问题，鼓励儿童带着问题参观博物馆，实现自我学习
	网站APP	包括专门为儿童设计的儿童版网站和APP以及在官网上发布针对儿童观众的内容
	儿童社教活动	包括培训项目，由博物馆教育工作者开设的课程；教材、教育的开发和外借服务
	工作坊	包括图书阅览室、各类体验工作坊、利用互动装置体验等
临时项目	演讲比赛	包括主题讲座、邀请相关从业人员进行的讲座等
	艺术表演	包括动画、电影、剧场表演、音乐会等
	博物馆奇妙夜	也叫博物馆夜场，以夜间探寻的方式，体验与白天不一样的博物馆景观
	讲座	包括主题讲座、邀请相关从业人员进行的讲座等
	节假日特殊活动	针对特殊节日绝版的活动以及夏令营、冬令营

4. 教育引导资源必不可少

在整个儿童专区衔接主馆上，参观引导手册起到过渡作用。台北"故宫博物院""儿童学艺中心"是较为系统完善的儿童专区，通过让亲子自由地玩、看、听、触摸、操作……，透过各种感官体验从游戏中探索、学习来了解历史、地理等知识。图3-19馆内有5个可供孩子动手操作的主题展示区，分别为"皇帝的书房""古书奇遇记""古地图的秘密""清明上河图小旅行""3D魔幻探索区"，还有1个导览剧场，会定时播放"国宝神兽闯天关"及"小故宫幻想曲"两部动画影片。导览手册包含行前快览、参观小叮咛、你也可以这样做、学习单、"故宫"网站学习资料、主题参考书单。图3-20给予家长相关"盲区"的解答，并建议如何陪同孩子参观，"顺应孩子的节奏与兴趣"，"不一定得一次全部看完"，"多提问、多引导"，"创造与生活的连结"，不同单元区提供适合年龄与相关引导问题。

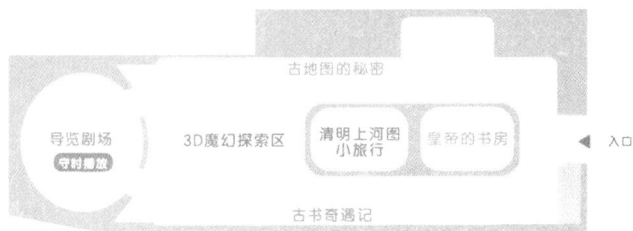

图3-19　台北"故宫博物院"（1）

图3-20　台北"故宫博物院"（2）

图3-21配合主馆导览设置适用年龄亲子手册（6～9岁版、10～12岁版），内附"给家长的建议"、使用说明、位置指示图、学习情境故事、学习主题等，每一份学习主题具备详细的学习引导，包括参观地点、学习目的、重点文物、活动规则、延伸学习，学习单等。这些不同适龄图文从儿童可认知层面来引导和阐释展品的故事以及参观准备、形成建议、活动任务布置，其合理性在于：一方面以"故宫"收藏文物出发，配合九年一贯艺术与人文课程，为不同学习阶段，规划不同教学主题与教学内容，作为中小学参观"故宫"的准备参考资料，符合整个服务系统拓展与延伸的属性；另一方面形成参观者从幼年开始直到成年的博物馆经验，以播下深植内心的博物馆文化学习因子，使之具有顺序性和长期性。"意识到博物馆与人文艺术教育的推动与深化的迫切性"从而形成一个承上启下的有序系统。

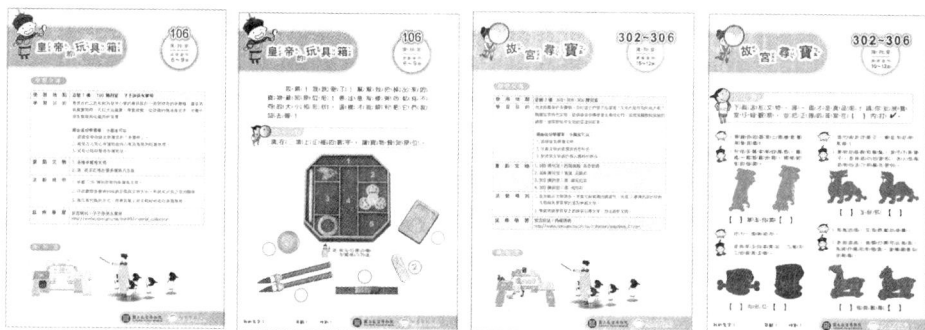

图3-21　台北"故宫博物院（3）

资料来源：官网资料。无简体字版

图3-22史密森尼学会与今日美国日报（USA Today）合作推出一本40页的活动指南《冬日居家指南》（*Winter at HOME*）。指南根据史密森尼学会下设博物馆的各种创意活动改编而成，包含了一系列富有教育意义的游戏，覆盖STEM、历史、文化、艺术等多个领域。举例来看：国立亚洲艺术博物馆，*Inside view of an Interior*展使孩子们了解到屏风作为可折叠并展开的便携艺术作品，距今已有三千多年历史，是中国传统建筑中用于挡风的一种家具，而后从中国传到日本，成为没有独立房间的日本家庭用来分隔空间、保障隐私的家具，手册中呈现绘有日本传统图案的屏风，让孩子数一数画面中有几只猫？有多少个矩形？并延伸自行设计屏风，这或许是早期设计启蒙的一种方式。史密森尼美国艺术博物馆，1983年莎拉·罗比基金会亚麻布油画《三个梨的室内设计》引出"光影故事（Spotlight On Shadows）"尝试探索阴影和光线，将手电筒送入黑暗的房间，光打到墙面上，然后在光线前移动你的手。你能做些什么阴影？这些阴影是什么样子的？转换不同姿势，或调整手和手电筒之间的距离，影子又产生什么样的变化？中国儿童博物馆教育研究中心（CMRC）推送这份指南，并通过指南活动项目延伸资料，非物质文化遗产中国皮影戏（Shadow Puppets），又称"影子戏"或"灯影戏"，是一种以兽皮或纸板做成的人物剪影以表演故事的民间戏剧。利用卡纸剪出不同的形状，粘贴于棍上，将手电筒的光照射于白色墙面或白布上，配以故事台词和背景音乐，操纵或移动剪影表演故事，让孩子对皮影有一定的认识。美国国家历史博物馆，埃伦·哈丁·贝克（Ellen Harding Baker）的"太阳系"被子不仅仅说明带来温

暖，更让我们在生活中欣赏艺术作品故事。被子让你想起什么？这床被子是怎么讲故事的？用这些被子作为灵感来创造属于你自己的被子。史密森尼国家航空航天博物馆，利用空间站来传达团队合作的意义。由这些选取自艺术作品、天文地理、日常生活、自然观察、废物利用等的活动可见，换个角度在充分利用家里资源的前提下，重新打开儿童赏析博物馆的新思路。

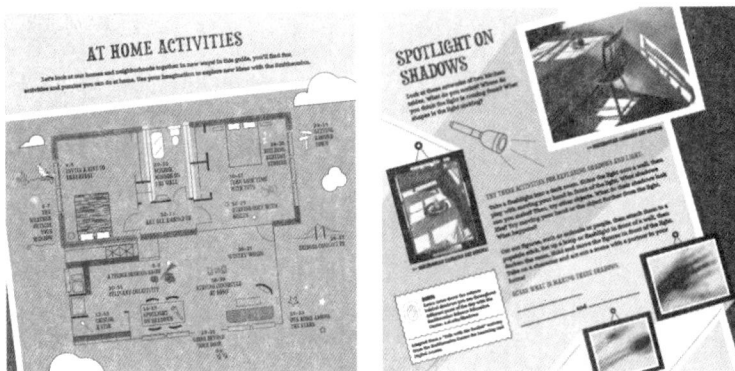

图3-22　史密森尼学会《冬日居家指南》手册

图3-23韩国国立中央博物馆"周六博物馆"馆方教育部筛选适合提问的展品，以局部显示或设置问题寻找的形式来促进探究式体验。有利于搭建展览传达内容与儿童观众既有知识的桥梁。同时官网可以下载到一份儿童版的参观导览手册，图3-24手册以漫画的形式，组织内容，引导儿童能通过漫画内容去寻找馆内"镇店之宝"。

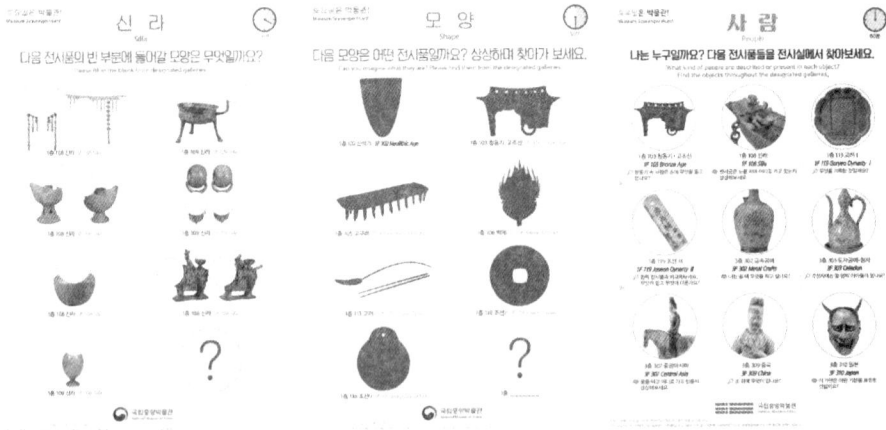

图3-23　韩国国立中央博物馆（1）

图3-24　韩国国立中央博物馆（2）

　　除了这些手册，工具包也应该作为教育引导产品，图3-25英国Maidstone博物馆为参观者提供了感官书包，进入博物馆以后可领取，感官书包里有降噪耳机、墨镜以及之前提到的社会叙事手册，这些物品可以应用在不同场景。

图3-25　英国Maidstone博物馆感官书包

5. 网站资源

　　博物馆儿童服务延续到网站上，专门设立了学习资源专栏，以图片、文字或视频等方式展现出来。学习资源专栏上分类非常清楚，与国家和地区的课程及教学计划对接，开发了学科模块。如我国颁布的《义务教育科学课程标准（2022年版）》也为博物馆建设线上教学资源提供了参考。博物馆分析每一类藏品或展览的特点，与哪一门课程有关联？能为学科的什么知识和能力培养服务等？然后按照不同的课程分门别类。教师在教学上如有需要，可以在自己的学科里找到自己所需的资料，非常便捷；对于学生完成作业或实践活动帮助也很大。不同博物馆的课程和学科模块不同，与博物馆的性质有较大的关联。综合性博物馆网站上学科的种类会比较多，如美国大都会博物馆（The Metropolitan Museum of Art）的网站上为所有年龄段的孩子及其父母或照顾者（Kids and families、Educators、Students and scholars）提供一起观看、学习和创造等有趣的互动项目，并注明了适用的年龄和相关的信息及领域，有艺术与设计、数学、古文明、历史、宗教等学科，在每一门学科下还开发了基于藏品的专题。家庭指南（Family Guides）、儿童友好型地图（Family Map）纸质版与电子版（见图3-26）作为参观博物馆的辅助性帮助，为家庭访问提供重要展品的内容提示，地图中明确表明，例如使用你的想象力，你会怎么做、看、听、尝、嗅或感受艺术品？搜索颜色、形状或动物，有多少你能找到？便于家庭成员寻找细节，发现故事，找到适合他们的材料，保证参观全流程的衔接；图3-27MetKids question是大都会博物馆2015年9月推出的一款为孩子们、与孩子们一起、由孩子们制作的数字功能，以小朋友的视角介绍博物馆的方方面面，发现关于艺术作品的有趣事实，如跳进的时间机器，观看幕后视频等，并可以为博物馆的创意项目获取想法。同时影片让小朋友们提出一些疑问，然后邀请博物馆的工作人员来回答，每集纪录片都有不同的主题，比如博物馆的馆长有没有在博物馆迷过路？博物馆如何保养亨利八世的盔甲？等等。

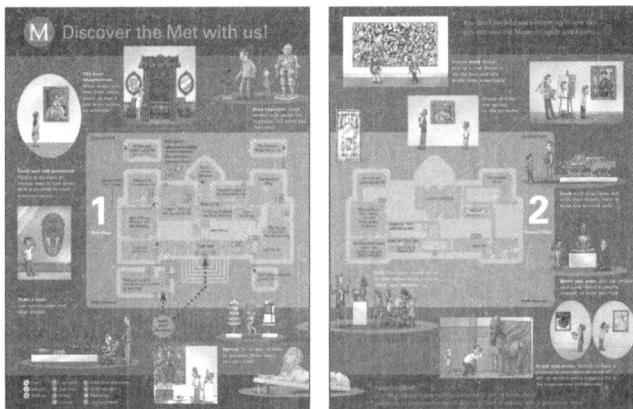

图3-26　美国大都会博物馆儿童友好地图

图3-27　美国大都会艺术博物馆MetKids

国内的很多文博机构都推出了在线云游服务，故宫博物院专门面向儿童制作了10节以宫廷建筑、历史文化、文物精品等为主题的公益视频课，每节课程时长约10分钟；上海自然博物馆提供了28份学习单，包括"恐龙盛世""自然寻宝图""动物连连看"等十余个主题，供免费下载；苏州博物馆则联合戏曲工作室打造了九集广播儿童剧《蓝小锐幻游记》，以主人公蓝小锐遇见国宝文物的奇幻经历作为故事主线，帮助儿童了解江南文化、传统文化和文物知识。专业博物馆相对来说涉及的学科比较狭窄，然而与学科的特性会对接的更紧密，资源更丰富，如纽约交通博物馆（the New York Transit Museum）网站上只有设计学科和地理学科，却有大量反映不同时代的交通工具资料，参观古董列车、讲述互动故事、讨论档案图像等，探索交通是如何影响纽约市从古至今的发展的，包括图片、设计原理和力学等信息。除了学科分类外，博物馆还会按照学生年龄和文化属性分类。年龄划分的标准与美国学校的学段一致，会分成3~6岁、7~11岁、12~16岁和16岁以上四部分，不同的主题组成了每个学段的内容，也会注明来自什么学科和领域，帮助教师和学生了解如何与教学对接，文化属性往往根据藏品的分布、特点、门类或展览来分类，一目了然。课程设计采用独特的在线形式，将纽约丰富的历史和公共交通带给家中的学生，教学资源的开发将国家课程、教师需求和学生特点结合起来，并逐渐形成公共交通在塑造未来社会中所起的重要作用的意识，使教学与社会资源无缝对接，师生使用非常方便，体现了人性化，也体现了教育的公益性，藏品不再"养在深闺人未识"，为普及文化知识和提高公众素养服务。

6. 数字化平台

数字化博物馆是博物馆未来的一种必要形态和常态，但博物馆的数字化本质是要解决如何去优化博物馆内部资源循环学习与传播的问题。线上化的延伸能够突破物理空间上的局限性，如受参观时间的限制，快速访问有关艺术品信息，了解附近的位置与环境，预设浏览路径，想更深入地了解展品故事等。目前，博物馆数字化形式有云展览、VR和AR技术、虚拟数字人、3D漫游式展览等，数字化转型是当下博物馆发展的一大趋势，且在科技加持下，数据化加快推进，成为博物馆形成全流程服务的加速器。如浙江省博物馆曾联合中国多家文博机构，以中国古代女性图像为主题，推出"丽人行"展览，在"云端"展示了上千件藏品。作为展品的延伸，展览集观众调研、学术研究、相关展览、文创展示等多种功能，透彻地展示文物历史，成为文化意义的辅助、配套工具。大都会艺术博物馆（The Metropolitan Museum of Art）AR体验是较为成熟的数字化案例，整个展馆拥有超过200万件艺术品，AR缩小真实与人工之间的差距，用户可实时安排行程来构建更丰富的博物馆参观。此数字化平台的建立，是根据用户旅程、用户访谈等确定所设定的AR应用程序的目标用户群，并允许智能手机用户轻松浏览馆藏，并制定游戏计划，匹配大都会艺术博物馆图书馆的数字馆藏，这种模式对于儿童来说，是一种很好的方式，是他们在参观过程中参与并积极学习。图3-28大都会博物馆地图，仅描绘了一层物理空间，如果要参观，需要提前设置游览计划，并需要花费大量时间。

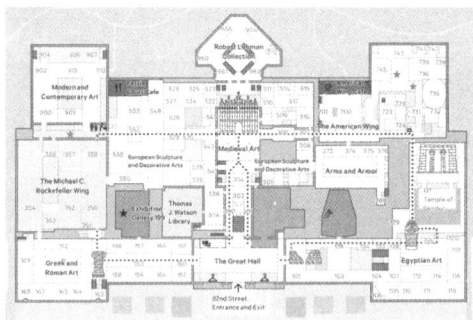

图3-28　大都会博物馆地图

图3-29"数字故宫"博物馆微信导览小程序是以文化创新为导向的智能产品，形成"行、游、购、学"一站式智慧服务生态链，分析其故事板包含子场

景分镜头，有注册登入、查询推荐、地图导览、路线推荐、记录分享等，尤其围绕防疫设施、卫生设施、垃圾桶等辅助服务。图3-30由故宫博物院与万科公益基金会共同发起的项目"故宫零废弃"，在大量收集故宫观众环境行为学数据基础上，摸清院内的垃圾来源和分布特点，结合多项生活垃圾分类标准指导归类，从数字平台到实体设备形成"文化+科技+服务"的产品生态链，除考虑使用者感受外，产品外观更是暗合故宫博物院一贯的审美，暗灰色的外壳和中式古建筑纹路的搭配与红墙绿瓦相映成彰，并以趣味看字识"物"（见表3-6）替古人辨别垃圾，多维度衔接用户与文化，持续追求"将填埋/焚烧处理方式的垃圾减少至无限趋近于零"的美好愿景，为实体博物馆构建新的社会价值。

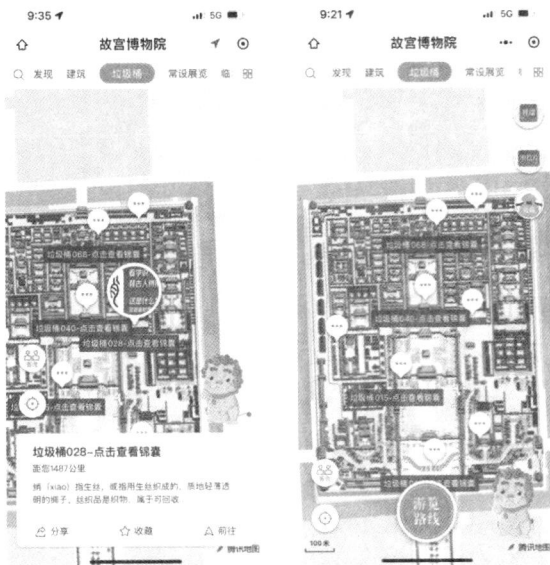

图3-29 "数字故宫"博物馆微信导览小程序

图3-30 "故宫零废弃"垃圾桶

表3-6　看字识"物"

璃	璃，本义指一种色泽光润的矿石，后指人工用釉料烧制成的玻璃层。属于可回收物
帛	帛，丝织物的总称，古时候人们也拿布帛作为货币。属于可回收物
衾	衾，有两种含义，一指被子，另外也指尸体入殓时盖尸体的东西。属于可回收物
纸	纸，造纸术是我国四大发明之一，属于可回收物
金	金，一种性能稳定，可用来制造货币、装饰品等物的金属元素，古代也作为金属的统称。属于可回收物
裳	裳，（chang，二声）古代指下身穿的衣服，类似现代的裙子，男女都能穿。现在多读作（shang，一声），是衣服的统称。属于可回收物

7. 博物馆绘本

依托丰富的馆藏资源，面向儿童群体编撰博物馆元素的儿童绘本，成为创新教育形式。绘本，也称为图画书（Picture Book），是一种版面配置以图像为主体，搭配简练易懂文字，甚至没有文字的书。绘本中的图表现形式可以是手绘、插图、拼贴、照片等，区别于常见绘本的内容，以学术研究为基础的博物馆绘本，正是借助文物、建筑、遗址或遗迹等物证以图画的方式将文物、古人生活和历史事件等生动鲜活地展现在儿童面前，并配合简要的说明文字，向儿童传播知识，实现儿童与历史对话。国外博物馆绘本起步较早，由米菲兔带领读者走进伦勃朗的画作世界《米菲×伦勃朗》（*Miffy×Rembrandt*），以儿童的第一视角开启博物馆游学之旅《我在博物馆迷路了是因为……》，以及《你不能带黄色气球进大都会博物馆》系列丛书，通过1个小女孩、2条故事线、3只不安分的气球，来欣赏经典建筑和文化地标等。①

　　国内博物馆绘本虽起步较晚，但近年来各类绘本相继涌现，成为博物馆教育主流。《博物馆奇妙夜》按照史前至清代的历史时间顺序，选取具有代表性的文物如贾湖骨笛、越王勾践剑、曾侯乙编钟、杜虎符、秦铜车马、三彩骆驼载乐俑、钧窑月白釉出戟尊、翠玉白菜等40余种，以文物自己讲述亲历过往的方式，用生活化的场景和语言，带给孩子文物自身亲切本真的一面；图3-31《哇！故宫的二十四节气》以"二十四节气"为时间线索，将830幅手绘故宫原景大图、52座故宫建筑、48个传统习俗、115件故宫珍宝、64种动物、76种花木、24次成长体验等，融入充满童趣的故事里；图3-32《中国国家博物馆儿童历史百科绘本》从大河文明、贸易、科技、汉字、艺术、交通、家庭、饮食、音乐和服饰十大主题，结合中国国家博物馆里各种镇馆之宝文物，讲述了历史与文化的演变与发展。

图3-31　《哇！故宫的二十四节气》

───────────────

① 果美侠.博物馆绘本与价值传递——绘本《了不起的故宫宝贝》创作谈［J］.中国博物馆,2022（03）：87-92.

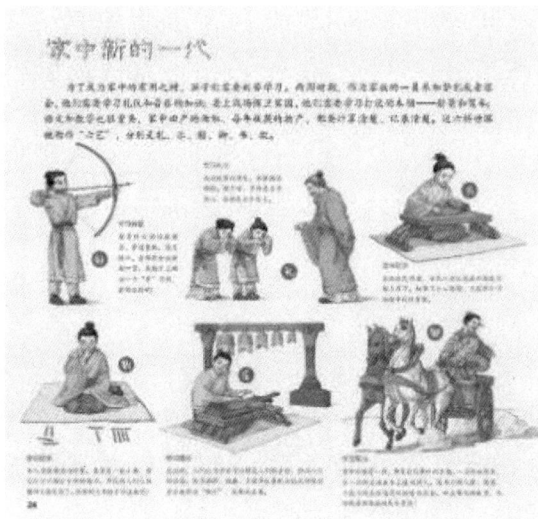

图3-32　《中国国家博物馆儿童历史百科绘本》

对于博物馆而言，已经不能停留在馆内教育，除绘本以外，还可以探索出音频、视频、舞台展演、动画播映等多种形式，衍生出更多的博物馆教育服务模式。此外，博物馆、美术馆等机构都开始大范围地推广与开展儿童艺术教育活动，促使"儿童公教活动"的关注度升温。从目前博物馆所开展的公教活动内容与组织形式来看，通常分为两种：一种服务于博物馆本身的主题内容，偶尔会伴随展览的变化，活动也随即变化，两者相辅相成；另一种为了丰富博物馆对于儿童研学体验外的服务内容，设置额外的与博物馆本身主题虽无关联，但能体现博物馆特色的课程，这类大部分为限定人数的收费课程。但不管哪种形式，都要围绕着本馆开发各载体，以更好地为儿童服务。

（三）看起来很有趣：空间

重新审视博物馆的物理空间，提升博物馆物理空间对所有儿童观众及其需求与兴趣的包容性和互动性。服务系统思维致力于博物馆空间被重新定义，不再将博物馆空间视作美学或建筑学艺术作品，而是将其定义为供所有人使用的兼具互动性、舒适性和令人兴奋的场所。[①]瑞吉欧教育也将环境视为第三位老师，提出环境是一个可以支持社会互动、探索与学习的"容器"。2012

---

① 郑柳河, 安·罗森·拉夫.博物馆的系统思维理论与实践［M］.胡芳, 李晓丹, 译.上海: 复旦大学出版社, 2022: 285.

年，曼彻斯特博物馆与快乐博物馆合伙人夏洛特·德里（Charlotte Derry）合作编写了一本叫作《趣味博物馆规则》[①]的电子手册。书的开头有一句话是这样写的："保护儿童在公共空间中玩耍的权利和自由是一件严肃的事情。"而创造一个有趣、有创意、有活力的学习环境也是博物馆吸引新一代观众和培养未来观众的必由之路。

许多类型的空间可供儿童探索和发现，许多类型的活动都支持儿童在游戏中学习，根据现有建筑和可用空间来规划活动，可在正门附近设置一个儿童区域，以避免与其他观众群体产生冲突，或者为儿童开辟一个单独的入口，这都取决于场馆本身的条件和布局，空间的大小需要根据博物馆建筑面积进行调整或扩展，并根据所设定的活动人数，抑或是小型表演，此外还需要考虑空间的形状，而且展项或专区的设定都需要符合这个类型博物馆的使命。

对于空间尺寸的设定，通常分为小展厅、大展厅、教室、移动展项和室外展项。可以根据儿童数量确定空间大小，相反，如果空间大小固定，可以根据空间计算出可容纳的儿童数量。一般来说，有桌子的教室需要为每名学生提供4平方米的活动空间，如果空间里有可动手参与的互动展项，通常情况下，85平方米的教室可容纳20个孩子，显然小型、中型、大型空间都可以设计成儿童空间。场馆中已有的教室或空间可以改造为让儿童主动探索的空间；如果没有足够的空间，可以采用移动式或将展品带到学校或社区，也可以利用室外空间，开展儿童能主动参与的活动。

博物馆的空间环境受到使用对象——儿童特殊性的影响，呈现出多元化的类型，通过部分案例的比较和需求分析总结出本体特征，这些特征将能为后续儿童博物馆空间的建设与发展提供设计参考依据。

1.安全化的设施设置

由于儿童行为存在缺乏自我保护意识和不稳定性，尤其博物馆公共空间细节设计的失误会对儿童构成威胁。因此对于儿童专区空间设计来说，保证儿童参观过程的安全性是儿童专区空间设计的首要考虑因素。

根据儿童行为发展学相关理论研究，儿童在活动过程中，常见的危险有

---

① 中国儿童博物馆教育研究中心.博物馆一定要有趣［EB/OL］.（2022.4）［2023.1］

锋利的边角、突出物、悬挂物导致撞伤与拉伤，高差变化过大导致跌伤，以及设施结构设置不科学、空间尺度过于狭窄导致夹伤或挤伤。因此首先考虑"物"的设计，从细节处理保证不存在漏洞，避免设施锋利边角、悬挂物设置过低、娱乐设施破损等隐患，在材料选择上以环保、柔软为主；将人体工程学的原理运用到设计之中，设置适合儿童运动、休息的设施。其次儿童专区空间设计，由于儿童活动性较大，因此设有宽敞的活动空间，避免拥挤与碰撞、地面采用防滑材料、空间无障碍通道可设有儿童"低位"扶手。此外色彩也是影响儿童心理感受的重要部分。

2. 儿童化的尺度设计

儿童专区会根据主题内容摆设相关的展品或设施，其中包括直接接触的互动设备、休憩设施等和间接接触的可操作台面、栏杆扶手、展览标签等，这些物体的大小和高度会影响儿童在空间中的参与度，需要考虑儿童特殊尺寸，从而延长儿童对参观过程的兴趣。为此，以儿童为中心的博物馆儿童专区服务设计理念逐步受到产业的关注，强调每一细节处理符合儿童的尺度，是有效改善现有儿童专区环境优劣的关键。

3. 围绕故事线规划

根据博物馆的使命，博物馆希望给儿童展现的最重要故事是什么？这些故事需要安排在整个场所的哪些位置？讲述这些故事最有效的方式是什么？从确定主题开始，逐步增加细节，思考如何将新展厅融入现有故事线以及如何将新展厅的参观路线与现有建筑动线结合，呈现这个空间的视觉效果。空间视觉效果图包含图文、颜色、互动装置和主题元素等。图文设计需要与展项设计密切配合，图文与互动展项协调一致，并为互动展项提供支持，插画和摄影图是图文设计中不可或缺的一部分。同时规划参观的路线，博物馆希望给儿童观众诠释什么内容，打算如何讲述自己的故事，用视觉方式呈现，每个展厅都有多媒体和实体互动展项，设计出促进社交的互动展项，包括朋友间和亲子间的互动，提示卡为观众提供问题和背景信息。此外，在空间设计上需要倡导的一个思路就是空间为内容服务，也就是说，场馆建设的形式以及空间布局，需要以满足展示内容为前提，从而进行设计，最大化地从空间布局上来实现场馆的内容展示，以便于儿童体验。

图3-33荷兰海牙儿童图书博物馆，是一个以儿童文学为主题的博物馆，学习、体验和实践是参观博物馆的核心。博物馆通过独特的互动游戏让孩子们能以一种有趣的方式学习了解文学知识。整个馆一共有三层楼，每层都有内容的衔接，一层是由绘本与大量的互动设施结合，在梦幻的博物馆中，可以看到众多著名儿童读物中的场景和主要角色；二层入口是以展览为主，陈列着青少年读本的历史手稿；三层是适合低龄儿童的绘本故事体验区，按照绘本故事设计出一个个单独的小隔间，每个隔间之间又巧妙地连通着，儿童可以在每个隔间自由通行，并在立体的童话故事中玩耍学习。比如《好饿好饿的毛毛虫》主题房间、米菲兔主题房间，还有还原弗洛格绘本里的情景。值得一提的是，博物馆官网围绕不同阶段儿童教育呈现，主要分儿童保育、小学教育、中学教育、大学学习以及亲子家庭教育等。

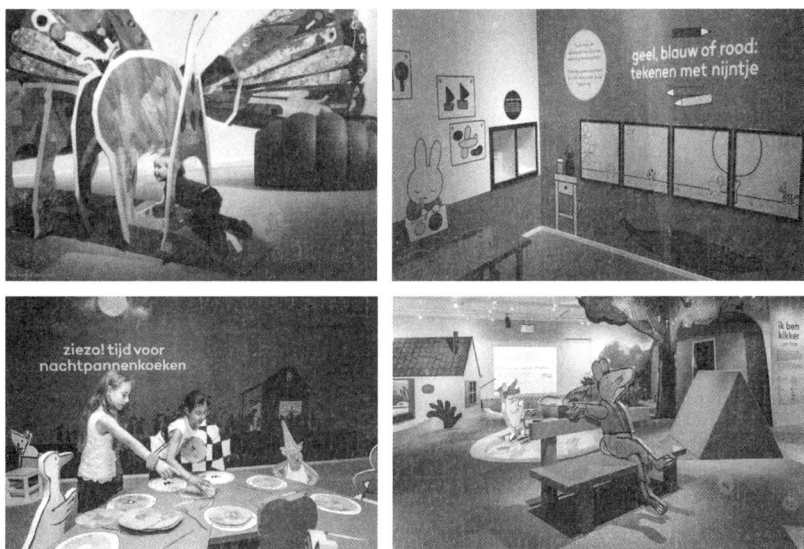

图3-33　荷兰海牙儿童图书博物馆

图3-34香港海事博物馆（简称"海事馆"）位于中环8号码头，是展示香港航运历史、经济和文化的行业类专题性博物馆。海事馆展览线索围绕海事发展的历史与文化、香港所扮演的角色以及与世界各地的联系而展开。展览内容广泛而精彩，涵盖古代航海、近代贸易、现代海事三大时段，其间穿插平定海盗、海洋奥秘和海上活动等内容，增强了展览的生动性和感染力。整个空间强

化展览视觉形象的统一，建筑空间与展厅空间设计利用现有码头进行改造，形成内外视觉衔接，玻璃幕墙用两种蓝色作为主调，与外部和展馆主题相契合，公共设施设计提炼于海洋元素，其四层空间，共12个展厅，每个细节都鼓励观众充分利用各种感官认知，启发观众在展览时空内进行思考和对话。这些情境设计妥善处理了视觉空间与展示内容的逻辑关系。

图3-34　香港海事博物馆

第四章　包容与参与：博物馆儿童专区服务设计导向思路与对策

　　包容与参与：为打造影响深远的博物馆儿童专区展览与项目，博物馆必须统筹考虑各个利益相关方（内部和外部）并兼顾博物馆长期规划。同时呼吁博物馆采纳更具包容性和多样性的藏品与展览展示策略和以目标观众为中心的实践。在2020年国际博物馆协会将"致力于平等的博物馆：多元与包容"作为博物馆日主题呼吁下，以儿童能够理解、接受和参与的方式，帮助他们认知复杂的世界，成为博物馆"构建一个尊重所有儿童不同学习和成长方式的世界"而努力的方向。服务设计可帮助战略领导层视觉化地描绘出某个主题展或者主馆与儿童专区的整体生态系统，并辅助策展员、教育工作者、设计师等从中直观地发现参观过程痛点及情绪波动，以此找寻到创新机会点。本章运用服务设计的思维和方法，针对博物馆儿童专区中存在的自助导览服务、沉浸式体验服务、衍生服务三大模块，形成儿童协同参与、沉浸式体验、服务价值提升、全生命周期服务的导向思路。以深化认知、由表及里、协作反馈、情感共鸣、学社融合、品牌构建等服务模式展开，进一步分析服务设计导向因素对博物馆儿童专区发展的影响与对策。

　　博物馆始终是平等的，它以一个尽可能包容的姿态欢迎这个世界上所有寻求未知的人们的到来（见图4-1）。多元的文化力量和丰富的内容足以让孩子们在博物馆里得到精神上的富养。博物馆展览开发商和作家朱迪·兰德（Judy Rand）从观众视角列出了十一个重要的人类需求，包括舒适"满足我的基本需求"、导向"让我很容易找到我要去的地方"、欢迎/归属感"让我感到受欢迎"、享受"我想玩得开心"、社交"我是来与家人和朋友共度这段美好时光的"、尊重"接受本色的我，认可我所知道的"、沟通"帮助我理解，让我表达见解"、学习"我要学到一些新的东西"、选择与控制"让我选择、给我一些掌控权"、挑战与信心"给我一些能够应付的挑战"、振兴"我离开时感到充满活力，恢复积极状态"。①

图4-1　博物馆的包容与参与

针对儿童专区来说，其研究聚焦于如何提炼与主馆高度关联且易于儿童理解的有趣主题，最终形成完整的服务系统，帮助学习者建立感性认知、行为投入、认知过程和情感反应的学习过程，促进人与物品之间的联系，并在体验中增加或深化知识、技能、理解、价值观、感受、态度和反思能力，实现主馆与儿童专区的深度融合（图4-2）。

图4-2　博物馆儿童专区体验架构

---

① Judy Rand. 观众权利清单在此，博物馆真的满足观众需求吗？［EB/OL］.（2019-7）［2023-1］https://mp.weixin.qq.com/s/NMAoQvgQEzD8JRnNej8hrA［J］.Curator magazine, vol.44(1) 2001.

服务设计涉及人、设施、交流以及物料等相关因素，是有计划地组织提高用户体验和服务质量的一项设计活动。当专区为儿童"量身定做"的优势和强势发挥到极致时，学习体验价值才最大化，而好的体验必然由"全"视角的服务设计支撑。服务设计的介入不仅从时间线角度延长学习周期，且多触点角度考虑学习内容，也最大角度阐释馆内所要传达的文化价值。为此，综合考虑在有限空间内呈现、组织、引导儿童完整的学习体验，可相应提出全周期、全渠道、全参与的服务设计策略，并借用常用工具分阶段、分问题进行分析。具体的工具模板和使用方法，本章节不再赘述。

一、博物馆儿童专区服务系统导向思路

（一）协同参与式教育服务

如何更好、更完整地保留在地资源的记忆，如何在展示中传播和传承地方文物的传统技艺文化，在应对儿童这类特殊群体过程中面临着诸多方面的挑战，而开辟儿童专区，需要对馆藏资源精心筛选并以儿童可接受的方式进行展示和传播。应对这些挑战的思路和途径，一方面是加强馆与学校、馆与社区、馆与家庭的协同合作与交流，以在地资源为对象，对于教育活动策划与实施，活动前馆校双方理应在活动前做调查与分析，并借用学校平台协同家长选定活动主题，活动中引导家长协助或参与活动全过程，活动后搭建沟通平台，如微信群、钉钉群等方式，辅助家长延伸拓展体验。对于儿童专区设计来说，要以有意义的方式更好地与儿童建立联系，这就需要包括儿童心理学家、教育家、博物馆研究人员、博物馆工作人员、设计人员和核心家庭在内的跨学科研究团队共同合作。

另一方面服务设计所倡导的参与式设计强调用户和各利益相关者参与设计流程的必要性，即"与儿童设计"充分协同参与过程并共同创造价值产出。这是馆方未来关注的重点方向。以澳大利亚悉尼博物馆"儿童岛"重建过程为例，邀请40名6个月到6岁的儿童运用绘画表达、建筑构建、角色扮演、自主拍摄、日记记录等咨询儿童的方式，将儿童的意愿纳入博物馆建设中[①]；同样

---

① Sue Dockett, Sarah Main, Lynda Kelly. Consulting Young Children: Experiences from a Museum [J]. Visitor Studies, 2011, 14（1）: 17-21.

瑞典流动展览馆和国立历史博物馆联合策划"时光穿梭之旅"展，让7名8到11岁"小顾问"构建展览，全过程听取孩子意见、与设计师们共同商议、测试技术设备等，增强儿童参与设计决策；大北方博物馆（the great north museum）"老鼠屋"邀请来自63个家庭团体，包括109名成人和137名5岁以下孩子探索他们如何看待和使用空间，按照他们的意愿自行选择调研工具（如图4-3、4-4），包括放大镜、探险家腕带、探险家床单等，并要求佩戴拍摄设备，其中有多种方法，Go-Pro头盔、Go-Pro背心、"护目镜"等。[①]

图4-3　儿童佩戴调研工具（1）　　　图4-4　儿童佩戴调研工具（2）

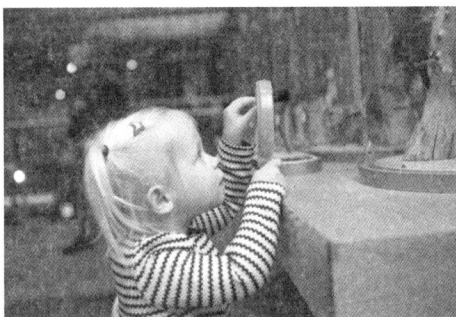

　　服务设计注重设计参与的全面性，服务本身是参与体验人的产物，只有用户参与，服务才会产生。加强观众协同参与是服务设计实现体验价值增值的机遇，同时也能达成专区运营效果长效性和观众获得良好体验的双赢效果。在参观对象参与服务设计的过程中，不论是被观察者还是直接体验者都能更准确地分析出服务流程中的不足。儿童参与是通过服务载体来实现的，从专区的运营层面来看，儿童参与的主要方式有场馆互动、教育活动和线上资源等形式，作为馆方可通过各种平台数据反馈来获得目标观众的实际需求，有针对性地设置内容来增强儿童对于专区的黏度。

（二）沉浸体验式信息服务

　　沉浸体验在积极心理学领域是指：当人们在进行活动时如果完全投入情境当中，注意力专注，并且过滤掉所有不相关的知觉，即进入沉浸状态。它是一种正向的、积极的心理体验，它会给个体参与活动时获得很大的愉悦感，从

---

① Amy Baird, Dr Bruce Davenport and Dr Kate Holden.Learning to play together in the Museum［J］. GEM Case Studies, 2020（25）：20-21.

而促使个体反复进行同样的活动而不会厌倦。由儿童专区展览和教育活动共同组成的学习体验，重要的不是提供百科全书式的知识和事实的罗列与呈现，其更多希望儿童参与、反思、提问，沉浸式达到学习体验价值最大化。这就需要"为儿童设计"的体验方式成为激发儿童好奇心、创造力等优质体验价值的重要纽带。那么如何能让儿童参与并沉浸在陌生的空间中，这就需要运用服务设计体验价值的需求层次构建符合儿童体验需求的四个层次：

（1）感官层来自生理需求，对感官的刺激使观众可以直接地沉浸在博物馆的环境中，将馆藏元素转换为儿童易于理解的五感体验元素，包括视觉、嗅觉、触觉、听觉、味觉等本体感觉，并探索与之相对应的应用方式与技术支持，以激活对展品内涵的理解。图4-5为台州博物馆"大地的情怀——文化地理学视野中的台州民俗陈列"展览，场景复原渔村的视觉形象，在展览顶部播放海浪起伏的声音以及海鸥鸣叫构成的听觉形象，特别还有自行拿取品尝的小鱼干构成渔村的味觉形象，在鱼干道具周边及展厅顶部风口处调制的气味发生器构成渔村特有的嗅觉形象，以及在渔民晾衣场景处放置鼓风机，形成海风拂面的触觉形象。通过多重感官能够感受到典型的台州海滨风貌。

图4-5　台州博物馆

从特殊群体的角度看，专门为感官功能严重障碍的或者学习困难的人提供轻松休息活动，无疑是为障碍群体给予包容性服务。莫斯科车库当代艺术博物馆（The Garage Museum of Contemporary Art）为有特殊需求的观众进入博物馆和展览空间提供"多感官"无障碍服务，所有一线员工每三个月进行一次无障碍服务培训，包括残障的不同类型、残障群体的权利，来帮助克服与残障人士互动时的社交障碍。对视障人士的博物馆服务，准备了可触摸装置，便于了解特定展品所使用的材料及其质地，且提供常规化的专业视障口述影像服务，辅以声音和气味装置，力图为视障人士完整地还原展览体验，并提供线上专业视障人士改编的艺术课程系列讲座。疫情期间还完成了"家庭日"博物馆教育项目无障碍版本开发，以及纪录片《可怜人卡巴科夫一家》口述影像；对听障人群的服务，协调手语翻译、手语调解员等利益相关者共同参与针对听障人群活动的设计策划；对精神障碍人群，编写适合心智障碍观众阅读的展览介绍和讲解文字，并单独开设晨间导览服务。

（2）行为层依据易用和内容需求，重视儿童人体工学及产生"心流"的学习沉浸，以激活行为主动与注意力调控。需要说明的是，"心流"由1975年美国心理学家米哈里·契可森米哈赖（Mihaly Csikszentmihalyi）最早提出，意将人们完全投入某项具体活动或任务时达到废寝忘食、乐在其中状态的积极心理体验概念化。心流产生取决于三个前提条件：清晰明确的目标、技能与挑战的平衡，以及准确而即时的反馈。[①]这就需要在其进入儿童专区参观前，可采用某种方式获取相关任务，目前引导儿童参与博物馆的展览与体验方法有："角色扮演""盖章卡片""任务制"等。

（3）认知层依据理解与社交需求，形成自身认知的图文，组织并搭建协作学习的"支架式教学"（scaffolding，又名"鹰架理论"）以获得与原有知识的嫁接，或受到支持来支持学习，从而加深理解，促进学习效果，尽可能采用大字、粗体、非衬线体排印。波士顿儿童博物馆就在引导观众认知方面发挥了重要作用，场馆工作人员通过精心设计的提问来延长观众的思考过程，同时促进与观众交流，将观众体验提升到更高的层次。

（4）情感层依据自我实现需求，依托情景再现与主馆关联的故事线，以推动物载信息与个人的情感连接，创造体验附加值。日本横滨历史博物馆展示神文时代日本人民的生活，在展示神文时代陶器的使用上，对不同形状的陶器对应的不同的功能，通过情景再现以及背后图片展板的展示，将其制作信息、

---

① 米哈里·契克森米哈赖. 心流：最优体验心理学［M］. 张定绮，译. 北京：中信出版社，2017.

功能信息、使用过程，以及它的关联信息展现出来，这样的呈现方式将博物馆"物"的内容展示得更加宽泛。同时横滨历史博物馆针对不同观众群体提供两套文字说明系统，针对成年观众的说明比较正式，针对儿童观众所看的说明则采用较浅显的文字。

（三）技术提升式衍生服务

在新兴技术的催生下，以人工智能技术为代表的新技术应用不仅改变了用户的信息交流习惯，培养了移动服务与交互方法，而且不断调整和改进展示与体验方式，以创新的方式提高用户参与体验的热情，同时合理利用大数据系统，其结果能更好地服务于用户参观体验过程的需求，并为博物馆的服务设计注入新的活力。这一代的孩子，被笼罩在整个"数字化"社会环境中，为此对于新技术的使用并不陌生。

（1）形成个人知识体系数据库。利用人工智能推荐算法，能为不同性别、年龄、知识背景、家庭背景、兴趣爱好、态度与动机等的用户推荐精准的文化服务或个性化参观路径，满足用户多样化需求。如：博物馆服务可依靠视听资源大数据建立用户特征参数模型，为用户推荐与其认知和兴趣相匹配的馆藏资源信息和视听服务内容，结合用户的视知觉特点呈现移动服务界面。

（2）构建新的鉴赏服务模式。在新技术支持下，博物馆提供多种互动体验为用户创设增强式和沉浸式体验服务，从而使用户置身于文化场景当中。如2020年良渚博物院对此进行了革新，改变了传统的线下自主展品展览的模式，逐步升级为线上虚拟VR交互导览，线下语音、智能AR眼镜的产品辅助导览的多元数字展览模式，成为全球首家启用AR眼镜导览的博物馆，游客们到达指定的站点，通过AR眼镜让文物"动起来"体验不一样的博物馆。相较于语音导览设备，AR眼镜更为直观与方便，不仅能够了解文物的历史信息内容，更能让五千年以前的文物存在的场景呈现在观众眼中。而对于儿童而言，这件新兴的科技产品无疑丰富了儿童的参观体验。与此同时，随着科技的发展，特别是3D打印技术的成熟，博物馆可以借助科技的力量，将更多的博物馆藏品呈现给儿童，使他们有机会利用视觉之外的其他感官来感受博物馆的魅力。

（3）实现儿童专区文化价值服务。从服务理念创新出发，博物馆可将服务设计思维作为指导思想，结合智媒服务情境和新技术应用构建服务蓝图，优化文化服务触点，提升用户体验效果。在新技术支撑下，提供契合用户需求的文化内容，适应用户体验的服务形式和超越用户预期的智慧体验，满足用户文化体验和情感需求。结合用户前台、后台和支持行为进行智慧服务蓝图设计，以符合用户习惯的体验形式呈现文化资源与服务。依托新技术应用优化博物馆文化服务触点，最终实现儿童专区文化价值服务。

图4-6～4-8中国大运河博物馆青少年互动体验展"大明都水监之运河迷踪"，对象为面向10～15岁青少年群体。结合大运河线性、多元、活态的特征，将游戏型教育模式融入和贯穿教育空间、活动的设计与开展，采用"密室逃脱"形式，设置角色扮演型的互动游戏，借由可视化技术与沉浸式交互体验等媒介主导，以"寓教于乐"的方式提高青少年对大运河的认知立体化多方位拓展、探索和实现博物馆公众教育功能。第一部分"时空中的大运河"，根据推理结果操作立体沙盘，运用AR投影河流的流通效果；第二部分"舟楫往来看门道"，通过自主学习图版内容收集信息点并逻辑推演，获得操作提示和后续指引，操作成功后可触发NPC（non-player character，非玩家角色）互动视频，获得下一步引导；第三部分"烟花三月下扬州"，以360°环屏为主题，采用二次元与古风结合的风格，在数字化的呈现方式上增强青少年观众的体验感；第四部分"无处不运河"，通过观看以含嘉仓为代表的仓储建造过程和仓储结构的示意视频获得相关信息，其公众号也采用游戏角色设计形式为用户创设了游戏式互动体验。整个展览无不体现出信息技术革新所带来的新的服务模式，包括以游戏在内的信息技术业正在高效推动和改变整个博物馆界教育的发展战略、学术成果和体现形式。[①]

图4-6　大运河虚拟展厅（1）　图4-7　大运河虚拟展厅（2）　图4-8　大运河虚拟展厅（3）

---

① 郑晶.游戏型教育模式构建在博物馆中的应用探索——以青少年互动体验展"大明都水监之运河迷踪"为例[J].东南文化，2021（03）：161-166.

（四）系统思维式周期服务

系统思维是一门注重审视构成复杂情境之"结构"的综合全局学科，用于审视各要素之间的内在联系而非具体事物的框架。系统思维方法要素有两个，其一将所需系统、结构和完整的交互实践视作一种周期循环式的解决方案，即当以展览作为对象，在其开发与实施过程中的任何现象或个体都不能孤立地加以考虑，而应联系这种现象或个人与其他现象或个人的关系进行综合考量。其二具有多重性特征，将博物馆内部系统与外部系统统筹到整个运营模式中，强调以观众为中心的释展规划。而衡量儿童专区吸引用户忠诚度的重要指标，表现为用户回访率、吸引度和持久度。这就需要儿童专区在设立初期就形成周期性思维，强调服务生成全过程关联与协调。而服务设计作为一个为主体、客体和场域建立连接的枢纽，起着统筹兼顾多方利益诉求，协调三者关系的纽带作用。

首先，从"全局"视角搭建目标观众与博物馆黏度，服务设计方法能从系统层面企划和开发服务领域中所有物质和非物质要素[①]及作为服务设计可视化载体的展示空间，将服务中的关键要素紧扣"寓教于乐"，通过人物角色全面地反映出"主体"行为模式、体验感受与情绪起伏等服务设计的重心，构建精准且个性化的推荐服务。其次，学习黏度产生具有强弱递进层级性，服务设计对儿童专区进行"全过程"参观节奏控制与管理，运用动机矩阵帮助理解系统中"主体"之间的联系，从而建立"主体"与"客体"间高品质互动，把握参观动线服务逻辑关系，帮助形成博物馆儿童学习指南，渐进式构建儿童对博物馆的归属感。最后，学习黏度维护要考虑"全周期"服务升级与迭代，洞察视角从关注"主体"体验延伸到整个旅程体验，推动"主体、客体、场域"的文化关联与共生效应，重构现有服务系统，并发展创新服务，利用移动互联网及数字化媒体技术，构建学习社群，建立学习共同体、馆校、馆区合作等馆外教育服务，定期进行参与、效果与接受度评估，形成具有专区特有的品牌形象，强化可持续终身学习愿景。

"台北故宫博物院""儿童学艺中心"是为儿童打造的专属空间，从1.0

---

① 罗仕鉴,胡一.服务设计驱动下的模式创新[J].包装工程,2015,36(12):1-4,28.

版（图4-9～4-10）到2.0版（图4-11～4-12）升级很好地诠释了维护学习体验黏度的全周期思路。1.0版聚焦5～12岁儿童，以"故事脉络"延续主馆最具代表性馆藏，从儿童视角组织展览节奏、结构和内容，展示区内如"皇帝也是文具迷""大臣的联络簿"等以情景再现拉近文物与儿童间距离。考虑到儿童个体认知差异，避免"蜻蜓点水"，备有参观引导手册，包括参观建议、学习单和网站学习资料等信息，保证线上线下资源共享，为儿童提供志愿者讲解、亲子导览等特有活动。为与时俱进地呈现馆内文化资源，"学艺中心"于2020年重建2.0版，适合全龄人群运用多项数位科技互动装置，包括语言、音乐、图形、互动游戏、动画以及越来越多内容选项，将整体空间打造成沉浸式奇幻剧场，含亲子友善学习空间及服务设施、运用故宫文物及展览素材，每年规划主题课程，定期设计深入浅出的文物解析，搭配艺术创意课程及文化展演活动、线上学习资源等，为儿童及家庭观众提供全周期、全方位、多角度良性循环的展示教育服务，实现儿童专区较高的学习体验黏度。

图4-9　"儿童学艺中心"1.0版（1）　　图4-10　"儿童学艺中心"1.0版（2）

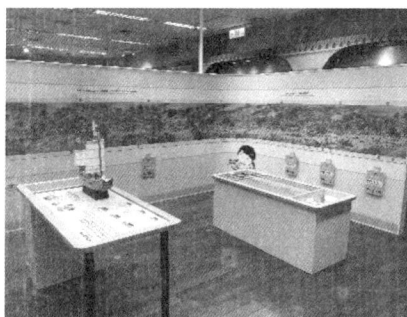

图4-11　"儿童学艺中心"2.0版（1）　　图4-12　"儿童学艺中心"2.0版（2）

二、博物馆儿童专区服务模式

（一）深化认知：共建共享文博资源服务平台

科技与互联网飞速发展给博物馆领域搭建了一条未来之路。博物馆与新技术不断融合，推动软硬件设施升级，深挖文物的多元价值，实现对博物馆多样性更深入、更广泛、更持久的传播。已成熟的虚拟现实、增强现实、图像识别、语音识别和自动翻译等新技术的应用为用户创设了新的体验情境，提高了展览吸引力，同时以微信、抖音为代表的移动应用程序（APP）的平台推广，增强了博物馆的传播度，进一步吸引公众对文物和历史的学习兴趣。随着数字化技术优势的凸显，博物馆共建共享文博资源服务平台，成为延展文化生命力的重要载体，并将文化资源拓展到更多的时空领域。图4-13 ~ 4-14为IF2021服务设计大奖作品"Mobile Museum of National Palace Museum"。为促进美育教育，培养下一代对艺术和文化的欣赏，并通过博物馆资源鼓励自主学习，故宫博物院与Bright Ideas合作开发基于博物馆藏品的教育计划。设计了移动教学工具包，以便即使是偏远的农村学校学生也了解博物馆的藏品。

图4-13 北京故宫博物院（1）　　　　图4-14 北京故宫博物院（2）

在展陈形式、文物利用等方面不断推陈出新，运用数字技术，创新线上展览，也成为众多文博机构共同的选择。博物馆线上资源为观众提供多场"云展览""虚拟展厅"，跨越博物馆的围墙，带领市民开启精彩的"云文化"模式，图像和实物相呼应，将展品既"走"出来，又"活"起来。图4-15深圳博物馆虚拟展厅，将不同展项进行之展览。图4-16为深圳博物馆官网的社教板块中"征程——从鱼到人的生命之旅"展览，共十集科普教育视频，讲解从古生物学通识到脊椎动物演化大事件，借由考古人员卡通形象，以儿童的语言表

达，结合馆内展品、馆外考古，进行深化认知的讲解，搭建线上学习、线下观察的学习方式。技术的进步，不是简单地将线下实体展览搬到"云"上展示，而是真正利用云资源创新展览，打通云策展、云观展、云分享、云传播等各个展览环节，对博物馆行业内的资源进行最大限度整合。

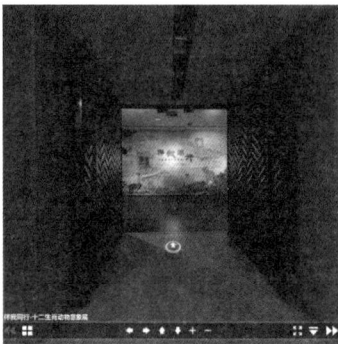

图4-15　深圳博物馆（1）　　　　　图4-16　深圳博物馆（2）

（二）由表及里："量身定做"多视角服务框架

在展教结合的新形势下，搭建以儿童为中心的探索阶段、参观阶段、拓展阶段、回顾阶段的全周期的服务框架。儿童作为服务的中心，受到来自各个利益相关者的影响。儿童与家长、伙伴有着密切的社交关系，能够对儿童在馆内的学习与交流产生直接的影响；讲解员与其他相关工作人员提供维护秩序、布置展览、辅助指导参观等工作；学校、社区等为儿童提供博物馆之外的学习服务。将儿童置于不同的环境中，研究如何在多视角、多触点的情况下进行转换并相互作用，形成参与性的、高质量的服务框架。海因在评估一个艺术博物馆向学校延伸的社会服务活动中发现，①在活动中高年级中学的学生会向低年级学生进行艺术介绍，但当活动终止就没有后续的延展，为此他认为整个博物馆应指定统一而持续的教育政策，进行整体思考。

从单触点到多触点，香港故宫博物馆在多个展厅内设置不同的多媒体装置，为小朋友带来多元化学习体验。展厅1巨型紫禁城地图动画，以生动有趣的动画演绎紫禁城600多年的历史变迁，将传统美学与现代视觉语言融合演

---

① George E.Hein.Learning in the Musenm［M］.New York:Routledge, 1998.

绎，让人身临其境感受中国建筑的艺术魅力；展厅2"零距离"的交互式体验，拿起毛笔在屏幕上临摹皇帝笔记，可下载至手机，作为留念或分享至社交平台；展厅3"凝土为器——故宫博物院珍藏搪瓷"，小朋友与父母共同触控屏幕设计心仪的瓷器形状、釉色及纹饰；展厅4"清宫照相馆"，选择不同类型的宫廷人物肖像画，穿越到清朝宫廷世家，留相纪念。展外配合举办以中华文化和历史为主题的电影放映活动、专家讲座系列活动。

从观察者到体验者，用户对体验是有预期的，尤其是儿童，为了便于他们在现有知识经验基础上的理解，需要博物馆提供体验质量和价值都超出日常生活的体验。波士顿"宪法号"巡洋舰博物馆（USS Constitution Museum）是一座介绍宪法号护卫舰的博物馆，位于美国马萨诸塞州查尔斯顿。孩子们可参观军舰以及探索海上生活和海洋历史的博物馆展品，船的甲板上放有"跪下来擦洗"命令的展品标签，青少年参与体验19世纪真实水手生活——跪在甲板上擦地板（如图4-17），通过此种方式青少年对生活在"宪法号"巡洋舰上的水手们的困难之处有了深刻认知，并对当时社会和军事历史有了更好的理解，通过此种方式获得的认知远比浏览博物馆的展览资料让人印象深刻。

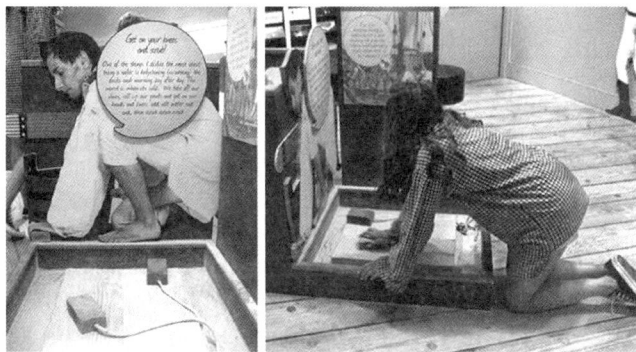

图4-17　"宪法号"巡洋舰博物馆

德国柏林自然博物馆以新的方式迎接观众，他们与市政和铁路运营公司联合，将距博物馆最近的地铁站打造成新的博物馆"入口"，并将站点命名为博物馆馆名，站点内也围绕博物馆的氛围布置，这种方式很好地将博物馆从内部"搬到"外部，扩大了影响力。从内部空间到外部环境，博物馆通过展览和创新自然教育的形式为儿童提供必要的绿地空间和自然体验，以此改善周边的社区环境，解决此类社会需求。

（三）协作反馈：家庭共创服务模式

为儿童的协作学习提供脚手架来帮助儿童穿越"最近发展区"。家长作为最了解自己孩子发展水平的人，可以为儿童创造舒服的环境，安排合适的任务，以使儿童进行调查和深入研究，和他们一起解决问题，另一方面，家长的学习方式、解决问题的策略等都能够为儿童带来"示范"作用。在美国心理学家尤里·布朗芬布伦纳（Urie Brofenbrenner）提出的生态系统理论中，儿童处于系统中心，家长、学校、博物馆、社区等外部环境因素互相作用，深刻地影响着儿童的成长与发展。因此，博物馆儿童专区的观众不应只是孩子，家长也应是博物馆重要的服务对象，家长对博物馆理念的理解和认同在很大程度上会影响儿童观众在博物馆中的体验，家庭共创的服务模式将支持家长和孩子在博物馆中有效学习和探索。为此，博物馆方必须做出大量的工作，同时意识到家庭共同参与的重要性。

国内外的博物馆开展了大量的研究和实践，通过发放家庭参观指南、组织家长工作坊、提供家庭教育资源等形式提升家长在博物馆中的参与度，促进亲子间的学习和交流。例如，芝加哥科尔儿童博物馆（Kohl Children's Museum of Greater Chicago）为家长提供了参观指南（家长可在场馆网站找到这份指南的电子版，也可以在博物馆入口处获取它的纸质版）。该指南介绍了馆内每一个重点展项以及孩子能从中学到什么，以帮助家长了解展项背后的设计理念。波士顿儿童博物馆（Boston Children's Museum）会定期开展家庭STEAM学习工作坊，邀请家长和孩子一同参与STEAM探索活动。该馆通过让家长亲自"动手做"来普及STEAM教育理念，促进家长和孩子之间的代际交流。明尼苏达儿童博物馆（Minnesota Children's Museum）的网站上专门设置"家长资源"栏目，通过小视频的形式为家长提供和孩子在家玩的活动建议，同时这些活动也是馆内展项和教育活动的延伸。同样地，国内的博物馆也积极进行家庭教育方面的尝试，提升馆内亲子互动的质量和水平。上海自然博物馆没有特意形成儿童专区，但围绕儿童访客有针对性地设置整个馆的参观内容。推出了"野孩子/YEAH KIDS"主题参观路线（图4-18~4-19），在孩子参观之前为家长奉上温馨提示，包含探究课程、主题参观路线、酷玩学习单、表演秀、亲子互动展览、家长项目六大板块。在参观过程中通过探究路线、标本故事、互动讨论等环节引导亲子互动，并在参观后提供闪卡制作、亲子共读、线描画等创意任务，获得了低龄家庭的青睐。

图4-18　野孩子教育手册（1） 　　　图4-19　野孩子教育手册（2）

总的来说，青少年教育理应成为博物馆教育的重点，中小学生既是利益相关者，又是最大受益者，而场馆完全有潜能成为其成长伙伴。

（四）情感共鸣：优化体验触点，拔高体验峰值

服务设计的核心是对接触点的设计，将接触点中的痛点以优秀的服务设计转化为用户的满意点、感动点、愉悦点，为了提升服务体验在用户与服务系统之间如何挖掘出不同类型的接触点，并将这些接触点进行有效的融合，成为当下服务设计研究的重点。整体的服务系统是点—线—面的关系，为此每个触点，无论处于什么类型，都不是孤立存在的，它和服务系统中其他的接触点之间有着直接或间接的联系。而触点的"峰值感受"又决定了用户能否再次回访及对博物馆直接体验评价，因此构筑观众对于博物馆的归属感需拔高触点的体验与黏度，建立完整的终点体验，通过用户旅程地图设计者寻找到了解决低谷的痛点、提升高峰的爽点的方法，这符合峰终定律"峰"的部分，峰值定律是设计者为整个体验流程设计的一个完美的终点，也是项目可以发展的关键部分。

近年来，峰终定律在儿童教育领域的应用已成为热点，尤其针对博物馆等非教育机构，需注重儿童在参观前、中、后学习体验的过程性和整体性，为儿童提供多元的体验渠道。体验关键点即体验的高峰点和终点，是整个体验过程中用户记忆最深刻的节点。但整个参观过程需要经过一个相当长的时间，为此难免会出现负峰值，也就是过量的信息会使儿童丧失参观兴趣，最终产生负面情绪。为了减少或避免发生此类问题，可重新优化体验触点。首先学习体验触点发生的所有环节，不能集中于"观中"，而忽略"观前"与"观后"所有可能触点。其次观前触点起到学习引导、准备等作用，主馆作为专区重要的过渡区，是驱动学习主动的关键时刻，观后存在博物馆体验的记忆，帮助儿童回忆更多，可拔高观后体验峰值，采用恰当的匹配任务难易度的奖励方式或者制造仪式感。最典型的仪式感案例——迪士尼游乐园（见图4-20），当游玩一天拖着疲惫的身体的游客即将离园时，绚丽的烟花、华美的投影和欢快的音乐，将欢乐氛围推至高潮。作为博物馆为儿童馆参观行为制作特殊的仪式感，能激发儿童再回馆探索的欲望，增强儿童参观博物馆的积极性。再者，为了确保触点的有效度，可构建主馆与专区学习体验服务蓝图，确保服务系统要素中的时间顺序、行为流程、逻辑关系可视化，及整体流程前中后台的所有传递信息均具有可及性、易读性、可供性，协调整个系统的规划与发展，实现用户需求与服务系统的匹配，形成体验连贯的学习生态链。

图4-20 迪士尼乐园

（五）参与维度：博物馆与社区、学校的链接

AAM发布了最新的Trends Watch 2022，主题为"作为社区基础设施的博物馆"，指出博物馆是至关重要的公共基础设施，因为它对社区力量和恢复力做出了重要贡献。博物馆本身是文化生态系统，是根植于社会空间的更广泛文

化生态系统的一部分。借助服务设计实施流程，我们可采用具体方法与策略，将博物馆文化生态系统嵌入社区、学校甚至城市更广泛的社会经济环境中，促进博物馆绘制新愿景，并将此愿景用作创造超越博物馆传统使命的保存传统价值、传承文化价值、促进社会包容、发展教育价值的平台。这种平台可被视为以文化为基础的全新实验与社会创新形式的起点。社区也是如此，为此将博物馆与当地学校、社区相联系是寻求博物馆与当地协同发展的自然结果。

纵观目前，全国上下都如火如荼地开展着馆校合作多种服务模式。与当地学校建立密切联系是博物馆工作中的一个重要组成部分，2019年国家文物局启动首批博物馆进校园示范项目，选取京津冀、陕西、重庆三个地区作为第一批博物馆进校园试点，开展了卓有成效的实践探索。中国丝绸博物馆承担了丝路文化进校园示范项目，利用学校课程的"结构化"模式来重组博物馆较为零散的学习资源，让学生能够更加系统地学习文博知识，避免了"走马观花"的学习方式和"过目即忘"的学习效果。陕西历史博物馆依托博物馆藏品资源，打造了多个系列青少年博物馆原创教育课程，如"周、秦、汉、唐""陕历博星课堂""藏在博物馆里的古代发明""丝绸之路架起沟通的桥梁"系列课程等。首都师范大学附属中学将开设的"博识"课程纳入学校课程系统，"走出去"与"请进来"相结合，每周安排半天让学生走进各类场馆，涉及参观访问、专家讲座、交流探讨、实践操作、课后展示等环节。"自然博物馆学校"是上海自然博物馆与上海市各区各学校深化馆校合作的产物，旨在依托此形式与学校建立更系统化、长效性、可评估、可复制的紧密合作关系。"自然博物馆学校"作为自然博物馆与学校共同协作运行的模式，将博物馆教育与学校教育有机融合，在正规教育环境下，引入体验性、主动性、参与性和基于实物等为特色的博物馆式学习方式。同时，其基于自然科学博物馆展览内容的跨学科、探究型教学内容也是对我国"生态文明建设"大背景下进一步落实《上海教育现代化2035》有关"生态文明教育"内容，以及上海市委、市政府《关于加快推进上海市生态文明建设实施方案》的有力推动。

多方参与也是当下馆校合作的一种新样貌。如丝路文化进校园示范项目以丝路文化为项目核心，联合陕西历史博物馆、甘肃省博物馆、新疆维吾尔自治区博物馆、内蒙古博物院、中国港口博物馆、贵州省博物馆6家博物馆，分别代表丝路起点、沙漠绿洲丝路、草原丝路、海上丝路以及西南丝路，通过多馆联合，共同开发，成果共享，以期实现资源优化配置。

不仅如此，博物馆与图书馆也通过此方式建立起必然联系。沈阳新乐遗址博物馆、沈阳市图书馆联合打造了新乐书房。博物馆和图书馆是一个城市最重要的文化场所，新乐书房建在博物馆里，能够为更多人提供多样性的公众文化服务，吸引人们走进博物馆和图书馆。同时，公众在参观博物馆时遇到不解的问题，也可以到书房内寻找答案。未来，沈阳新乐遗址博物馆与沈阳市图书馆还将在更多领域展开合作，将数字电子图书引入新乐书房等。

此外，博物馆与医院也建立了非常密切的合作关系。以游戏为基础的探索性活动，吸引着儿童参与，分散他们的负面注意力，为焦虑和恐惧提供一个出口。刘清清博士整理了相关的案例，有博物馆与医院合作的特殊展览，如图4-21WOW！儿童博物馆（WOW! Children's Museum）和与科罗拉多州儿童医院合作推出的"儿童诊所"展览，如图4-22为安娜堡动手博物馆与密歇根州CS Mott儿童医院合作项目"通过实践科学治愈"；博物馆策划与医学相关的特展和活动，如芝加哥菲尔德博物馆、芝加哥大学科默儿童医院与WeGo基金会合作推出虚拟之旅，英国谢菲尔德博物馆群与谢菲尔德儿童医院艺术项目合作推出"迷你博物馆"；以及博物馆与医院开展外展项目，如马里兰大学儿童医院与探索港儿童博物馆合作推出"新生儿重症监护室婴儿阅读计划"，曼哈顿儿童博物馆和纪念斯隆凯特琳癌症中心的儿童病房合作。

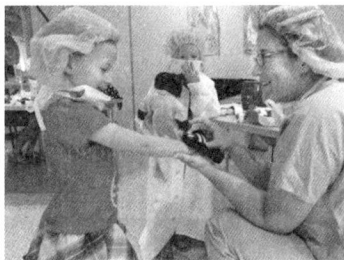

图4-21　WOW！儿童博物馆　　　图4-22　安娜堡动手博物馆

（六）品牌构建：构建全方位品牌形象

目前大部分博物馆的视觉形象设计相对较弱，部分博物馆单纯只有标志，没有特别系统、完整的视觉形象，而视觉形象设计又具有最广泛、最直接、最具有传播力的特点，博物馆视觉形象的建立与完善，在文化的传播与传承方面将会有新的突破。儿童作为博物馆的参观者，作为文化传承的对象，博物馆在视觉形象设计中要考虑儿童因素，将博物馆元素进行转化、演变，从儿童的视角来解释文化内容，使儿童更好地理解与接受文化。

　　品牌成为影响我们选择商品和服务的重要因素。品牌通过品牌识别系统与独特的消费体验让企业建立起无形的品牌资产，使企业具备强大的影响力。优秀的品牌形象配合其传播策略可以让消费群体快速形成广泛的认知，并且可以通过建立品牌价值认同，形成对某一品牌爱屋及乌的信任。博物馆虽不像商业产品，但品牌视觉形象同样关乎博物馆的影响力，并有力推动博物馆视觉传播。品牌符号可以是任何可以传达品牌记忆点的符号：标志、色彩、口号、吉祥物、产品，甚至是一段旋律、一种香味、一种触觉等。品牌符号是围绕品牌触点展开的由多个维度向用户渗透的、高度统一的传播系统。纵观各大国内外博物馆，都有对应的品牌形象建设，且品牌的视觉形象会随着市场的推广进行更新。普罗维登斯儿童博物馆（Providence Children's Museum）始建于1970年代中期，是一座面向1至11岁儿童的博物馆，品牌标志旧版采用建筑外立墙面的"龙"形，重新设计后的LOGO（图4-23 ~ 4-24），形象地展示了亲子互动的美好时刻，然后将博物馆的首字母PCM以卡通人物、建筑、植物等各种元素所代替，创造出18种独特的组合图形。多样化的新LOGO充分反映PCM博物馆的使命是通过游戏、创造力和探索来激发所有人的终身学习能力。

图4-23　普罗维登斯儿童博物馆（1）　　　图4-24　普罗维登斯儿童博物馆（2）

　　纽约大都会艺术博物馆（Metropolitan Museum of Art）的旧LOGO诞生于1971年，是一个黑色双层LOGO，呈字母"M"状。它的设计原则是意大利数学家卢卡·帕乔利（Luca Pacioli）与达·芬奇（Leonardo da Vinci）合作的木刻作品。新LOGO一改过去黑色、复杂的图案，换成鲜红色的字母组合，活力且亲和（见图4-25）。

图4-25　纽约大都会艺术博物馆新旧标志

对于整个服务系统的考虑，博物馆品牌形象能有效提升传播效果和效率，也有助于缩短博物馆与大众之间的距离感。若要实现博物馆品牌形象提升，应融入创新概念的设计，使博物馆使命、文化元素等视觉化且整个视觉系统统一。图4-26～4-29为Thinker儿童博物馆，位于美国得克萨斯州奥斯汀，博物馆主要是为儿童们提供一个可以激发想象力和创造力的场所，孩子们可以在这里尽情玩耍。博物馆分为三大主题：第一，不同种族的人怎么生活；第二，人体；第三，科技今昔。由于整座博物馆看上去像是一座儿童乐园，所以在规划设计导视标识系统的时候，既考虑了博物馆的文化属性和特点，又兼顾了儿童特性和识别能力，在充分论证的基础上，设计出这套适合不同年龄段儿童、极富创意与适应性的视觉环境导视系统。

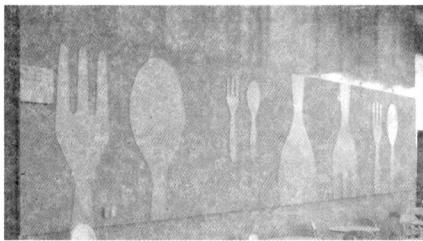

图4-26　Thinker儿童博物馆（1）

图4-27　Thinker儿童博物馆（2）

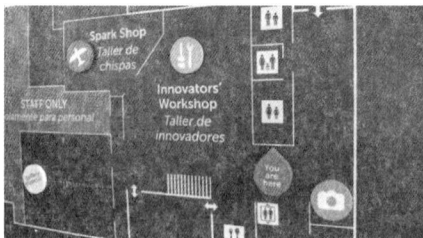

图4-28　Thinker儿童博物馆（3）

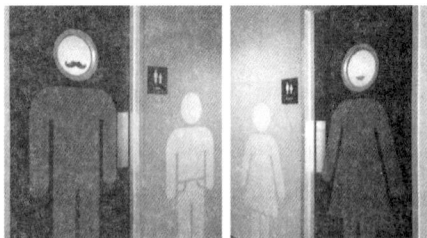

图4-29　Thinker儿童博物馆（4）

图4-30～4-31萨克雷医学博物馆（Thackray Museum of Medicine），位于英国利兹，坐落在一座拥有160年历史的受保护建筑内。1902年，查尔斯·萨克雷（Charles Thackray）开设了一家小型家庭药店。在不到一个世纪的时间里，这家街角小店发展成为英国主要的医疗公司之一。1980年代，查尔斯·萨克雷（Charles Thackray）的孙子保罗·萨克雷（Paul Thackray）建立了一个小型收藏展馆，并逐步发展成为现在的萨克雷医学博物馆。通过玩耍、创造力、谈话、体验、社交活动和正规教育，TMM既是向健康英雄致敬的地方，也是激励下一代大思想家的地方。设计师创作了一组插图，以一系列明亮的颜色描绘了身体的部位、细菌以及医疗机械。这些图形最初被放在T字形中，设计出博物馆的全新LOGO。五岁以下儿童可以在医疗中心采用角色扮演方式，探索视觉、触觉、味觉、听觉和嗅觉。

图4-30　萨克雷医学博物馆品牌形象（1）

图4-31　萨克雷医学博物馆品牌形象（2）

图4-32～4-33为中国国际设计博物馆的LOGO，利用三角形穿插转折，将"CHINA DESIGN MUSEUM"从二维平面转化为三维立体的视觉错位，令博物馆视觉形象与建筑形态吻合。LOGO内容是建筑和藏品的结合，字体选择包豪斯体为基础字体，导视字体采用Sansserif字体设计，以冷静、明快、几何化的等线性表现笔画。中文字体采用笔画等线、切脚、几何化曲线等特征以与西文匹配，字面宽度则取自字母"N"的字宽，进行等幅设计。图形设计与中西文风格相同，以几何线形统一呈现，与中西字体形成统一的造型语言系统。

图4-32　中国国际设计博物馆品牌形象（1）　图4-33　中国国际设计博物馆品牌形象（2）

　　吉祥物也是一种品牌视觉符号，被赋予不同的寓意，从而向受众传达某种信息。且它拟人化的形象，尤其是丰富的肢体形象、多彩的性格特征、生动的面部表情、趣味的服饰、明亮的色彩搭配，具有亲和力，易于被记住。且将其转化为系列衍生品设计，具有一定的宣传价值和商业价值。许多儿童博物馆都有自己的吉祥物，它们代表着博物馆的使命、历史和趣味性。世界上第一个儿童博物馆布鲁克林儿童博物馆（BCM）的吉祥物是长着螺旋桨喙和花冠的一只友好的绿色"机器鸡"（如图4-34所示），最初由西摩·切瓦斯特（Seymour Chwast）于1977年创作宣传海报时诞生，异想天开的插图演变成博物馆的标志，自1980年代以来出现在其信头和其他材料上。2022年2月25日，BCM的最新迭代设计方案出现在全球知名设计公司Pentagram的网页上，而该团队的合伙人之一也恰好是绿色"机器鸡"（如图4-35）原创作者的妻子——宝拉·雪儿（Paula Scher，美国资深平面设计师）。并对此角色增加动画效果，使其变得生动赋有生命力，灵活地适用于各种场合。

图4-34　1977年BCM设计的绿色"机器鸡"

图4-35　2022年BCM升级后的品牌形象

图4-36　不同颜色的"绿鸡"

　　而随着这只"绿鸡"不同颜色的朋友加入，更增加了趣味性和社交性，被用作BCM各种计划和倡议的子品牌与活动运用，并定制了各种徽章（见图4-36）。同时将吉祥物家族运用于网站（见图4-37～4-38）、APP（见图4-39）、户外广告牌（见图4-40）等活动形象中，提升公众对博物馆品牌的印象。

图4-37　品牌形象活动运用（1）

图4-38　品牌形象活动运用（2）

图4-39　品牌形象活动运用（3）

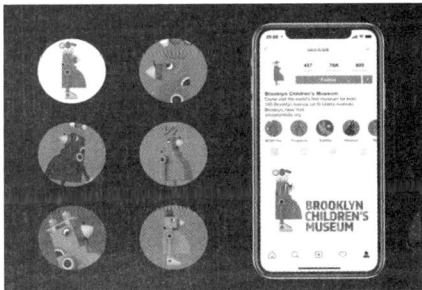

图4-40　品牌形象活动运用（4）

"大都会的非官方吉祥物"河马威廉（William），吉祥物原型来自大都会博物馆收藏的这只小蓝河马（见图4-41），诞生于古埃及的中王国时期（Middle Kingdom），具体可以追溯到公元前约1961年至公元前1878年间，它是用一种由石英粉构成的陶瓷材料制作而成的。表面是一层蓝绿色的釉，它身上的黑色线描绘了荷叶和含苞待放的荷花，暗示着它所生活的环境。它的现代昵称"威廉"最早出现在1931年英国幽默杂志《笨拙》（Punch）上的一篇故事里，故事讲述的是有一家人把大都会博物馆彩印的河马版画当成了神谕（杂志里称这只河马为"威廉"）。现今，威廉的形象不仅被做成了玩偶、摆件，还出现在大都会博物馆纪念品店的角角落落——如钥匙扣和T恤上（图4-41～4-42），还出现在不同语言的大都会指南上。

图4-41 "河马威廉"　　　　图4-42 "河马威廉"文创产品

三、博物馆儿童专区服务设计导向对策

（一）服务载体细化儿童专区服务颗粒度

服务设计的载体（media，为medium之复数名词）即承载着服务系统内的"事""物"或"空间"，根据实现服务的具体需要，将服务可视化为事件物品、某个空间或某个活动，并分布在整个服务流程的各处。随着社会经济的发展与科技的进步，服务载体的种类和数量日益多元、推陈出新，为之满足用户对讯息接受之感官需求，更为满足用户对各种载体之有效运用、处理与储存的需求。从宏观角度上看，博物馆作为家庭教育、学校教育以外的社会教育组成部分之一，是儿童学习成长以及儿童美育的主要载体和重要场所，从微观角度考虑，博物馆内部承载着服务要素的"人—事—物"的流动系统。根据实现服务的具体需求，服务载体会是具体的某个空间、某件展品、某场活动、某个人

甚至某张宣传海报等。

1.博物馆儿童专区接触点

"接触点通常会以时间顺序反映在用户使用某种服务或某个服务系统的过程之中。"①服务设计的核心是对触点的设计，"触点"的概念早先来源于营销学领域，它是服务提供者与服务接受者之间发生交互关系的节点，并分布在整个服务流程中的每一阶段。可以是有形的，也可以是无形的。接触点的沟通向度也是多类型的，包括单项静态接触点、双向交流接触点及多项互动接触点。服务触点是影响服务质量的关键环节，也是衡量用户行为过程与体验黏着度指标的关键点。为了提升服务体验，在用户与服务系统之间如何挖掘出不同类型的触点，将触点中的痛点以服务设计转化为用户的满意点、感动点、愉悦点，并使这些触点进行有效的融合，成为当下服务设计研究的重点。

博物馆在"以观众为中心"的路径转向下，一方面将使令人生畏的博物馆环境或文化变得更加舒适与自在；另一方面旨在将深奥的、专业的、晦涩的、隐藏的知识变得易于理解、可以接受。按照参观的时间线，用户的触点贯穿于整个参观前、中、后的全流程，每个接触点通过不同的渠道（媒介）表现出来并连接，构成完整的生态系统。儿童专区是传统博物馆内独立开辟出来的，并不是孤立存在的，为此要整体考虑"馆中之馆"。儿童学习体验由贯穿于整个参观前、中、后的全流程所提供的各项服务触点链接而成，每个触点通过不同的媒介表现出来，构成完整的学习生态系统。触点是衡量用户行为过程与体验满意度指标的关键点，符合学习体验强调学习过程与结果的体验。按照参观的时间线细化参观流程服务触点及其接触频次，以及不同触点影响用户体验的相关因素（包括用户行为、用户思考或感受等），能精准发现整个流程中体验情绪的波动值以及存在的痛点与机会点。

根据博物馆的服务场景，体验触点分布在三个阶段（如图4-43）：

（1）物理接触点：在物理提供者与顾客之间，客观存在的有形的物质上的接触点，比如以博物馆为例，所涉及的产品、设备、空间环境等。可以更细化到门票、藏品、展览空间、导览系统、基础设施等。

① 陈嘉嘉.服务设计—界定、语言、工具[M].南京：江苏凤凰美术出版社，2016：133.

（2）数字接触点：一般指用户通过使用数字媒体，比如：电脑屏幕、智能手机、移动终端、平板电脑、虚拟平台、互动装置等这种数字媒介过程中接触到的接触点，这些多体现于偏交互设计。如数字触点的普及，帮助游客老街寻路和定向，议程设置和主要功能等介绍。

（3）人际接触点：强调人与人直接的交互过程中的接触点，一般存在于用户与服务系统中各环节的服务工作人员之间的接触。在博物馆环境中，包括陪同人员（父母、老师、同学等）、讲解员、售票员和其他观者等。

图4-43　博物馆服务接触点

如果以某一局部为例，同样能找寻到多种触点。自助取号机进行的交互属于数字接触点；自助取号机本身以及取号机空间位置、布置、空间装饰等等都属于物理接触点；我们进入空间的时候，椅子及周边环境也属于物理接触点；我们与柜台业务人员之间的交流属于人际接触点。且在服务的某个阶段，通常不止一种形式的接触点，而每个接触点，无论什么类型，它们都不是孤立、独立存在的，它和服务系统中其他接触点之间有着直接的或间接的系统关联。服务设计需要聚焦于整个服务体系，并且要熟知每一个接触点在整个系统中的位置、环境以及它发生的功效等等。

这些不同类型触点在一定服务情境下可相互转化，成为融合接触点，如互动平台本身属于物理接触点，但在实际操作中需要数字平台加以支撑。除此之外，软环境更会影响用户的参与情绪，包括信息提供是否及时、参观线路是否流畅、是否调动观者情绪等。而触点的"峰值感受"又决定了用户能否再次回访及对博物馆直接体验评价，因此构筑观众对于博物馆的归属感需拔高触点的体验与黏度。适合的触点，能成功地满足用户的需求与期望，进而提高用户的获取率满足度以及忠诚度。

2. 服务颗粒度

"颗粒度"原先为胶片成像术语，指感光底片经曝光洗印以后，形成影像的银粒粗细程度。感光度相同的底片，颗粒度越细，图像的清晰度就越高。而近年来，"颗粒度"一词被广泛应用到社会生活多个领域。具体到实际工作中，"颗粒度"越粗，表明任务执行方案越笼统，越不利于工作推进；"颗粒度"越细，表明细节越详尽，越有助于问题解决。参观博物馆都会去洗手间，厕所门上位置贴付带有相关副本的标签，是个不错的宣传举动，也是服务颗粒度延伸的一种体现。为此，我们需要细化服务载体来延长服务颗粒度，以期达到持久的服务黏度。

图4-44～4-46为苏格兰国立博物馆官网提供通卡（Communication cards）、感官地图（Sensory Map）、视觉故事（主入口）（Visual Story）、视觉故事（塔楼入口）（Visual Story）信息来细化入口处的服务颗粒度。通信卡主要围绕博物馆最受欢迎的一些物品所制作，这些信息包括它们的位置信息；感官地图，展示博物馆不同部分的所有不同感官体验，地图能第一时间帮助观众找到最适合自己体验的地方，并在抵达时与工作人员联系，确保设施开放或关闭状态，"视觉故事"展示了博物馆的部分服务关键点图片以及参观时的预期信息，包括关于冠状疾病预防措施信息，如任何12岁以上儿童如果不能获得豁免，都需要在博物馆里戴口罩；同时提供塔楼入口信息，用于正门繁忙时作为入口，避免了上楼或使用电梯进入博物馆主体部分的需要。

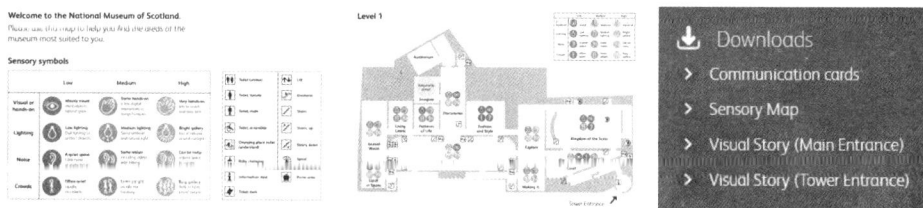

图4-44　苏格兰国立博物馆（1）图4-45　苏格兰国立博物馆（2）图4-46　苏格兰国立博物馆（3）

对于博物馆儿童专区参观全流程，观展前阶段，由于先前经验、兴趣和既有知识在博物馆体验中起到的重要作用，以"主体"学习动机和需求展开，可预先提取主馆具有代表性的馆藏物件信息，将其背景与生活、兴趣的相关性图片、资料、音频等进行"教育前置"来弥补观展前的"缺口"，如利用"儿童乐于接受的新媒体传播方式"（故宫青少网站、"你好呀故宫""出发啦敦煌"等音频课程）、博物馆元素融入儿童绘本①，在认知层面提前感受主要展品艺术、历史和文化内涵，促进参观中的体验感受；观展中是驱动学习的关键时刻，深化馆藏知识可视化与显性化，"盘活"文化资源，全方位激活"客体""场域"所涉及物理触点、数字触点，利用"问题包""角色卡""家庭指南""任务驱动"等服务模式，发挥人际触点的"支架"作用，以加深行为层面主观探索性；观展后"弹性"服务延伸贯穿始终，打破受限于馆内学习的桎梏，深层搭建链接馆藏文化、价值传播、分享交流的服务平台，以此形成具有知识流动的动态网络，用分享和连通创造价值，进一步提升学习效果。

（二）服务旅程优化儿童专区服务时空轴

服务旅程时空轴因观众方自身要求和情绪响应的不同而异。如何直观地拉长、拉满时空轴，可以借助服务设计用户旅程图。用户旅程图（Customer Journey Map）是通过脑力风暴及共创的方式展开设计活动的工具。它可将某种服务或某个服务系统中的利益相关集合在一起，一同创意服务的概念，并在共创过程中评估每个接触点的可行性、限制条件和可使用资源。对挖掘用户需求，整个服务流程进行优化的重要工具，在创建完整地图过程中可发现与目标对象行为、需求等相违背的问题，帮助设计者从全局的视角审视整个过程，而过程的发生并不是线性的，它存在时间性和空间性。用户旅程图可在服务设计的整个流程的不同阶段使用，并从关注个体体验延伸到整个旅程体验，且可以有丰富多样的表现方式，并不一定拘泥于一个线性的过程，为此由它来作为可视化工具，直观地展示用户、事物、环境之间的关系。以博物馆儿童专区为例，在探索阶段，用户旅程图的重点是透过人物角色模型的视角，利用各种调研法所获得的数据和资料，表现用户与其他利益相关的需求与行为背后的动

---

① 赵菁.博物馆元素融入儿童绘本创作方法研究[J].中国博物馆, 2019（04）: 92-97.

机。在设计阶段，用户旅程图可以用来展现服务概念，通过视觉化的表现，将概念展示成一个个场景，并进行细化，帮助服务提供者了解观众在各环节体验及流程中的信息反馈。在执行阶段，用户旅程图可以用来展现服务系统的构建过程，帮助服务提供者在此基础上对服务流程进行优化，为观众体验旅程提供更流畅、更具体的引导。

通过一些案例，不难发现博物馆参观过程已不再局限于馆内。"让文物活起来"不仅停留在博物馆内，更是拓展了"博物馆+"的文化创意。宁波博物院地铁专列（简称："宁博专列"）途径宁波帮博物馆（三官堂大桥站）、宁波博物馆（鄞州区政府站），串联起宁波博物院的南北两馆。将宁波历史文化带出馆舍，面向大众，让更多的人了解博物馆，感受博物馆文化，宁博专列总共分为6节车厢六大主题，分别为远古文明、州城确立、国际港城、海定宁波、十里红妆、宁波商帮。前五节车厢以宁波博物馆二楼"东方神舟"历史主题陈列和三楼"阿拉老宁波"宁波民俗风物陈列为主要展示内容，较为全面地反映了宁波地区历史文化演变的基本面貌。六号车厢则系统地展示了明末至今"宁波商帮"形成、发展、鼎盛的辉煌史诗，弘扬了宁波帮人士爱国爱乡的财智文化、桑梓情怀。该专列集中展现了宁波博物馆和宁波帮博物馆的基本主题陈列，让馆藏文物巧妙地"出现"在地铁每个角落，与此同时，宁波博物院资深讲解员在地铁车厢内为观众讲述"宁波故事"，让乘客们身临其境地感受宁波城市的古今变化和绚丽多彩的文化遗产，带给乘客们沉浸式观展体验。"地铁里逛'博物馆'"是宁波博物院"走出去"的全新打开方式，这种服务载体的转变与拓展，延长了博物馆体验。

2022年2月21日，故宫博物院正式推出《了不起的故宫宝贝》系列绘本（图4-47～4-48），是故宫博物院结合故宫文物为广大儿童观众讲好故宫藏品故事、提供学习机会的优秀案例，基于儿童心理特点和认知规律，为3～8岁儿童编写。全套共12册，由12件故宫文物讲述自己的故事，带领小朋友进行12次温情的文化旅行。通过趣味横生的故事、精彩生动的画面、时尚鲜明的色彩，讲述文物历史故事、制作工艺、流转变迁，帮助培养儿童自我修养、社交能力、家国情怀，丰富儿童的情感体验和人生阅历，为读者创造多种多样的亲子互动教育机会，锻炼和提高儿童综合素养，树立儿童正确的价值观。图书每册配套有声绘本剧，更加生动地演绎绘本故事。该套绘本由故宫博物院和御鉴文化联合出品，旅游教育出版社出版发行，是故宫博物院中华优秀传统文化创造性转化和创新性发展的最新实践成果。

图4-47　了不起的故宫宝贝（1）　　　　图4-48　了不起的故宫宝贝（2）

又比如美国一项《简明语言法案》指出博物馆标签内容需要是四年级、五年级小学生可以阅读理解的水平。关于标签的内容前一章节已加以阐述，但可以看出，服务旅程中的任何一个触点，都是影响服务体验的关键。通过用户旅程地图设计者寻找到了解决低谷的痛点、提升高峰的爽点，这符合峰终定律"峰"的部分。峰值定律是设计者为整个体验流程设计一个完美的终点是项目可以发展的关键部分。卡尼曼（Kahneman）说过，如果你想让痛点减少，就设计一个更好的结局。为此优化体验之间的流程衔接，拉满服务的时空轴，建立完整的终点体验，以提供流畅的顾客旅程体验。

（三）服务蓝图重塑儿童专区服务系统

服务蓝图是服务设计的核心工具。1984年，美国金融家兰·肖斯塔克（Shostack）在《哈佛商业评论》上提出了"服务蓝图"（service blueprint），开发了一种记录和分析服务企业服务流程的技术，对提高服务质量、服务效率和顾客满意度十分有效。如今的产品和服务都是通过一系列的系统接触点来触达用户，这些触点不但跨渠道，而且也融合了人—人和人—机的交互。服务蓝图就是这样一张图表，直观地审视用户体验的整个系统。

系统是指一个复杂的、相互依存的、开放的网络，它将处在不断变化的社会、文化和自然环境中的人、事、物连接起来。博物馆就是一个复杂的系统，儿童专区虽归属于博物馆内部，但是就其本身的性质来看，也是一个"五脏齐全"的系统。同时，系统中各要素不是孤立地存在着，每个要素在系统中都处于一定的位置上，起着特定的作用。要素之间相互关联，构成一个不可分割的整体。系统的核心思想是整体观念，强调整体大于其各部分之和。

服务蓝图是基于服务系统的流程图，服务系统是面向生命周期的产品和服务的组合，可以实现价值的延伸。可见，服务蓝图最为直观地显示整个服务系统的全过程。为此，可以从以下几个方面理解服务蓝图如何重塑服务系统：第一、服务蓝图直观显示用户需求与服务系统的匹配度。第二、服务蓝图揭示现有服务系统的缺口和机会点。第三、服务蓝图帮助改进和管理现有服务系统。

以托尔森博物馆（Tolson Museum）服务系统设计为例，它是英国西约克郡哈德斯菲尔德的一座地方博物馆。坐落在韦克菲尔德路诺尔公园的一座维多利亚式豪宅中，这座豪宅是为了纪念在第一次世界大战中丧生的两兄弟而赠送给该镇的，最初是一座自然历史博物馆。为了吸引更多年轻观众走进博物馆，进而促进家庭友好，Kids in Museums（是由英国艺术委员会资助的一家公益机构）带领六家来自英国约克郡的博物馆通过参与"家庭友好支持者"来改善家庭观众服务。在项目改造前，运用服务蓝图将托尔森博物馆前后台服务系统可视化，发现整个系统及各个触点中需要优化的设计点。结果发现为家庭提供的设施有限，导览线路不明确，可触摸的互动元素被撤掉，没有专门为儿童提供的展览信息和解说，参观信息的可获取度、观众参与度、观众反馈度不足，家庭参观路线不明确等问题的原因在于后台支持系统中观众反馈数据、需求数据、资金预算、资源获取等服务模块与实际情况不匹配。基于此，项目进行参观前信息到员工培训再到硬件设施等整个服务系统的设计优化与开发。参观前端开发新的家庭版网页与专为儿童设计的图片交换沟通系统（PECE），参观中提供各种辅助性设施，包括馆内标识、亲子服务、家庭版地图（图4-49），为儿童和家庭提供一系列全新的体验路线、探索包、感官背包，优化现有互动元素以及吉祥物等，达到强化博物馆品牌形象的效果，在观众意识中形成强有力的记忆和品牌价值。

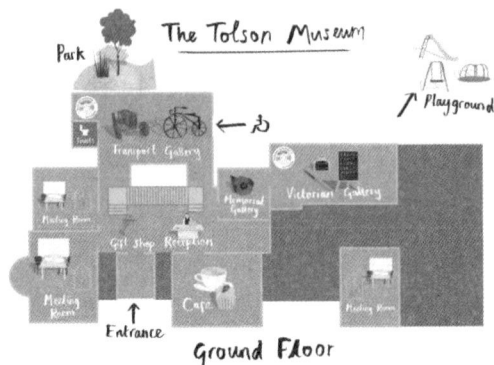

图4-49　托尔森博物馆最新家庭地图

（四）服务技术重置儿童专区服务行为

服务技术带动新的服务设计走向，根据服务技术的预测，可以制定切实可行的服务设计模式，使服务设计的流程和方法等更趋于合理化，以便迎合观众的爱好和服务需求。而服务技术为服务设计方案带来更丰富的技术支持，实现展品和观众的即时互动，构建新的服务设计鉴赏模式。在服务技术支持下，未来服务行为将发生大的改变。

第一，从服务被动接受到服务主动参与。展项设计的基础和原动力是儿童访客的发展需求。美国库珀·休伊特·史密森尼设计博物馆（Cooper Hewitt Smithsonian Design Museum）聚焦美国设计史和当代设计生态的研究与呈现，传播美国设计精神及设计文化。为了使参观者更好地主动参与到博物馆活动中，而不是被动地围观，研发出兼具交互与存储功能的"库伯·休伊特触控笔"，参观者可在交互桌面（interactive tables）屏幕上，根据馆藏作品进行天马行空的设计，交互软件将设计创意完美呈现为家居产品、首饰、工业产品、海报等等，不仅体验了设计创作过程，同时还可以将自己的设计作品，以数据的方式传输到触控笔内存储。互动体验区观众可选择喜欢的壁纸图样，自行设计纹样，并立即看到纹样在空间中的投影效果。此外触控笔还可以用来存储展览作品信息，只要用笔端点击按压展览标签上的特定符号，此展签的信息即存储到笔中。参观结束后，通过cooperhewitt.org/you访问自己的账号（账号印于参观者的博物馆门票上），就可查看并下载自己在观展过程中创作和收集的所有信息，并可通过社交网络进行分享和传播。

　　第二，技术通过改变视角来改变服务接受行为。图4-50～4-51为西班牙儿童及青少年援助基金会"只有儿童能看见的公益广告"，透过身高差异所带来的视角变化将信息适当隐藏并有效传达，让成人和儿童可以分别接收到不同的信息，从大人的视角看到的文案是"有时候，虐待儿童行为只有被虐待的孩子才能看见"，小孩视角则可看到嘴角带有伤痕的男孩以及求助电话，"如果有人伤害你，请拨打电话，我们会帮助你"，这种以视角的变化来处理所要传递的信息，或许是类似的主题展值得借鉴的。

图4-50　"只有儿童能看见的公益广告"（1）

图4-51　"只有儿童能看见的公益广告"（2）

　　服务设计的好坏直接影响服务体验的好坏、服务流程的顺畅、服务的价值主张能否实现。因此服务行为是贯穿整个服务系统的骨架。而服务技术带来更广阔的应用场景，有助于促进博物馆服务设计水平的提高，也能更精准预测观众喜好和需求。新的服务技术将对传统的服务设计带来更为深远的影响。

（五）服务体验激活儿童专区服务价值

　　在服务设计中，服务体验是在用户与接触点之间相互作用的基础上形成的。随着服务经济与体验经济时代的来临，设计的关注点由"物"转向"行为"，继而转向"体验"，[①]以至于创造更高的服务价值。需要清楚的是专注于体验的"乐趣"应建立在不损害博物馆本身的教育目标的基础上。博物馆应

①　丁熊，梁子宁服务与体验经济时代下公共设计的新思考［J］.美术学报，2016（04）：90-95.

在教育和娱乐之间找平衡，尝试提供"愉快"的体验，而不是"娱乐"。

心理学上对体验的理解是与情感联系在一起的，情绪心理学把体验作为一种心理现象加以描述。心理学上的体验包括因感官感知外在情境而引起的情绪、情感，还包括外部情境刺激给人们带来的内心世界的活动。简而言之，体验是通过亲身经历而获得的实地经验与感受。在服务设计中，服务体验是在用户与接触点之间相互作用的基础上形成的，用户受到接触点的刺激参与到整个服务系统中去，与整个服务系统发生互动。而用户与接触点之间互动的结果又会促使用户形成新的联系与意义，其实教育本身就是不断重建体验的过程。为此，围绕博物馆服务体验总结几层含义：

第一，体验主体具有自我认知、思维和判断能力。以实物为基础的博物馆体验，是有效鼓励儿童主动学习的教育方式。而引入游戏、感官体验、动手学习等服务体验方式，并不是"一窝蜂"无序开展的，而需要通过服务设计有效组织和引导，才能促成积极、主动的思维活动。图4-52佛罗里达州立博物馆致力于培养公众对自然科学和文化科学的认识、参与和理解。提供丰富人类的资源，并培养所继承的丰富多样的世界的知情欣赏。展览包括与自然世界一样多样化的教育材料，让孩子们和他们的看护者可以参与以科学为导向的互动，并体验展示柜中令人惊叹的收藏、真实比例的可触摸物体和各种活动站。一方面用于激发观众的好奇心，另一方面也与动物行为研究建立起联系。并定期更换展品，使场馆的环境不断改变，带来不同的观众体验。

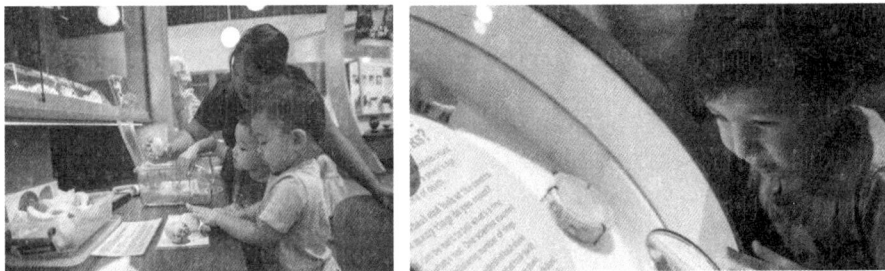

图4-52　佛罗里达州立博物馆

第二，体验主体和体验对象应互为意义关系。在儿童专区服务设计中，主体对各个接触点的感受评估出服务价值、触点优劣，会通过主体情绪、回访率、留恋情况体现服务自身的意义。归根结底，体验是由用户需求所决定，对于体验的支持程度要根据每个孩子的需求和所处发展阶段来确定。除了所熟知的感官体验在各触点中的设计外，还需要考虑主体与对象之间形成的情感体验，包括愉悦感、新鲜感、成就感等，调动主体内在的感情与情绪。并上升至思维体验，启发主体用户获得认识和满足需求的体验。感官芝加哥历史博物馆"探索馆"，从最著名的美食——热狗到芝加哥的职业棒球等，可以让小朋友们在参与活动的同时，全方位地认识这座城市。孩子们在这里可以钻进巨大的热狗模型，还可以闻到"芝加哥的味道"（现场模拟了令人联想到芝加哥大火灾的烧焦味道，以及芝加哥有名的香甜的巧克力味道等），孩子们通过这种独特的刺激五官的方式，对芝加哥留下了更加深刻的印象。当孩子们全身心地投入到体验当中，这些体验将想象力和游乐融入解读性过程中，"实践"历史为孩子们展现了新的意义。

第三，体验过程会带动情绪变化与情感波动，从而生成一定意义的过程。在服务设计中，服务体验直接以过程的形式进行展现，而过程又是探索和体验的结果。因此，需注重对象在服务过程中的体验。同时，体验不是通过次数来衡量，而是一种整合性的反映。在服务过程中，不同的接触点，不同的情境，都会给用户带来不同的体验。即体验不能被标准化设计。例如：模仿是儿童早期游戏的一种形式，是博物馆体验的常用形式。但随着儿童年龄的增长，模仿的意义发生了改变。儿童更喜欢按照自己的经历去重新塑造人物和事件，努力符合自己的理解。以芝加哥菲尔德博物馆（Field museum）网站KIDS板块为例（图4-53），详细罗列儿童专属的相关博物馆产品，对年龄进行细致分类，0～2岁、3～5岁、6～8岁、9～12岁四个阶段，依照儿童发展心理学，有针对性地提供绘本图册、探索类玩具、毛绒类玩具、智力类游戏等产品。也就是说，即便在相同的环境和流程中，服务体验也要考虑其可变性。

图4-53　芝加哥菲尔德博物馆

第四，体验的发生是以一定的知识经验为基础。这与杜威的理论，基于已有知识和新的信息做出行动，才能产生新的认知，不谋而合。同时皮亚杰进一步将构建知识的过程分为"同化"和"顺应"，即"同化"到自己已有的认知中，"顺应"自我已有认知，完善新概念的理解。对于博物馆来说，儿童的学习过程开始于来馆之前，并持续到离馆之后。那么在服务设计时，就必须给予观前、观后"支架"服务体验，避免由于知识陌生而引发的负面情绪。如美国纽约大都会艺术博物馆（Metropolitan Museum of Art）根据馆藏数字资源，为不同年龄段的学习者制定了一系列共享课程计划；英国科学博物馆集团（Science Museum Group）根据博物馆主题、学科主题、学习者年龄层等推出了上百个线上教学资源，包括学习任务、思考活动以及教学指南等；美国史密森尼国家自然历史博物馆（National Museum of Natural History）线上教学资源拥有四百多个教学资料包，可根据学习主题、资源类型、适用年龄和科学标准等进行个性化搜索，且每个活动指定的学习目标与美国《新一代科学教育标准》对接，见表4-1[①]。

表4-1　史密森尼自然历史博物馆学习资源类型

资源类型	资源简介
动手活动	根据展品设计动手实践课程，指导教师在课堂中引导孩子与实物互动
音频视频	包括视频广播、网络研讨会等，以及对展品故事的讲解
素养知识清单	文字性的知识陈述，拓展学习者视野，如详细介绍入侵物种、授粉过程等
学习单	任务单、学习活动设计表以及评价单等，配合相应的课程或研讨会使用
主题活动	将官网中涉及的某一主题的资料进行整合，如藏品资料、教案和视频介绍等，创建导航地图

随着服务设计理念的介入，博物馆及儿童专区面临更多数量的设计主体，也触及更广泛的体验领域。所探寻的服务体验越丰富，所激活的价值也越大，包括串联主馆价值、融合教育价值、挖掘文化价值、拓展平台价值、激活知识价值。

博物馆是城市公共文化设施的一部分，当下的博物馆已经不能被"孤

[①]　何珊云,胡凯悦.让儿童"动起来",让知识"活起来"——史密森尼国家自然历史博物馆线上教学资料的分析[J].自然科学博物馆研究,2022(06)：26-34

立"起来，而是要融入所在的城市，融入人们的生活，并将自身的定位和认识与城市各个要素之间结合，与城市融为一个生态圈，建设可持续发展的服务生态。同时从项目的全流程着手，除了核心用户外，还需要考虑各环节中不同合作方的需求，因此更需要的是贯穿各个链路，链接所有用户和涉及全方位接触点的设计实施，通过完整、顺畅、愉悦的项目来确保服务设计赋能有力的推动。而服务设计以流程为基础、全面挖掘多触点、有效协同各利益相关者的系统性设计思维方式也更适合运用在由设计师主导的设计赋能项目中。

第五章 构建与衍生：博物馆儿童专区服务设计导向体系与实践

构建与衍生：每一个国家运营博物馆、每一个地区运行博物馆的方式，甚至每一所博物馆组织儿童专区都是不尽相同的。涉及不同服务项目以及不同服务创新活动，需要差异化地进行实践性探索，完善博物馆儿童专区服务设计效果评价标准，最后通过设计实践对研究结果做出验证。项目研究则在实际运用过程中选择匹配的工具进行阶段性研究，以应对特定项目的特定需求。为便于更进一步理清过程，本章提出具有普适性的构建方法，以宁波博物院"三江潮涌——1921—1949年中国共产党宁波革命历程展"（以下简称"三江潮涌"展）服务系统设计，浙江省自然博物馆儿童游戏化服务设计，宁波博物馆儿童配套产品服务系统设计等，中国丝绸博物馆、良渚博物院为例，分别根据不同特点形成不同服务系统，来解读这一导向体系构建的具体实施过程。

本章节将根据前章的服务系统设计工具、方法及框架等，在基于传统设计流程的基础上进行一定调整后将服务设计流程分类成四大阶段：前期发现与探索调研阶段、定义与策略阶段、服务创新与设计阶段、服务检验与输出阶段。其中每个阶段并不是线性的递进关系，而是可循环的关系；每个服务设计项目都会围绕最终良性的服务结果不断地在这四个阶段之间循环往复，也是服务设计迭代运行原则的体现。

前期发现与探索调研阶段：该阶段主要围绕原有流程去发现问题，为了能更好地参与到整个参观路线中去感受不同触点带来的体验。一方面可采用角色扮演的方式，沉浸式地以儿童角度去感受；另一方面可直接让目标对象参与，协助佩戴相关工具，如跟踪式相机等；此外旁观者观察也是常用的方式，即需要多角色利益相关者的高度参与。在走完所有流程后，所收集到的资料，需要视觉化的形式呈现，才能更好地找寻到问题。在此基础上，会用到问题卡、（现有服务）顾客旅程图、（现有服务）用户体验地图等。

定义与策略阶段：在整个服务系统方案设计中需要考虑所有参与者的需求，不同的对象分析所采用的工具也不同。服务接收者（此处主要以儿童为主），主要有用户画像、移情图（同理心地图）；服务提供者（策展员、讲解员、教育工作指导师）、设计师（展示设计师、空间设计师、平面设计师、技术设计师等）和服务推广者等会形成利益相关者地图。同时借用服务蓝图来构建服务前端、中端与后端所涉及的不同人员及其不同任务，通过收集展项生命周期各阶段中各方参与者的需求和利益，构建整个体验价值框架体系，并形成具体的设计方案。

服务创新与设计阶段：这一阶段需要项目团队有良好的洞察力、判断力和决策力。在这一过程中项目组需要不断地研究与挖掘新的用户体验、行为模式与服务模式来提出创新设计，该阶段可运用的服务设计工具有：情境构建、情绪版、服务系统图、（服务优化后）顾客旅程图、（服务优化后）用户体验地图、故事版、服务蓝图、商业模式画布、讨论原型等。

服务检验与输出阶段：所有服务概念都需要被验证后，才能组织最终落地环节，该阶段可以运用的服务设计工具有：服务原型（包括走查原型、模拟原型和领航原型）、可用性测试、认知演练、角色剧本、说明书（服务手册）等。其目的是测试服务过程是否如预期那样顺利进行，并邀请服务对象进行体验来发现不足，以便有针对性地进一步修改。

综合上述服务设计导向下构建方法，在此想强调，服务设计的每个工具都不是万能或固定的，它们并不受限于服务流程，当使用者真正了解服务设计后，可以根据项目进行调整、删选或整合，甚至自创，其最终目的都是使项目的开展能够顺应展览初衷进行开展。

一、红色文化主题：儿童视角下"三江潮涌"展服务体验构建

本次展览作为宁波博物院《征程——庆祝中国共产党成立100周年特展》的上篇，展出新民主主义革命时期中共宁波地方组织领导宁波人民进行革命斗

争的历史图片与珍贵物证，呈现了宁波地方党组织百年风雨历程，突出了一位位奋勇抗争的英雄人物，以宁波这座城市的革命史实与革命人物，折射出中国共产党波澜壮阔的历史征程。

（一）项目背景

1. 相关文献研究背景

本项目主要以儿童视角展开红色文化主题展的现状与问题讨论，关于如何从儿童体验的视角出发，创设有效的展览与服务体验，学界已有不少研究成果。部分学者立足于"5R"[①]的博物馆教育体验构建模式，从情感互动的视角帮助儿童理解展览，引导儿童探索与表达，主张"沉浸式""操作式""创设情境"等展览方式，引导儿童将获得的新认知与真实情境相关联。部分学者则从儿童认知的角度出发，提倡注重感知学习与情感体验的博物馆学习形式，主张针对不同年龄段儿童的认知发展特点，集成多样化感知、交互性探索、创新性活动等体验设计。比如，针对儿童的认知特点，设计配套的博物馆图像化信息学习平台，并使用人工智能技术，提升儿童快速解读展览信息的效率和效果，提高儿童在博物馆学习中的针对性和自主性；再比如，打造符合儿童认知特点的游戏探索式主题与陈列，构建系统化、逻辑化的文化认知体系，从而达到文化传承与教育的目的。还有部分学者关注到有关儿童参与的研究方法，尝试运用儿童视角梳理博物馆教育活动的维度模型，创用马赛克方法[②]（特别针对5岁以下幼童），整合传统研究方法和参与式工具，将其运用到儿童的研究实践中，建构儿童参与服务体验共创的模型。在此视角下的儿童展览实践也有不少成功案例，如"美国俄克拉何马市艺术博物馆"的儿童参与式体验、"纽卡斯尔大学—大北博物馆'老鼠屋'"借由"护目镜"透过儿童视角探索内容、澳大利亚悉尼博物馆"儿童岛"纳入儿童意愿等。

---

① 5R，即放松（relax）、尊重（respect）、理解（realize）、探索（research）、表达（represent）。

② 马赛克方法，由英国学者埃里森·克拉克（Alison Clark）和彼得·莫斯（Peter Moss）于2001年创用，是结合了传统研究方法（如观察、访谈）与以使用"参与式工具"（participatory tools）为特征的新方法的综合性研究方法。其中，"参与式工具"又包括让幼童使用相机拍照、旅行和绘图、角色扮演等。

2. 未来红色文化教育展项发展

习近平总书记提出"把红色资源利用好、把红色传统发扬好、把红色基因传承好"的重要指示，红色博物馆、纪念馆、红色主题展作为儿童青少年红色教育的"立体百科全书"，应将专为儿童设计的体验和服务视为博物馆公共文化服务的重要内容。未来发展中，首先要统筹全域，在空间上打破传统的发展格局，实现红色教育全域发展。其次要注重创新。开发特色鲜明的红色教育培训基地和课程，创新红色文化教学和体验方式，打造"红色文化沉浸体验。再者要构建体系。形成红色课程体系、红色研究体系、品牌营销体系、智慧服务系统等。

（二）红色文化主题展现状分析

近年来，为更好地传承红色基因，加强革命传统教育和爱国主义教育，全国各大博物馆如火如荼地推出红色主题展，开展各种红色主题社教活动。以浙江省为例，浙江革命历史纪念馆"钱江潮"展，结合复原式景观、多通道投影及大型革命油画、雕塑作品等现代化展示手法，再现了重要的历史时刻和可歌可泣的革命事迹；桐庐博物馆"红色印记"以流动巡展方式，传播"红色记忆"；杭州博物馆"中华民族伟大复兴"展，通过"人、物、城"交织叙述，形成多维度的展览叙事链，还原红色印记；同时，为加深儿童对红色百年历程的深入了解，博物馆还推出红色主题系列展览活动，红色主题拓片、红色视频展播、红色遗址研学、红色小讲解员培训以及线上红色书籍读书会等。大量的红色主题展各有特色，注重展陈方式方法创新，旨在丰富整个观展体验，为观众带来强烈的历史沉浸感。然而，儿童在红色主题展览中的体验感尚未得到应有的关注，存在如观展体验模式未能兼容儿童群体、缺乏与儿童认知特点匹配的体验活动、展览中的艺术表达难以激发儿童理解与共鸣等现象。

（三）红色主题展使命与语境

在目前国内的博物馆红色展览中，为儿童专门开展的或以儿童视角切入的教育实践相对较少，且大部分以老师或讲解员解说观展的形式开展。在这样的活动中，虽然儿童能够在有别于传统学校课堂的博物馆环境中进行探索，其本质却仍然是与传统课堂类似的听讲式学习，其教育效果欠佳，难以让爱国主义价值观深入儿童的内心。以宁波博物院"三江潮涌"展为研究案例，从儿童观众观展体验的视角探索红色文化展览的展陈内容、形式、教育活动与服务设计，探索儿童参观红色展览的体验类型，希望为国内博物馆在红色文化展中构建具有普适性的儿童体验体系提供些许借鉴，并从学理上丰富儿童红色文化体验的相关研究。

（四）目标用户分析

不同年龄段儿童受个人因素（包括年龄、性别、知识背景、父母学历、行为习惯等）影响，对同一物理环境、主题内容、共同展品会产生不同的学习体验。为缩小这些体验的差异，这里将目标对象选定为7～12岁儿童。根据皮亚杰的认知发展阶段论，此阶段儿童开始发展抽象逻辑，并具有一定的抽象能力，可凭借具体形象性事物来进行逻辑分类及认知，但这一阶段仍不能脱离具体事物及形象形体的支配。为了更有效地观察儿童的观展体验动线、行为和情绪，以获得真实客观的行为结果，在调研前期阶段采用观察法，即跟踪目标对象，并实时实地做好观察记录；调研中期借用了服务设计工具——用户体验地图，从儿童在参观展览的前、中、后过程中的"看""听""说""做"里找出"痛点"和机会点；调研后期则采用照片引谈法（photo-elicitation interviews），即利用影像来帮助儿童观众回忆、反思其个人经验与印象，所使用的照片是研究者或儿童观众创造的，以补充儿童观众主观的思考和感受视角。

用户角色1：小时，10岁，就读于宁波某实验小学，由于父母周末工作繁忙，几乎很少带其去博物馆，偶尔由学校组织去过几次博物馆，但每次老师通知比较临时，所以对博物馆充满好奇心，但又不知道学习的真正目的。

用户角色2：小归，11岁，受父母的影响，是名旅游爱好者，经常去全国各地参观博物馆，且平时爱看书籍，经常阅读博物馆相关的绘本，也喜爱听文物故事，也经常购买各地的文博产品。

用户角色3：小陆，12岁，是名小小文博爱好者，喜欢学习新知识，尤其喜欢红色文化故事、英雄事迹等，一般通过观看电影、书籍来了解，老师也经常在学校里组织主题班队课，但去博物馆参观的机会不多（见图5-1）。

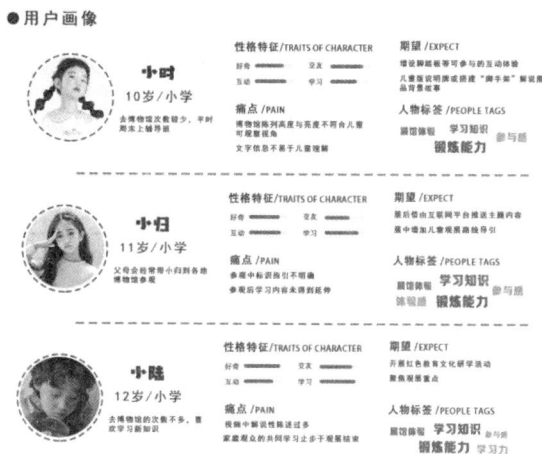

●用户画像

图5-1　用户画像

（五）服务流程分析

本书的调研阶段从2021年7月持续至2021年8月，共有125名儿童参与调研。在调研前期，笔者通过现场观察及照片与视频拍摄，对儿童的观展行为进行追踪及记录，观察的内容包括：儿童聚集的展品及其停留时间、儿童是否阅读说明牌、儿童与随同家长的交流、儿童的肢体表现与表情等。总体上看，儿童的展览参观时长为45～60分钟，在参观过程中反映出共性特征：在展品、图像的说明文字前基本较少停留，而在能产生情感共鸣的展品、较为真实的立体场景里则会停滞较长时间。后者包括儿童熟悉的"人教版"课本中出现过的画面，如"人民烈士纪念碑"浮雕墙、《开国大典》油画等；融入"视听"效果的真实场景；手榴弹、子弹夹等部分武器；辅助静态画面并能结合现实场景的视频等。

在调研中期，笔者根据拍摄与记录，将儿童参观展览时对展品、图像、视频、场景等所产生的行为、肢体与口头语言、表情等进行汇总，将儿童在观展时表现出的观察、靠近、触摸、停留、沉浸、提问等动态表现与设计点进行对应，见表5-1，并进一步梳理出展览的用户体验地图，见图5-2，从中归纳出"三江潮涌"展中儿童观众体验的"痛点"及相应机会点。其中痛点表现为：参观前没有相关的宣传册等信息资料；参观中标识指引不明确、文字信息不易于儿童理解、视频中解说性陈述过多、展品陈列高度与亮度不符合儿童可观察视角；参观后学习内容未得到延伸，家庭观众的共同学习止步于观展结束等。由此推导出可优化的机会点为：展前设置儿童版宣传册或问题包，聚焦观展重点；展中增加儿童观展路线导引、儿童版说明牌或搭建"脚手架"解说展品背景故事，增设脚踏板等可参与的互动体验；展后借由互联网平台推送主题内容，开展红色教育文化研学活动等。并在此基础上，运用服务蓝图，见图5-3，更为直观地观察到用户行为在不同阶段前、后台的工作情况。

表5-1　儿童在参观过程中的动态表现

调研展点	动态表现	设计点
展区前言区	观察、靠近、触摸、好奇	展览宣传册、相关问题包
第一展区"星火燎原"	提问、阅读、环视	设置脚手架
第二展区"前赴后继"	停留、欣赏、共鸣	语音导览、文字解说
第三展区"抗战烽火"	沉浸、随意走动、疲倦	视听输入
第四展区"迎接曙光"	停留、观看、共情	情景再现、数字技术
展区结语区	拍照、凝望、兴奋、感悟	延伸服务、社教活动补充

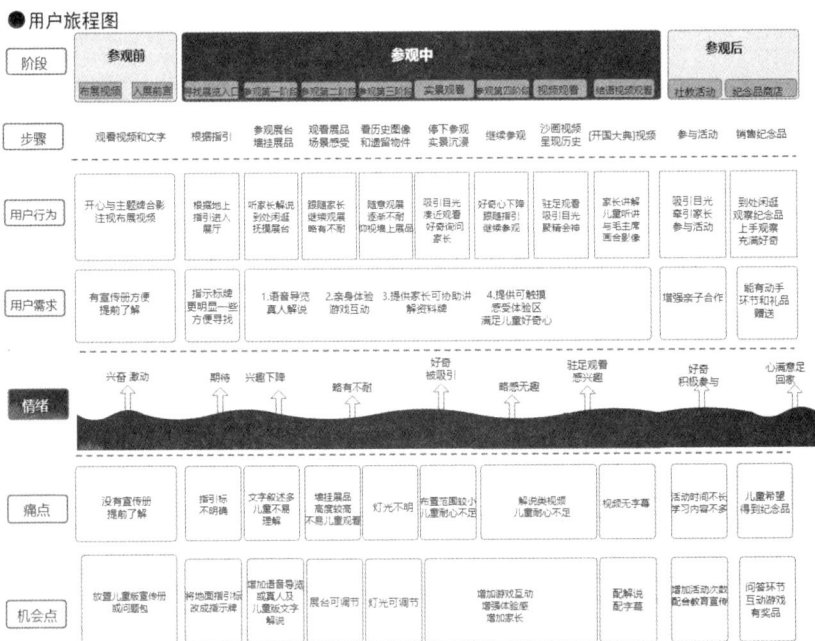

图5-2　"三江潮涌"展用户旅程图

●服务蓝图

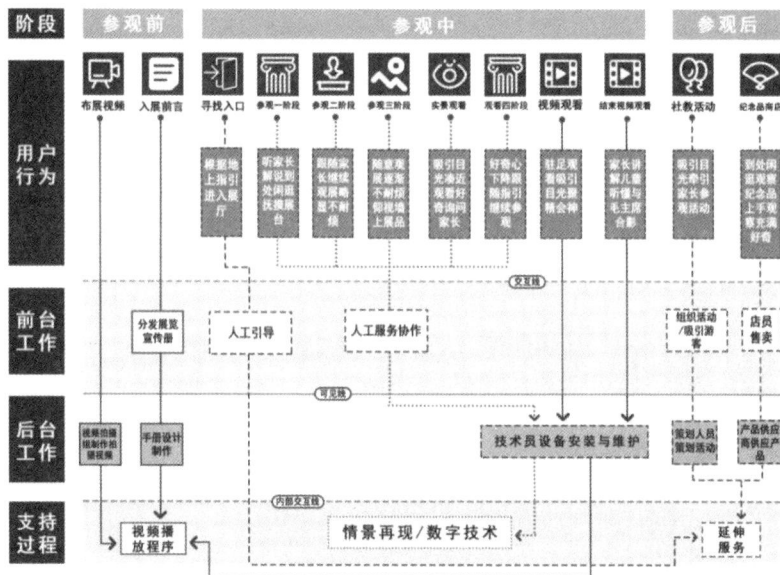

图5-3　服务蓝图

　　为获得更有针对性的观众的体验、思考和感受数据，研究在调研后期阶段对8名儿童进行了照片引谈，通过照片展示及相关提问，邀请儿童回忆观展经历，描述所看到的场景、展品、文字信息等。在此环节中，儿童普遍表现出：对大幅场景及视频留有较深印象；对满载历史沧桑的革命文物，如烈士使用过的物品、战场使用的武器以及课堂中学习过的历史故事等展览照片记忆犹新；对文字信息的印象相对模糊等。这些基本与调研前期观察中所记录的共性特征表现一致。

（六）服务场景分析

　　将宁波博物院的"三江潮涌"展设定为调研的主要场景。该展览以时间顺序作为逻辑主线，由"星火燎原""前赴后继""抗战烽火""迎接曙光"四个部分构成，见图5-4，梳理了新民主主义革命的四个重要历史阶段——大革命时期、土地革命战争时期、抗日战争时期及解放战争时期。展览囊括了来自宁波地区的红色历史文物287件，红色历史教育宣传图片近400张，说明牌280个，红色文化场景5个，红色影片宣传2个，红色文化主题活动9期。其中，每个时期具有标志性的展示内容包括：入口处的"人民烈士纪念碑"浮雕、皮挎包、"星云坊"场景、竹编筐和"共产党人"介绍墙；"南昌起义"及"井冈山会师"图文；农民运动使用的铁大刀、打游击时使用的子弹和手榴弹、"浙东区委成立处"场景、破旧的棉袄、"梁弄战斗"场景和粮票；军帽、旅行袋等物件、"解放宁波"视频、"开国大典"场景图片与视频。该展览完整呈现了宁波地方党组织的百年风雨历程，突出了奋勇抗争的英雄人物，以宁波这座城市的革命史实与革命人物故事为主要内容，以点带面地展现了中国共产党波澜壮阔的历史征程。

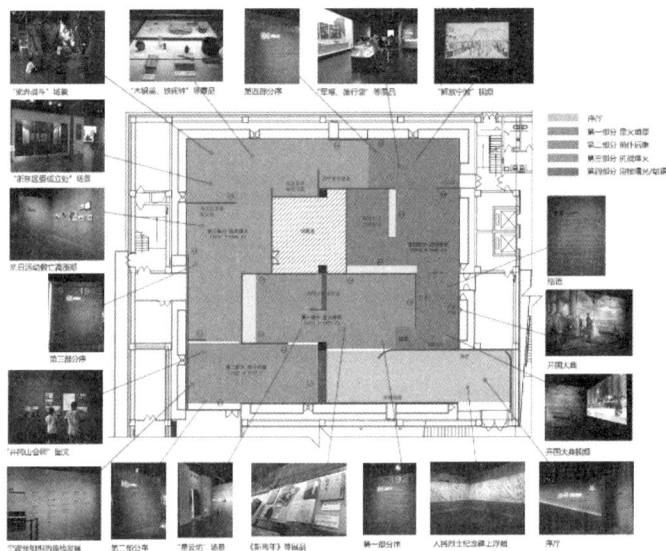

图5-4   "三江潮涌"展缩略图

（七）服务体验构建与产品设计

"体验"驱使儿童在参观中探索，带动他们的想象和创造，并不断修正获得平衡自我认知构建过程。此外，相关受访记录与观察分析发现不同体验类型受不同因素影响，这些影响因素为后续红色文化教育展览考虑全龄观众给予参考价值。

1.深化认知的感官式体验

感官式体验与五感（视觉、听觉、味觉、触觉和嗅觉）密切相关，每种体验都通过刺激一种或多种感官来触发儿童的好奇心，并为儿童提供特定的信息。在对儿童的访谈与观察中，研究者发现，儿童对视觉与听觉相结合的展陈方式表现出较强的敏感度。比如，在展览场景"梁弄战斗"中，斑驳的墙体、散落的沙堆、身临其境的炮火轰鸣声等为儿童营造了极强的视听冲击力，引发儿童的沉浸体验与反思。再比如，在展区尾厅，"解放宁波""开国大典"两个视频通过纪录片、沙画特效表现等多种视听手段，还原历史场景、讲述历史故事、重温经典瞬间，再现了当年宁波不同区域解放的历史细节及开国大典上振奋人心的画面，让历史更加可感、更易激起儿童的情感共鸣。相比之下，"竹林"场景只放置部分竹子、石头作为点缀，在空间中呈现的视觉情境过于单一，儿童的停留时间相对较短，在后期访谈中也未对此产生深刻印象。因此，在博物馆空间中营造更为具象的多感官视听环境，能够有效拉近儿童与历史人物、历史场景的距离，形成较深层次的历史与文化认知。

　　为了促进深化认知的感官式体验，首先，在尊重儿童人体工程学标准的基础上，给予视觉刺激，此次展览包括遗留的青花印盒、竹躺椅、战斗武器等鲜活的物证，真实再现物证历史印记。其次，观察每个展示单元前的时长与投入状态，多维度感官融合提高参观投入程度，包括诵红色童谣、放红色电影、唱红色歌曲、阅红色文学、触历史痕迹等烘托展厅氛围，让孩子零距离去直观感受共产党人浴血奋战的革命斗争故事；再者，选择与主题同一题材的故事模块，借由沉浸式虚拟技术重现历史场景、历史事件，以儿童可接受的认知与语言模式，使其萌发对革命先烈的崇拜和热爱之情。此外，本次展览利用3D绘画表现、模型搭建还原"中共浙东区委成立处""中共宁波地委机关所在地——星云坊"等，重现可视化历史场景，而环境因素中照明、湿度、温度、配色、风格等也是激发儿童空间感知的关键。

　　2. 由表及里的探索式体验

　　探索式的学习方式来自乔治·E.海因（George E. Hein）的教育理论模型，这种学习方式主张学习是"主动的、重构思维的过程"，强调学习者通过动手探索的方式，主动参与学习过程，获得某个特定的结果。[①]调研中观察到，物质因素极大地影响了儿童的观展体验。比如，儿童面对放置在玻璃柜内

─────────────

① 莎伦·E.谢弗.让孩子爱上博物馆[M].于雯,刘鑫,译.南京:译林出版社,2018.

的物件，表现出了发现、选择、吸引、凑近、观察等行为，但单纯的标签、展板等说明性文字与"隔空"的体验不能有效实现博物馆与儿童的"对话"与"交流"，难以加深他们对展品的理解。为此设置儿童易于理解的文本内容或预先发放"儿童专属导览单""问题包"等外在物质引导因素，有利于加强儿童观展体验。

此外，本次展览在2个月内开展了9场社教活动，对不同年龄阶段儿童进行精准划分，结合展品开展动手式的探索体验活动，鼓励儿童与博物馆展品进行更深入的互动，加深儿童对展品的认知发展和情绪共鸣，构建与展品相关的个人意义。比如，在"怀旧陶瓷杯"活动中，儿童需要结合个人经验，绘制专属陶瓷杯，深入了解陶瓷杯在革命时期作为日常生活必备品的重要价值，深刻体会革命时期的光辉历史与当时人们的爱国情怀。然而单一的社教体验只强调单次活动的动手能力，对物的由表及里认知，还需要更多探索体验方式的介入。

后续访谈也反映出，儿童在探索展览时的参观动线、展品选择也受到先前经验、兴趣和既有知识等个体因素的影响。在展览中适当展出儿童在生活或学校学习中熟悉的画面和展品，能够有效增加儿童的观展时长，增强儿童的观展热情与主动性。除此之外，博物馆与学校联合开发革命教育系列课程，建立儿童红色文化数字化传播平台，为儿童提供观展前的信息铺垫，也将有利于提升儿童在红色文化展览中的探索式观展体验。

3. 协作反馈的社交式体验

事实上，展览空间中的儿童有其自身独特的社交网络。苏联心理学家维果茨基（Lev Vygotsky）提出的"最近发展区"的概念说明了社会交往过程对于学习的重要意义。在最近发展区内，如果采取适当的支持（或称作"支架""脚手架"），也就是由一个能力更强的同龄人或成人提供帮助，学习者就能达到更高的水平。在此次调研中，大部分儿童的参观过程都有家长陪同与交流。在访谈中，笔者发现，儿童与家长的沟通极为频繁，一半以上儿童表现出对父母陪伴与同伴学习的积极反馈。当儿童的交流诉求被家长或同伴及时满足，儿童的学习动机也会大大增强。而作为社交体验的利益相关者，如检票员、讲解员、保安等工作人员的行为态度，馆内的空间密度、标签信息易理解性等都是辅助社交体验的一部分。

积极的社会交往有利于发挥红色文化教育引导优势。从主观因素看，博物馆不仅应当鼓励亲子共同观展，也应为家长提供与儿童一同观展的支持，比如：配置亲子说明牌或家庭指南，设置面向家长的"脚手架"式观展贴士，引导家长与儿童围绕展品展开有层次、有意义的深度对话，将展品的情感意义、物证价值、象征意义等有机结合，让儿童在体验中知情、懂情、怡情，增强爱国主义情感。如1946—1948年丁友灿在南山区一带坚持革命斗争时使用的铝锅，通过物理属性、实际功能与当下物质生活对比来强化记忆；从客观因素看，家长、工作人员"脚手架"协助程度与同伴"合作式"社交互动服务形式起到正向调节作用。如"参与式""角色式""游戏化""剧场式"等体验方式，真正在实践中用好红色文化"活教材"。

4. 深化记忆的延续性体验

并非所有体验都能同等地被记起，儿童在回忆事物时常常是有选择性的。调研发现，本次展览后的延伸教育能够促进儿童对红色文化进行长期性记忆。因此，博物馆应考虑到儿童观众整体在体验感方面的系统性和周期性，积极拓展展览以外的教育体验。其一媒介因素，博物馆可以借助互联网等，建设与儿童学习认知特征相适配的信息服务平台。比如，宁波博物院微信公众号为本次展览特设"每日一物""党史问答"等栏目，并以儿童喜爱的长图漫画的形式呈现。本次主题展还定期安排讲解员将红色战役、红色人物等红色素材加以解说，见图5-5，以儿童视角输送更多红色故事。

其二载体因素，博物馆可以依托多元的物质载体，让博物馆体验覆盖到儿童的生活中。比如，宁波博物院地铁专列以"地铁里逛'博物馆'"这一全新的"走出去"方式，延展博物馆体验时空，让儿童在公共空间中感受红色文化氛围。同时，宁波博物院也通过研发儿童常用的红色文创衍生产品、打造红色传承的卡通IP形象等方式，见图5-6，实现红色教育在儿童日常生活场景的延续。其三服务因素，博物馆可以从儿童认知视角出发，搭建"展馆—学校—社区—家庭"的延伸服务体系，形成主题宣讲、馆校合作、社区宣传等"以儿童为中心"的影响力驱策，协助儿童逐步构建起更为完整而系统的"红色记忆"知识图谱。

图5-5 "三江潮涌"展讲解现场

图5-6 "三江潮涌"展的IP形象与部分衍生品

二、自然科学主题：浙江省自然博物馆儿童游戏化服务设计

浙江自然博物馆为儿童量身打造了教育体验展，设置教学标本互动区、互动参与展项和互动探索的问题卡，讲述关于大自然的故事。而每个展厅儿童都有不同的参观体验，在地质馆中儿童可以零距离感知触摸岩石及陨石等标本；在自然艺术馆中，儿童可以通过球幕影院欣赏地球的美，通过听音装置聆听自然之音，探索种子的秘密，浅闻花草的清香；在生态馆中，儿童可以通过生态足迹互动装置测算衣食住行所消耗的能源数据，了解保护环境的重要性；在恐龙馆中，通过参与式的体验互动项目，可以看到恐龙的全貌和行动的样

子，让儿童对恐龙的记忆更加深刻。本案例以浙江自然博物馆安吉馆在游戏化服务中推出参与式学习为切入点，对儿童游戏化服务进行设计。

（一）项目概述

对浙江省的自然博物馆的展览内容进行了解和整理，研究了解不同博物馆设置的亲子游戏项目，了解博物馆儿童游戏化的发展现状，儿童认知行为的博物馆交互体验，游戏化设计方法及流程。结合浙江自然博物馆安吉馆的特色，对父母带孩子到博物馆参观前的攻略说明、参观过程中儿童参与的特色场馆游戏设计以及游戏过程中怎么与父母产生互动、参观结束后的奖品奖励进行系统化的设计，为儿童在参观博物馆吸收相关知识提供更好的帮助，也让父母能够与孩子培养感情、更加亲密。

（二）现状分析

在家长看来，博物馆首先是一个为大众提供文化教育的机构，而家长参观博物馆的首要目的是想自身与儿童能够在博物馆展览的展品中了解到更多的知识，获得全新的感受与体验。家长带着儿童参观博物馆过程中，有一半以上的参观方式是随意游览，其次是根据本馆导览线路参观，选择随意游览的家长与儿童很快会对展馆内的展品失去兴趣而感到无聊，不能起到预期的学习效果。选择根据本馆导览线路参观的家长与儿童反而会率先选择自己感兴趣的展馆浏览，有兴趣做支撑，参观的过程就会充满乐趣，达到较好的学习效果。所以需要博物馆在家长与儿童参观之前提供关于博物馆内部的导览线路图和游戏互动区块。现有的博物馆互动体验活动并没有很好地融合进展区路线情景之中，将游戏和展览路线各自独立，使家长与儿童不能在参观的同时进行知识互动传递。并且儿童在进行博物馆设置的游戏体验活动时，往往不能和父母进行互动，缺少增强亲子关系的互动游戏。家长与儿童在离开了博物馆后，儿童会将在博物馆里学习到的知识慢慢淡忘，没有增强知识记忆的游戏机制。

（三）目标用户需求与行为分析

1. 目标用户需求

本项目目标用户选择7～13岁阶段的儿童，该阶段是好奇心、求知欲飞快增长的阶段。在身体发育方面更加活泼好动又不失耐心细心，对抽象事物的概括能力开始萌芽，对生动形象记忆发展更加深刻，记忆能力也从无意记忆发展为有意记忆。这个阶段的儿童也喜欢社会活动，遇到什么有趣的游戏也喜欢和其他小朋友一起玩。为此本项目围绕儿童游戏化衍生产品进行服务设置：科教游戏类，儿童可以在玩耍中学习专业知识，从小培养对职业的兴趣爱好；拼板游戏类，由各种形状不一、形式多样的拼接玩具组成，能够让儿童对拼接的组合、整理、再组合具有一定动手能力，培养自我思考能力的同时可以磨砺心智、提高注意力；沙盘桌游类，使儿童在基础的认知能力上，加强儿童的手眼的协调能力、自我独立思考能力、长期记忆能力等。此外，设计游戏化产品需要色彩鲜艳，趣味性强，结合博物馆展品的文化特色。

生理需求：保证展品安全牢固，展品高度与密度适合儿童，灯光、温度和声效适合，参观路线自然流畅，不交叉、重复、缺漏，设置醒目的标识系统；提供相关生活服务，包括展厅空间的整洁、休憩与餐饮的便捷、特殊设施的考虑等。

活动需求：不同年龄阶段的儿童生理、心理特征及娱乐目的都不同，通过合理的设计尽可能满足不同儿童的活动需要，采用游戏化设施发展其智力、培养自我意识等，为儿童打造专属的艺术化、趣味化的活动项目。

心理需求：演绎条理清晰、易于接受的展览结构，展品资料围绕主题丰富多样，文字标签简短易懂，图文并茂，充满新意；展览形式具备重点亮点，陈列手段与内容紧密相关，配合使用参与度高的互动展示；多渠道营造氛围，形成易于分辨的标识系统。设定的教育目标也需建立在儿童阶段性心理特征的基础之上。

2.行为分析

通过观察发现，尤其是针对7岁以上儿童，参观博物馆本身目的并不是单纯地学习，而是为了激发他们的好奇心、获得来源可靠的知识、学习课本外的知识以及鼓励提出问题、激发想象力，最终培养公民意识和归属感。在开放的博物馆学习空间中，儿童的行为方式主要有动作行为和亲社会行为。动作行为反映出儿童身体动作系统的发展水平，亲社会行为反映儿童性格倾向及社会心理的发展程度。因此，博物馆儿童专区整个流程设计时在考虑动作行为安全性、可达性等的同时应兼顾到动作行为相伴随的亲社会行为的发生，力求通过合理的环境营造、设施布局为多种行为的发生提供支撑。

表5-2 服务对象（儿童）的行为类型

行为过程划分	行为方式	行为种类
参观前	动作行为	停留、观看、休息、查询、好奇、触摸、来回走动、玩耍、阅读、交流、探索等
参观中	亲社会行为	分享、安慰、合作、助人、鼓励等
参观后		

（四）服务流程图

为了使整个服务系统运行顺畅，必须对服务本身及用户参与服务的流程进行重新设计，浙江自然博物馆安吉馆儿童游戏化服务流程再设计后（如图5-7），观展前，通过公众号提前预约，并根据用户信息进行信息提前推送；观展中，当用户到达博物馆后—通过安全检查—领取导览手册—选择展区并扫描二维码—亲子共同参观展区寻找手册中问题的答案（每个展区设置十道题）—体验恐龙多媒体互动—游玩其他展馆的体验设施—观看4D电影，观展后购买游戏化衍生产品—游览自然探索中心—用积分兑换奖品—离开博物馆。

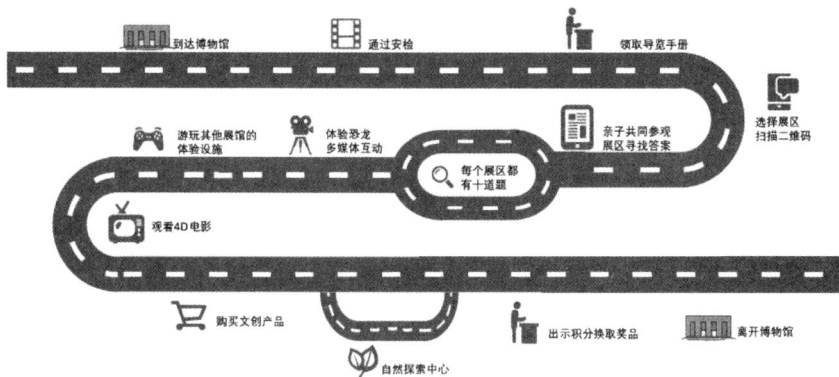

图5-7 服务流程图

（五）服务系统图

浙江自然博物馆安吉馆儿童游戏化衍生产品设计的系统构建中，包括博物馆公益服务与付费产品的构建，公益服务中心包含博物馆参观和浙自博手机APP，形式上丰富了受众从展览中吸取更多知识的途径，增加亲子交流途径。付费产品包括博物馆冒险之旅棋盘、恐龙考古盲盒等游戏化衍生产品。由产品、商店、运输构成物资供应方。由工作人员、志愿者、非遗传承人提供人力服务。由博物馆发布服务资讯，通过社交平台、当地媒体以及学校进行传播宣传。为儿童、家长、学校团体以及教育机构团体提供服务，图5-8。

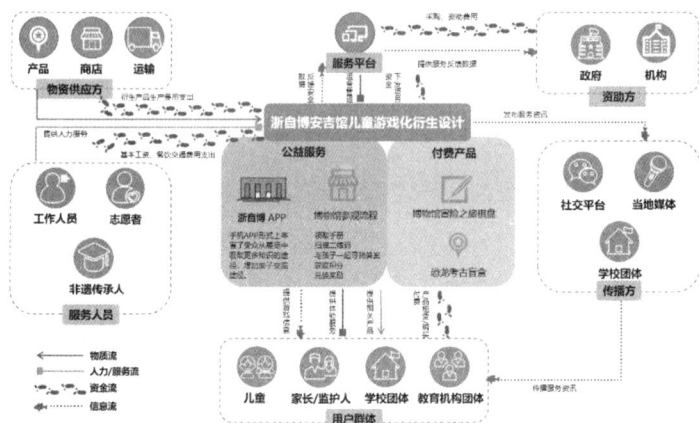

图5-8　服务系统图

（六）服务触点

1. 数字触点

受众对于浙江自然博物馆安吉馆儿童游戏化服务的具体流程了解、展区内容详情和后期对博物馆中文化知识以及游戏体验的分享和交流都可以在浙自博手机APP上进行。APP的核心功能主要包含预约服务、展讯、参观路线推荐和个人信息等，图5-9。

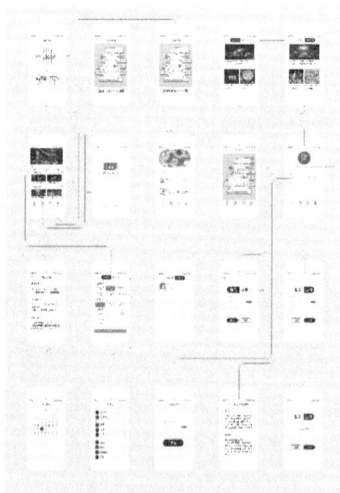

图5-9　浙自博手机APP

2. 物理触点

让儿童在博物馆游戏化中锻炼能力，学习知识，起到锻炼儿童动手能力、独立思考能力、社交沟通能力等，并让亲子关系在游戏中得到进一步培养。围绕服务系统的构建、用户旅程图的设置，进行导览手册设计及衍生产品中的盲盒设计、儿童皮影戏台设计、棋盘游戏集合设计、徽章与别针设计等物理触点设计。

进馆前：浙江自然博物馆安吉馆儿童游戏化衍生产品设计中的导览手册设计，采用不同明度绿色为主要颜色，体现科技感与自然气息。一面为博物馆的地图，标记各个场馆的地理位置方位和浏览路线。另一面为代表各个场馆的卡通人物形象娃娃和问题卡的二维码，以及游戏规则的解释和积分兑换的规则，图5-10。

图5-10 导览手册

进馆中：考古盲盒的设计以浙江自然博物馆恐龙馆中介绍的圆顶龙、缙云甲龙、原角龙为原型，将恐龙的小型"骸骨"放入"考古"泥土中，让受众先用配套的"考古"工具将"骸骨"开采出来，然后放置在恐龙的外壳模型里，和盲盒中配套的背景植物与盲盒包装组合成立体恐龙装饰摆件。让儿童在体验"考古"开采乐趣的同时又能得到精美的摆件，增加游戏化的实践性和实用性，图5-11～5-12。

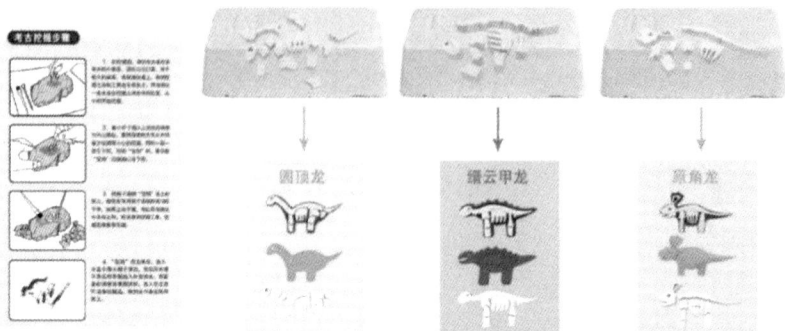

图5-11　恐龙考古盲盒（1）

图5-12　恐龙考古盲盒（2）

与此同时，儿童皮影戏结合乐高积木DIY设计将中国传统文化与现代儿童益智玩具相结合，儿童先使用乐高积木拼搭出想要的故事场景，再把皮影戏幕布作为背景安装到拼搭好的故事场景中，再手工制作恐龙形象，使用安全两脚钉安装上塑料棒，儿童就可以在幕布后面操控皮影演出表演，图5-13。

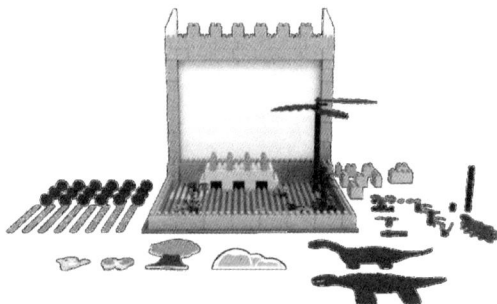

图5-13　乐高皮影戏台

棋盘类游戏集合的设计中包含了游戏地图设计、游戏棋子形象设计、游戏卡牌设计等，以扁平化的设计语言、鲜亮明艳的色彩语言设计棋盘游戏产品。儿童在游戏开始时选择身份卡，拿上每个身份卡专属的棋子，将棋子放入地图的起点，投掷骰子，得到点数，棋子落到不同颜色的方块上抽取不同的事件卡牌，其中问题卡需要回答对问题才能继续进行，未回答正确要暂停一轮，获得道具卡后，在专门的道具收集卡上打钩，再将道具卡打乱，率先集齐所有道具卡则获得胜利，图5-14。

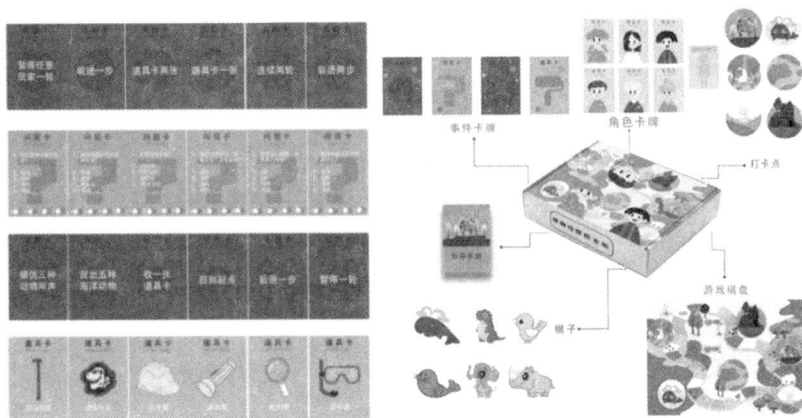

图5-14　棋盘类游戏集合

徽章与别针的设计分别放置在不同的关卡中，一类以山川、河流、风景、树木等自然风光为元素设计，一类以大象、海豚、小鸟、鲸鱼、恐龙、河马等动物为元素设计。图形简洁、概括、扁平化，色彩鲜艳亮丽，图5-15～5-16。

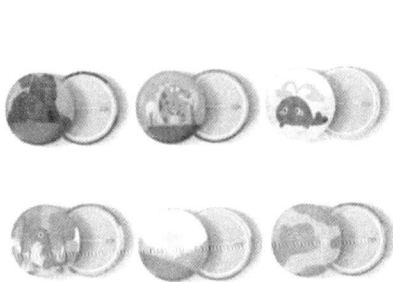

图5-15　徽章　　　　　　　　**图5-16　别针**

整体的设计是为了能够使儿童在使用产品的时候加深对博物馆知识的印象，体现服务价值，后期形成突出博物馆文化元素的相关衍生产品，图5-17。

主要包括了立体拼图、游戏机、剪纸灯、万花筒、逐帧投影灯、音乐盒等产品。立体拼图，选用生物链的方式构成拼图，帮助儿童在玩拼图的过程中还能学习到生物链的知识。同时也提高儿童的色彩认知、图片认知等能力。剪纸灯，儿童可以从素材纸上剪下元素并插进灯座的对应位置中，形成交替的场景效果，提升儿童的动手能力和创造能力。游戏机也是为了让儿童了解大自然的知识。投影灯，以玩的形式赋予其功能，让儿童了解动物运动的肢体动作，增加学习的乐趣，且具有很高的可玩性。万花筒和音乐盒，儿童可以自己组装，同样也锻炼了动手能力和创造能力。整体外观制作要处理的圆滑，不能伤到儿童；以简单的外形，烘托出文化的深厚；增强色彩的强度、纯度、色相等色彩性质的对比，增强产品的吸引力。

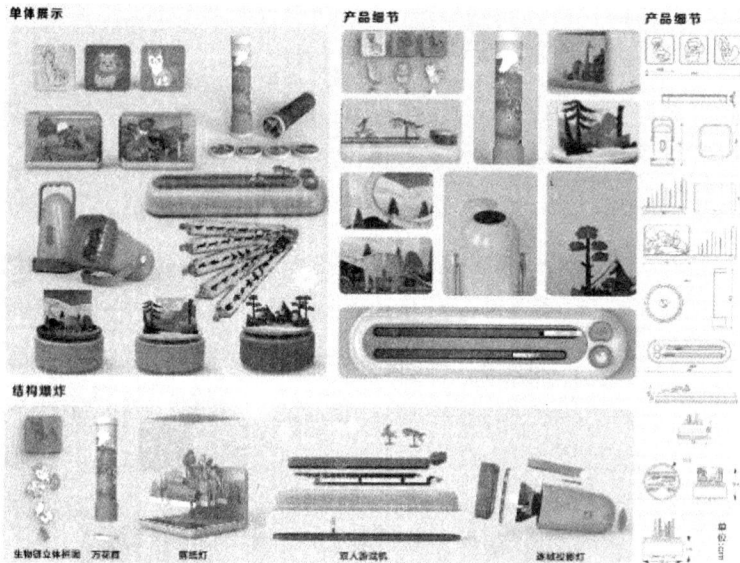

图5-17　衍生产品

三、历史文化主题：宁波博物院儿童配套产品服务系统设计

宁波博物院陈列由主题陈列、专题陈列和临时展览三部分组成。展览内容包括"东方神州——宁波史迹陈列""阿拉老宁波——宁波民俗风物展""竹刻艺术——秦秉年捐赠明清竹刻珍品展"。囊括了从史前河姆渡文化至新中国成立以来的青铜器、瓷器、竹刻、玉器、民俗等文物7万余件，能够

较好地反映宁波城市的历史文脉与艺术特色。

（一）项目背景

将服务设计融入博物馆中去，形成一系列的儿童配套产品服务系统。通过研究儿童的心理及行为认知、博物馆现有的教育活动等方面进行深入分析。以儿童自主探索的方式，结合宁波博物院的特色，对游戏及参观流程进行系统性的设计，营造出一种互动的教育形式，使以往庄重严肃的博物馆变成儿童的学乐基地。让儿童能够通过游戏的形式提升其在观展过程中的体验，让博物馆最大限度地发挥公共服务与教育的职能。

（二）用户需求整理

根据对用户行为和接触点的观察，收集用户需求以及获取信息优先级顺序，能更好地为整个流程设置形成合理规划。以儿童观众从参观前、中、后的不同阶段，直观地把握不同阶段的需求点。目前大部分研究都集中在博物馆"参观中"，但现有研究已经认识到"参观前"和"参观后"所起的关键作用。有研究人员发现57%的观众在参观实体博物馆前和后都访问过博物馆网站。[①]其目的是提前了解相关馆内咨询信息与馆藏物品背景。对于有着丰富藏品的历史博物馆来说，传统的灌输模式不能引起儿童的兴趣，为了更好地体现博物馆在儿童教育中的作用，以下围绕项目整理出不同阶段父母与孩子的需求点，见表5-3。

表5-3　博物馆用户参观体验需求表

阶段	需求
进馆前	①选择博物馆与确定出发时间（家长） ②获取周边停车及路线信息（家长） ③登记相关信息（家长） ④了解参观须知（家长） ⑤预先了解展览内容（父母与孩子）
进入博物馆	①提供存包、推车等服务设施位置（家长） ②现实博物馆内当前人流量（家长）

---

① V. Kravchyna, S. K. Hastings. Informational Value of Museum Web Sites [J]. First Monday, 2002, 7 (2).

续表

阶段	需求
获取展览信息	①儿童版导览手册或学习卡（孩子） ②提供儿童参观导览推荐路线（孩子） ③自助语音导览或APP（孩子） ④与工作人员高效交流（孩子）
进入专区开始参观	①孩子易于理解的导览标签（孩子） ②生动有趣的体验方式（孩子） ③父母协助的"脚手架"资料（家长） ④适宜的空间氛围（孩子）
装置/活动体验	①互动装置的安全性（孩子） ②互动装置与展览主题相匹配（孩子） ③形式多样的教育活动（孩子） ④活动信息的提前告知（孩子）
参观后	①提供休憩场所及餐饮服务设施（孩子） ②清晰的洗手间导视（孩子） ③独具特色的文创产品（孩子）
离馆前	①参观后的反馈奖励机制（孩子） ②加深孩子的观展记忆（孩子） ③延展展线至馆外可参观游玩的活动空间（孩子）

（三）目标用户与利益相关者分析

在儿童参观过程中，经常会遇到以下几个问题：①由于环境的陌生，加上与藏品之间隔层，很难深入地理解，多以走马观花的形式。②没有专属的友好路线，大量的藏品不知道从哪里入手观看。③馆内空间封闭，且通常设置的灯光效果比较阴暗，为此有种好奇但又不敢靠近的心理矛盾。④过长时间的参观，会导致体力下降，容易产生厌倦。针对这些问题可以做出相应的需求调整，所设定的用户画像（图5-18）中都有共同性：充满好奇、喜欢玩游戏，活泼好动且有自己的想法。综合考虑提取出主要需求：①设置专属儿童参观路线；②参观行为符合儿童喜好的探索方式；③设计IP形象，并提供适当的物质奖励。

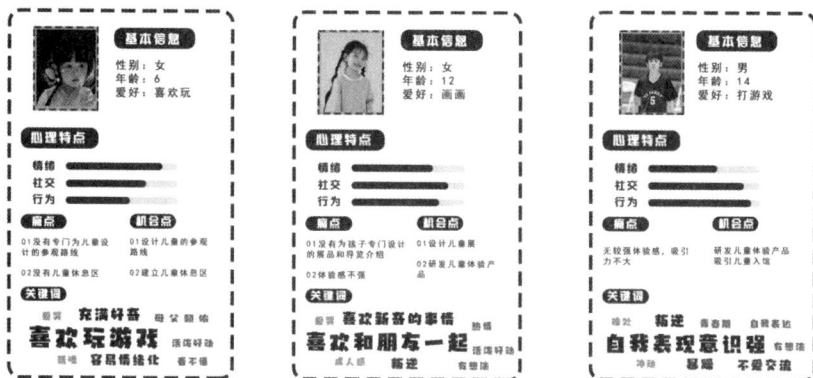

图5-18　用户画像

　　针对博物馆儿童目标群体，以满足儿童观展需求为中心，建立利益相关者网络图，有利于梳理不同利益相关者之间的关系。儿童体验区的主要利益相关者（图5-19）包括儿童（不同年龄段）、父母、博物馆等；次要利益相关者包括志愿者、其他游客、合作伙伴、馆内管理团队、文创运营部门等直接影响儿童观展体验的个人或组织；潜在利益相关者包括媒体、技术团队、产品供应商、政府部门等间接影响儿童参观体验的个人或组织。

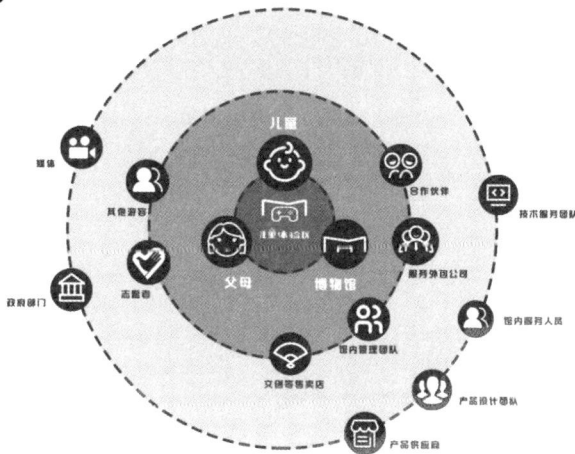

图5-19　利益相关者地图

（四）服务流程与服务蓝图

通过开发博物馆儿童配套产品系统设计，可以最大限度地开发儿童的潜能。形成用户旅程图（图5-20），服务前设计，体现在儿童专属门票、导览图上，这是参观者信息获取和分享的渠道；服务中，通过儿童专属导览图进行系统化游戏来提升儿童的参观体验，让儿童用自己喜欢的方式学习。游戏针对6～14岁的儿童，通过体验式以及沉浸式的游戏方式激发儿童的好奇心和创造力。服务后，可兑换或购买多样化文创产品，给儿童提供更加完整，友好的服务体验，增强儿童的参与性与体验感。

图5-21，服务蓝图中，用户前台的接触点有：预约程序、查询机、手表的UI界面设计、游戏产品设计、奖励机制等。所有的设计都可相互衔接，形成儿童的专属游戏路线。后台的系统支持有：官方运营维护平台、游戏开发团队，技术团队、供货服务商等。

整体的游戏流程为：完成三关找文物的游戏，每完成一关手表中宁波博物馆IP形象——宁宁就会上升一点。完成第一关露出头部，完成第二关露出身体，完成第三关全部出现。可以根据宁宁露出的部位兑换相应的小奖品。最后一关是和别的小朋友一起玩劫拦文物大冒险游戏，锻炼儿童在陌生环境的社交能力，赢的小朋友可以得到相应的奖品。每个儿童在宁波博物院可以获得儿童专属门票，游戏导览地图，头像贴纸，游戏奖品和小礼袋一个。游戏机制不但可以提高儿童的参观兴趣，游戏过后的奖品也让儿童感受到满足感和自豪感。同时儿童会将得到的奖品与他人分享，在无形中宣传了博物馆，加大了博物馆的知名度。

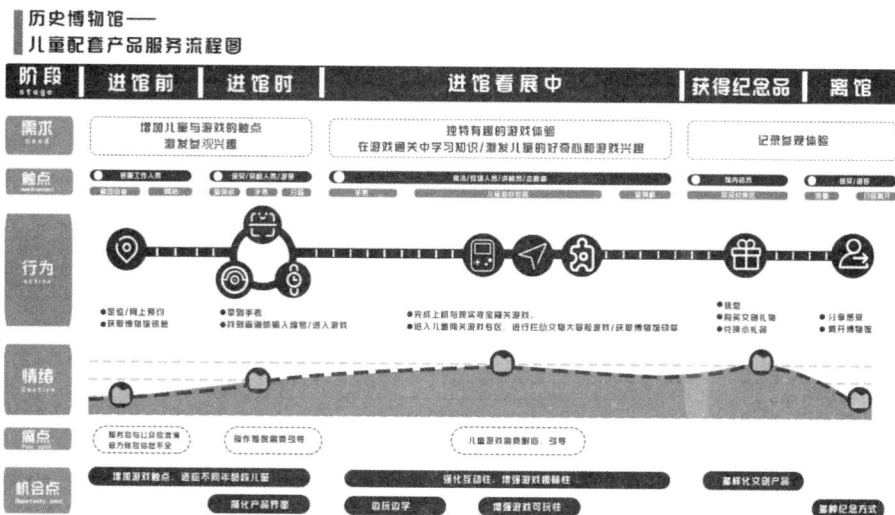

图5-20　用户旅程图

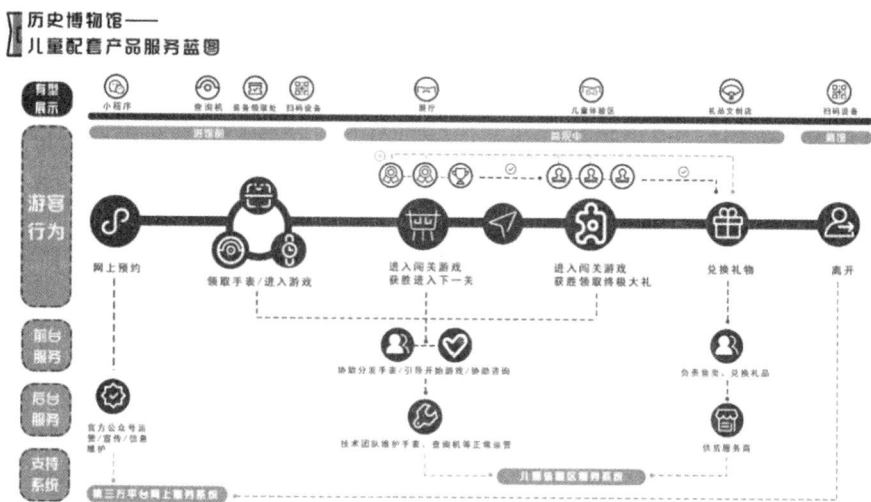

图5-21　服务蓝图

　　为了优化博物馆的服务内容，让儿童提高对博物馆的参观兴趣，首先需要一个能快速和儿童拉近距离的产品，形成IP形象。IP形象的灵感来源于宁波博物院的LOGO，将LOGO分明的菱角圆润化成为IP形象的脸，再将其拟人化。之后游戏需要用到的查询机的外观设计（图5-22）也应用到IP形象。同时为儿童设计专属的门票（图5-23），以便收藏。因为查询机的主要应用人群是儿童，所以在设计过程中考虑到不同年龄阶段儿童的身高问题以及同个馆区内儿童的人流量问题。在查询机的设计上同时将两个显示屏放在一台机器上，满足博物馆内出现大流量儿童情况时的用机需求。两个显示屏具有一定的高度差，满足不同身高以及不同年龄段的用户需求。在手表的设计上，提取IP形象进行镜面上的外观创新。使所有的设计都能起到相互呼应的效果。

图5-22　宁博IP形象

图5-23　门票设计

（五）服务系统分析

整体系统是通过寻宝图（见图5-24）、查询机、手表（见图5-25）和三个馆区组成。游戏流程为：找到馆区门口的寻宝图与查询机开始操作，选择游戏头像，输入手表背后的编号进入游戏。每只手表的编号不同，每个人都有对应的编号，查询机中的系统自动根据手表中的数据实时更新游戏进程。首先选择第一关：根据一块拼图及语音提示在对应馆区内寻找文物。成功找到文物后，用手表进行扫描，若是成功手表会有游戏成功的提示音，同时告知如何进行下一步。第二关：根据出现的文物剪影及语音提示在对应馆区寻找文物。第三关：根据所出现的文物简笔画以及语音提示在对应馆区寻找文物。总共有三关，每个关卡游戏不同。在找到对文物之后，用入口所分发的手表对文物边上的二维码进行扫描。若手表扫描的不是对应文物，手表会出现扫描错误的告知同时有相应的提示音。若手表扫描的文物正确，手表会跳出游戏成功的界面，并且指引前往下一个查询机进行游戏。每完成一关，手表上的宁波博物院IP形象宁宁会露出一个身体部位。通过宁宁养成计划来激发儿童的好奇心和游戏兴趣。最终可通过完全露出的IP去奖品兑换处领取相应的奖品。上机和现实寻找的游戏结束之后，可前往儿童游戏专区进行劫拦文物大冒险的游戏。该游戏可以同时适合2~3人进行游戏。此游戏的属性是益智儿童游戏棋类，每赢得一局，可得到一枚印章。集齐三枚不同的印章可以得到奖品。游戏棋的设计不但融入了宁波博物院的特色还可以锻炼儿童的语言交往能力。该能力是儿童未来发展的一种基本能力。通过游戏的方式，让他们在无形中将视觉信息、听觉信息等转换成语言。同时，与其他儿童玩耍锻炼其胆量和人际交往能力。

图5-24　寻宝图

图5-25　手表设计

从物质流、资金流、信息流三大流方面构建儿童配套产品服务系统（图5-26），物质流方面，博物馆为儿童及父母用途提供礼物及相关文创产品，供应商对博物馆内部进行物质流传递，馆内服务人员提供产品引流服务;资金流方面，支付平台等于用户之间进行支付费用的资金传递。信息流方面，博物馆分别通过公众号、媒体等提供给对应的用户，并保证主馆与儿童体验区信息互动，博物馆授权文创礼品店，并提供场地租赁等服务，而文创产品店的销售信息则通过平台告知供应商，以便及时解决产品供不应求的问题。

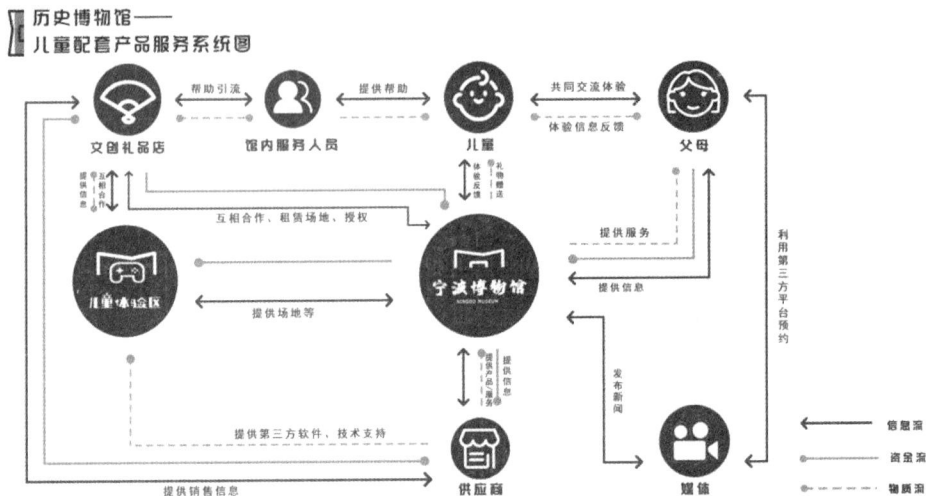

图5-26　服务系统图

此外，设计一款以宁波博物馆内具有代表性的文物为外观造型元素的棋盘类游戏，并衍生出相关的文创产品（图5-27～5-28）。该游戏的名称为：拦劫文物大冒险。游戏规则：游戏可以有2～3个玩家。若玩家人数为2人，按照游戏旗子的颜色来分配，一人持黄旗，一人持绿旗；若玩家人数为3人，按照旗子形状来分配，一人持短条旗，一人持长条旗，另一人持直角旗。每个旗子上印有不同种类的文物，棋盘上有障碍物的地方需要绕开，不可放置。直到最后放不下时，清算手中的文物，量少者胜。

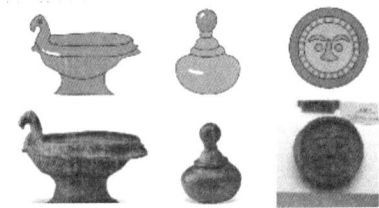

图5-27　文物图案设计

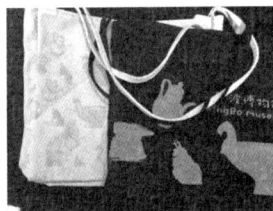

图5-28　衍生产品

四、传统技艺主题：中国丝绸博物馆汉服文化衍生产品设计

中国丝绸博物馆，位于浙江省杭州市，是全国性的丝绸专业博物馆，也是世界上最大的丝绸博物馆。博物馆以中国丝绸为核心的丝绸纺织服饰文化

遗产收藏、保护、研究、展示、传承、创新等工作为主，以研究为基础夯实博物馆丝绸历史、科技保护、传统工艺和当代时尚。在此基础下，为了着实能更好地把丝绸技艺给予认知与传承，结合当下对于传统文化认同感的不断增强及华服节的设立，汉服文化的复兴已经逐渐被大家所认同。目前馆内最常见的形式是社教活动。将汉服文化与丝绸技艺进行整合，整个服务系统搭建的目的在于，使参观者感受汉服文化的魅力，结合中国丝绸博物馆的馆藏文物、历史故事，使参观者能更加近距离直观地触碰汉服的美。（见图5-29）

图5-29　中国丝绸博物馆

（一）语境分析

结合中国丝绸博物馆的馆藏文物，以大众对于汉服文化的理解，进行传统与现代的碰撞。当今社会中汉服文化也越来越趋向于年轻化，年龄跨度开始扩大，汉服的推广模式也逐渐开始多样化，从线上观看到线下活动，再到日常穿着。对中国丝绸博物馆中的传统服饰文化的藏品、传统工艺、故事进行了解分析，对所蕴含的文化进行再设计，形成一个完整的产品。希望博物馆能通过衍生产品这一方式，来对外输出文化，向参观者传播汉服文化与中国传统文化的魅力。

（二）目标用户与利益相关者分析

目标对象设定为7～12岁的参观者，从中国丝绸博物馆中的历史服装，如明制、宋制等服装中提取元素，结合传统工艺如缂丝、缥丝等，设计出古今碰撞的衍生产品，既能拥有古典韵味，又能符合现代的审美，让参观者对其增加兴趣，增强产品吸引力，推广汉服文化。

用户角色（小贝）：7岁，女孩，好奇心特别大，对一切新鲜事物都非常好奇，平日喜欢打扮，尤其幼儿园组织活动的时候，喜欢穿汉服去游园，偶尔学校组织参加过博物馆的活动，对馆内的藏品充满好奇。

用户角色（小张）：9岁，男孩，喜欢动手操作和观察，去过丝绸博物馆，但是大部分都是妈妈带着走。对纺织车这类物件比较感兴趣，想了解它们是怎么织布的，更想动手去体验一下。

用户角色（欣欣）：12岁，女孩，以前拍照片的时候穿过汉服，觉得特别好看，学校里老师也讲过关于汉服的文化，特别感兴趣，尤其对汉服的饰品，希望有机会能动手制作一件属于自己的汉服饰品。（图5-30）

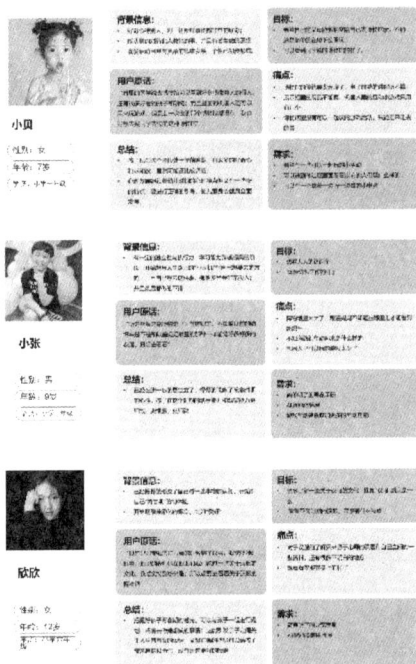

图5-30　用户画像

在丝绸博物馆与汉服文化结合的背景下，整个系统利益相关者分为三类，如图5-31所示。①核心用户，包括儿童、父母和博物馆等；②内部体系，包括志愿者、非遗传承人、合作伙伴、执行层员工、文物合作方等。此部分利益相关者为博物馆提供日常运营，也促进整个系统前端的稳定，是维护核心用户利益的关键部分。③合作伙伴：包括社区、研学机构、其他政府、媒体等，此部分利益相关者为博物馆服务系统运作提供可能、资金及宣传。

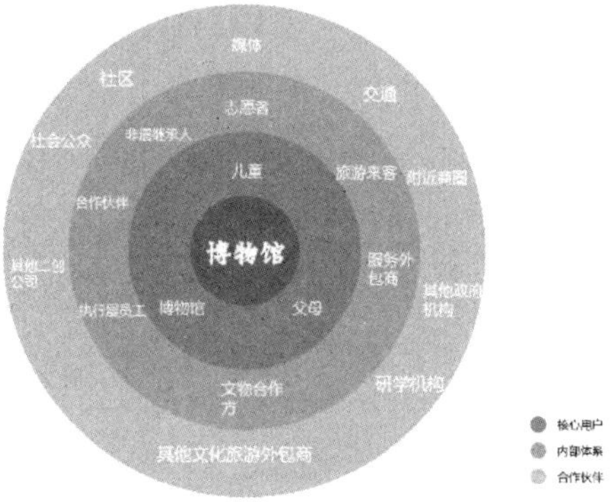

图5-31　利益相关者地图

（三）价值主张画布

本服务的价值主张是通过游戏化的形式了解汉服文化，如图5-32所示。目前，针对目标对象而言，参观过程中存在痛点包括：缺少互动功能、展品历史文化传播困难、馆内导览路线单一，参观与活动形式单一。为此，以用户为核心，有效链接各利益相关者，设置有关汉服文化故事的相关互动方式，形成"拜帖"历史文化导览册，以沉浸参与的方式，赋予特定展品含义不同的互动玩法。

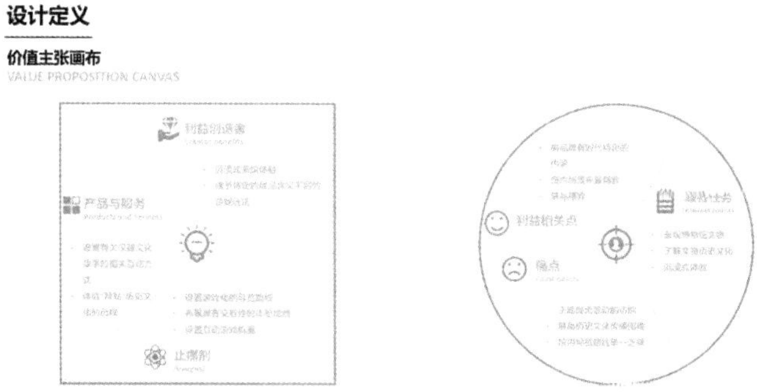

图5-32　价值主张画布

（四）服务系统图

设计者从物质流、资金流、信息流三大流方面构建了新的服务系统图，见图5-33。①在信息流方面，儿童与讲解人员之间主要以志愿活动、宣传信息等相关信息流动传递，父母则通过手机端获得相关活动信息，主管工作人员与合作商进行相关信息传递，媒体则用于发布信息。②在资金流方面，馆内运营与用户（这里指父母）之间主要以商品的费用支付等的资金流传递，而产品的制作支持系统与馆内运营团队之间通过资金来完善前端的配套设施。③在物质流方面，用户与运营团队之间主要以礼品或奖励的物质流传递，工作人员系统与设施提供之间主要以设施、设备供应的物质流传递。

图5-33　服务系统图

（五）服务流程与服务触点分析

1.服务流程

基于用户旅程图，以地图引导册为整个服务过程的走线，册上各个区域的代表性文物标志的造型要有明确的识别性，以方便在猜字谜时能认识相对应的文物，进而能顺畅地引导参观者了解认识博物馆各文物，并加深对不同文物的认知。引导地图册采用了亚麻色为底色寓意中国的历史深厚，以蓝色的河流为行动路线的寓意有两点，一是中国历史源远流长，二是江南水乡温柔细腻，而不同图标表现的是不同的手工艺和蕴意，还能在无形中了解一些传统的工艺。并且在每个文物图标旁设置该文物的字谜，而字谜是古代过年过节时不可或缺的游戏，所以参观者可以在猜字谜过程中了解传统的工艺，而左边的两个人物形象便是古代的男生、女生的代表，古代形容男子经常是翩翩公子，而女子则是端庄温婉。而右边的是"拜帖"，图5-34，古时要上门拜访时，先需提早让小厮拿着拜帖上门，由此而来的。

图5-34　引导地图

通过调整后的服务旅程图（图5-35），在用户需求上满足指导路线的提示，增强游戏互动体验，增加观展的趣味性，满足额外奖励的收获等。在用户行为上，改变常规的参观流程，新的流程（图5-36）则是领取"拜帖"导览手册—亲子共同观展寻找谜底答案—开始"猜谜"观展—选择展厅范围—获取积分—扫码盖章—集齐印章—领取礼品—离开博物馆。比较之前的流程，新的流程更具针对性与趣味性的新服务内容，进而形成新的服务触点。同时，图5-37服务蓝图中，前台工作流程的改变，也影响着后台维护与管理机制的调整。

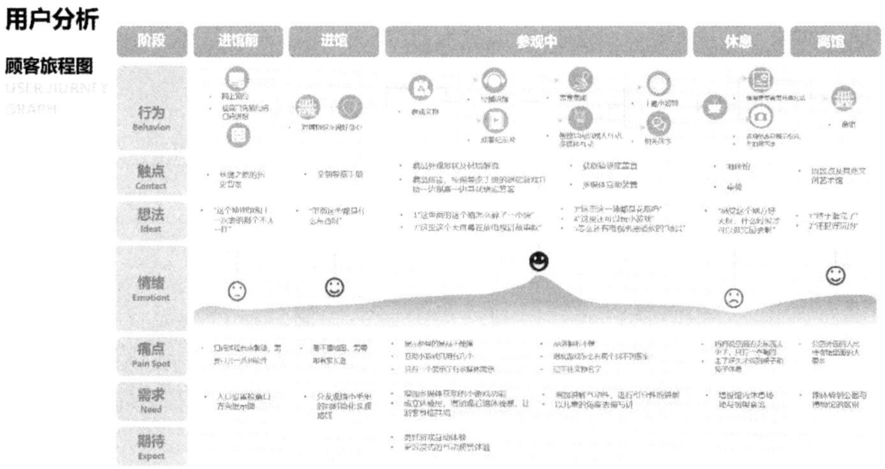

用户分析

顾客旅程图

图5-35　用户旅程图

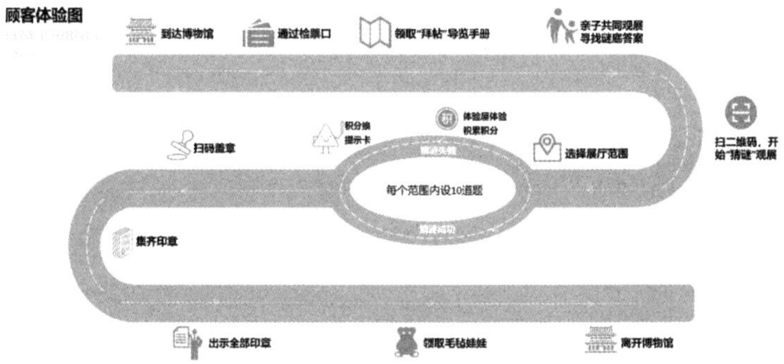

图5-36　用户流程图

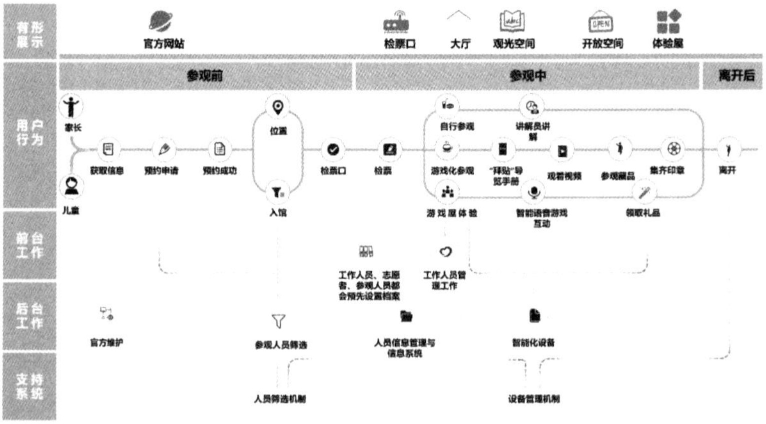

图5-37　服务蓝图

2.服务触点

通过对场馆中每个馆中最重要的代表文物、历史事件进行重新的设计，以馆中代表文物为绘图标志，结合文物所关联地点，进行地图导览册的设计，利用馆中的布料特质，结合手工艺，完成产品，包括了缠花、绘本、毛毡娃娃、地图导览册等（见图5-38）。产品需要突出汉服的特色，对于缠花，从馆中提取主要元素，而造型和审美就要重视，所以材料和质感就要凸显出来，绘本则是以重要节日为原型绘制的，要用这些体现出汉服的深厚历史文化，还要参考一些符合现代流行的色彩和传统色彩所不同之处，加大产品的吸引力。

在每个地图关卡中，都设定了羊毛毡娃娃与人物徽章设计，毛毡娃娃是由不同的布料、棉花、丝带、一些装饰的小物件制作而成的，娃娃的皮肤利用的是短绒的布料，里面填充棉花，头发是用毛毡在做好的娃娃的脑袋上塑形，然后用不同纱和布料做出汉服的短袄、上襦、下裙、腰封等，经过缝合，就完成了一套娃娃的汉服服装。头饰是丝带和小小的装饰物件，整合在一起的。娃娃的衣服和头饰都是可以穿上和脱下的，便于近距离观察。人物徽章形象的装饰纹样、服装造型、色彩搭配以及人物配饰的设计元素都选自传统文化中的元素。女子的服装和发饰，彰显了古代女子的钟灵毓秀、端庄大气、仪态万方，男子的服装配饰彰显了古代男子仪表堂堂、兰芝玉树、丰神俊朗。在无声无息中传递着汉服文化的魅力。

图5-38　衍生产品

此外，中国丝绸博物馆汉服文化衍生产品（见图5-39～5-40）服饰各异，配饰如冠、钗、簪、发梳、后压等，绣花如织金、妆花等，布料如绫、罗、绸、缎等，服装形制如明制、宋制等，各衍生品均提取代表性的物品或工艺等制作而成。如衍生产品发冠、发簪头饰等，采用蚕丝、纸片、铜丝、白乳胶、珍珠铜配等材料，运用缠花这一非遗工艺制作而成。

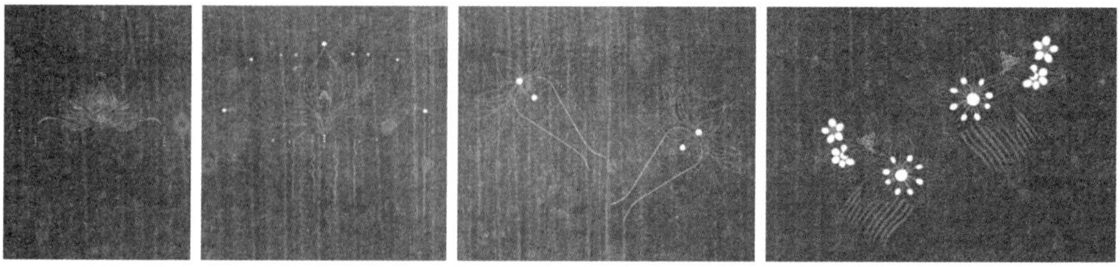

图5-39　发冠后压、发钗、U型钗、发梳

图5-40　实物展示效果图

五、考古文化主题：良渚博物院服务设计

良渚博物院展览依托"水乡泽国""文明圣地""玉魂国魄"三个展厅（见图5-41），全面、立体、真实地展示了良渚遗址和良渚文化的考古成果、遗产价值，体现了良渚文明在中华文明"多元一体"历史发展进程中的重要地位和独特贡献。

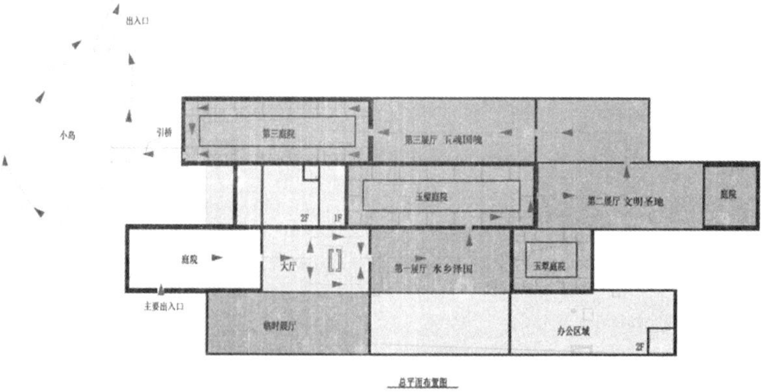

图5-41　良渚博物院展厅平面图

（一）良渚博物院儿童教育服务系统现状

馆内整体服务方面：实地走访过程中，观察儿童参观行为、情绪体验，了解用户需求，运用服务设计工具、用户体验地图（图5-42），将用户需求和体验用视觉化的效果体现。基于用户体验地图，可以发现在参观浏览过程中，存在一些痛点，例如，前期获取信息的过程不及时，不完善，较琐碎，不集中；博物院设置的游戏活动超过了儿童的接受范围；对于博物院的介绍，展品信息、活动内容相对缺乏，以及参观后服务的延续性不到位。在调研中还发现由于时间的限制，参观者无法进行有效的参观活动，往往草草浏览一遍结束，导致参观体验不佳。因此，在后续设计中将会考虑这部分因素，提升用户体验感。

用户体验地图

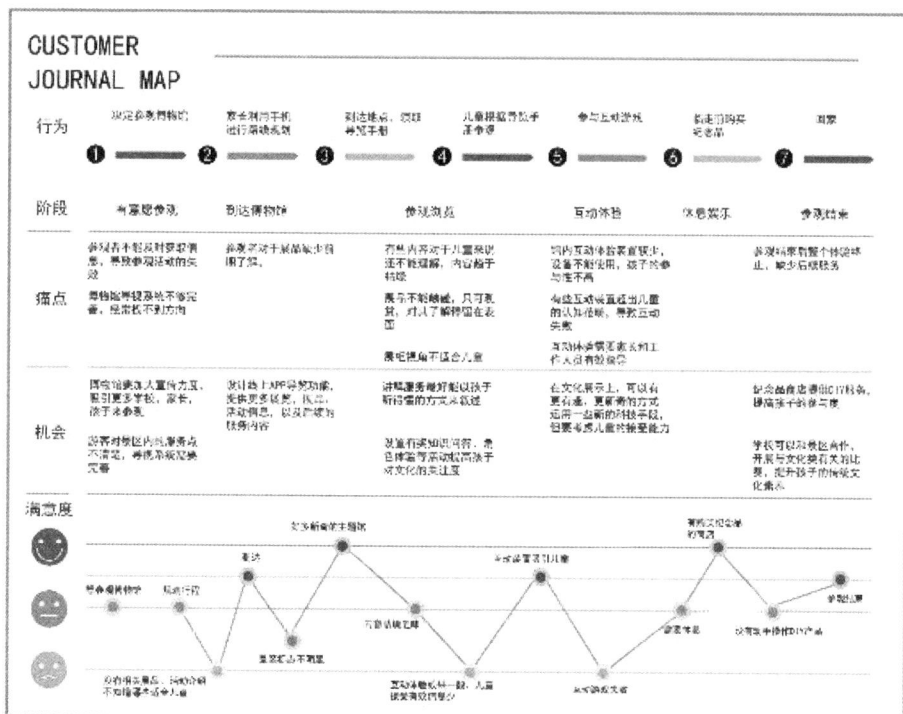

图5-42　用户体验地图

分析用户体验地图，发现有些游戏的设置超过了儿童的接受能力范围。借用新型技术手段使展陈方式、活动实现多元化，但对于认知能力相对较弱的儿童来说是有负担的，因此在游戏的设置上也需要合理分类，符合各年龄段的儿童需求。另外还需要家长及馆内工作人员的配合与指导。调研中发现部分儿童在参与活动过程中，家长并没有和儿童进行有效互动，只是在一旁做自己的事或任由儿童随意摆弄。例如，在某个博物馆互动游戏中设有AR沙盘，儿童只是对沙盘感兴趣，并不对游戏本身感兴趣，因此在互动游戏中，需要家长与工作人员的配合与指导，保证游戏与活动的有效执行。

家庭教育服务方面：良渚博物院作为教育点，配置了相关的学习打卡设备。在实地调研中对儿童在展区滞留及参观的时间进行记录，其中，对于稻作农业、骨角牙器和玉器的参观时间最长，这三个模块的介绍中有大量的图片，而关于此内容的展品和模型对儿童的吸引力较大。值得一提的是家长的引导在儿童参展过程中发挥了较大作用，在家长、博物馆导览工作人员的介绍及互动下，儿童会对良渚文化的内容进行思维的发散延伸，也让儿童在整个参观环节的参与性上更为高效及持久。除此之外的解说还包括馆中的儿童读物《良良的玉器世界》《五千年良渚王国》，以绘本的形式将良渚时期的生活历史展现在儿童面前，采用的形式和视觉效果都贴合儿童的喜好，让儿童的观展学习效益更为持久、深刻。

线上的云端教育方面：分别为线上导览、专门针对儿童的博物馆网页、虚拟漫游、音频课程、视频课程、线上推文及信息、线上游戏、线上直播。虽然线上观展无法取代线下的沉浸式观展体验，但它无疑是一种新颖的、辅助的、必要的观展方式和教育途径。良渚博物馆在线上的服务体验较为全面：线上微信公众号有详细的预约流程以及对场馆活动的了解，在参观前可在线通过官网VR漫游虚拟导览熟悉馆内馆外的空间布局全貌（见图5-43），完成线上的预约操作后再转接到线下的实际活动。同时，线上能够为儿童提供专属的参观导览路线，与正常路线相比较，能够减少儿童在参观中的体力、精神及好奇心几个层面的消耗，变相地提高了儿童的参观体验与效益。

图5-43　VR漫游虚拟导览界面

（二）目标用户

在博物馆进行实地走访，观察儿童的行为活动时，发现年龄较小的儿童常被家长怀抱，向其介绍展品内容，他们在参观过程中更依赖于家长，家长起到主要的领导作用。大多数博物馆展柜都是依据成年人的视角所设计，这就导致了年龄较小的儿童不得不由家长怀抱来参观展品。由于儿童年龄较小，认知存在一定局限性，展品对其来说只是一个物件，超出了儿童的认知范围，导致了儿童观展体验不佳。相对于年龄较大的儿童，他们的思维逻辑变得清晰，会更自觉去探索、浏览博物馆，对于一些活动，他们有能力理解并且执行，因此在用户对象上设定为7～11岁的儿童比较适合（见图5-44）。

为了能够更好地观察儿童在参观中的行为和反应，以良渚博物馆第一展厅为例，对不同年龄的儿童面对展品滞留的时间进行调研，结合在博物馆内的停留点与停留时间加以分析、对比并总结出儿童参观的习性。儿童在观展中会表现出许多参观行为，通过记录儿童与展品之间的行为表现，常见的有驻停、折返、交谈，同时伴有情绪起伏。儿童对展品的好奇心驱使他们在展品面前停留并观察，以提问、表达等方式与同伴或家长进行交流。停驻的时间是儿童对展品认知深浅的重要依据。总结儿童停驻的情况，一是儿童被展品的造型、材质等某一方面吸引；二是该展品在生活、学习中有接触或了解过；三是展品可互动；四是展品配有有关的视频或动画；五是孩子与家长交流，并得到相应的讲解。

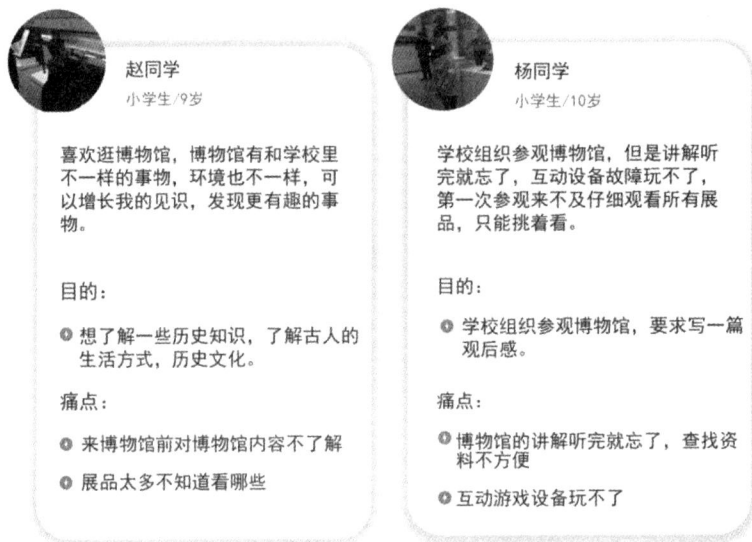

赵同学
小学生／9岁

喜欢逛博物馆，博物馆有和学校里不一样的事物，环境也不一样，可以增长我的见识，发现更有趣的事物。

目的：

⊙ 想了解一些历史知识，了解古人的生活方式，历史文化。

痛点：

⊙ 来博物馆前对博物馆内容不了解

⊙ 展品太多不知道看哪些

杨同学
小学生／10岁

学校组织参观博物馆，但是讲解听完就忘了，互动设备故障玩不了，第一次参观来不及仔细观看所有展品，只能挑着看。

目的：

⊙ 学校组织参观博物馆，要求写一篇观后感。

痛点：

⊙ 博物馆的讲解听完就忘了，查找资料不方便

⊙ 互动游戏设备玩不了

图5-44　用户画像

（三）服务流程

整个服务流程在参观前、参观中、参观后三个阶段进行优化并增加了多个行为节点，以提高儿童的观展兴趣，满足他们个性的参观需求以及丰富的导览体验（如图5-45）。主要包括：①提前了解展讯相关信息；②进入馆内前，根据个人兴趣选择个性化路线；③进入馆内，可根据回答问题获取卡牌，赢得积分，使整个参观过程具有成就感；④参观结束前，设置游戏棋获得奖励，拔高触点高峰；⑤设有儿童专属文创产品；⑥通过平台分享体验感受可获得额外积分，用于商城换购。换购内容有户外研学活动、互动体验活动等。

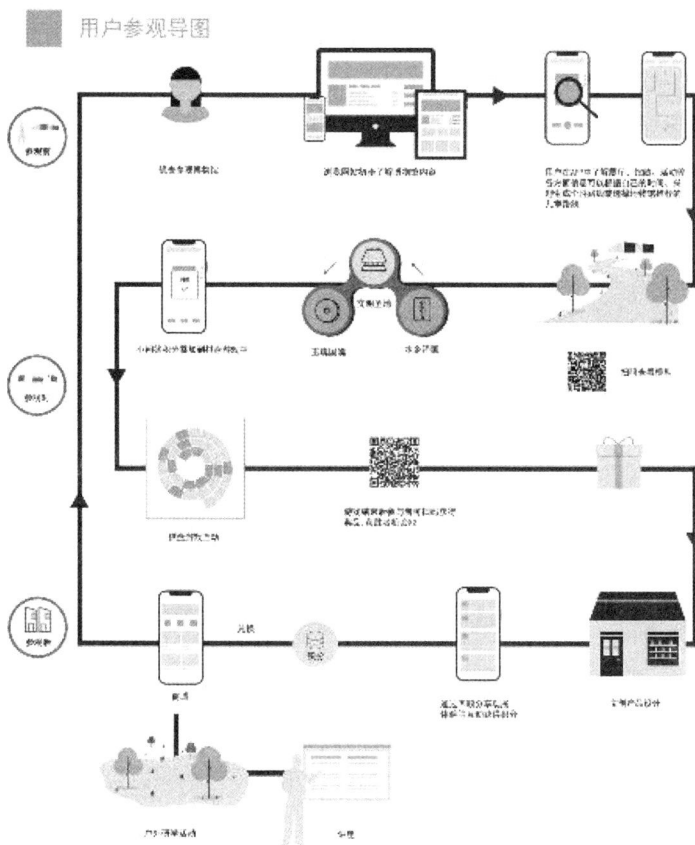

图5-45 服务流程图

（四）服务触点设计

1. 物理触点

良渚品牌视觉形象设计（图5-46～5-49）。首先设计品牌标志，以良渚和字母为主体。根据良渚神徽——神人兽面纹纹饰，经过简化、抽象演变形成新的图案，使图案从具象转化为抽象，但不改变其内涵。从良渚刻画符号中选取素材，运用相同的手法绘制新图案作为品牌辅助图形。在设计中考虑儿童因素，在配色上选择鲜亮的色彩，使原来单纯的纹饰变得丰富、多彩，符合儿童活泼、爱新奇、爱发现的特点。将设计完成的标志与图形运用到产品中，例如笔记本、明信片、帆布包、胸章等，设计一些相关的文创产品。最后完成一套面向儿童的统一、协调的良渚品牌形象设计。

■ 品牌形象设计-标志

图5-46　良渚视觉形象（1）

■ 品牌形象设计-图形

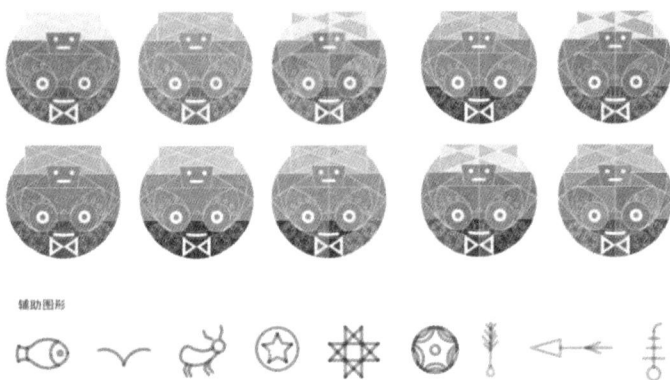

辅助图形

图5-47　良渚视觉形象（2）

图5-48　良渚视觉形象（3）

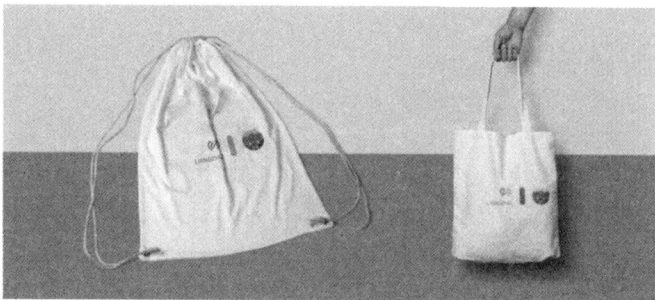

图5-49　良渚视觉形象（4）

　　良渚文化游戏棋（见图5-50）以良渚文化为内容，包括农业、陶器、漆器、刻画符号、玉器、建筑、神徽等内容。用简洁的线条来表现图形，形象又明确。棋盘共有30格，18格为问题格，6格为奖惩格，6格为卡牌格。玩家投掷骰子，按照1～30的方向前进，如果停在卡牌格，需要回答相对应的问题，答对问题积一分，结合参观过程中的积分，积分最多者获得胜利，可以获得奖品。儿童边玩边学，通过非展陈方式来传递知识，以馆藏展品为方向，激发儿童的探索精神，提升学习趣味性，增强与小伙伴、家长之间的互动性。最后形成一套游戏棋，包括棋盘、棋子、骰子、游戏手册、外包装。

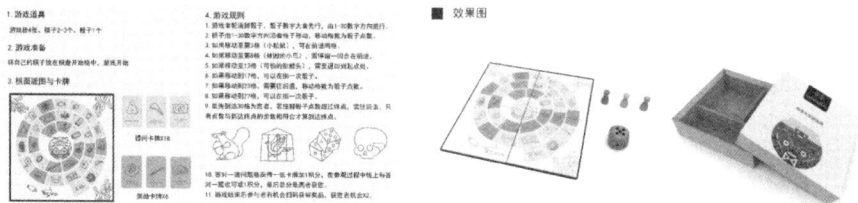

图5-50　良渚文化游戏棋

2. 数字触点

　　数字触点通常是小程序或APP。核心需求功能主要包括展厅及展馆介绍、入馆注册、相关展品语音或视频、相关路线推荐、近期展讯等。大框架分为四个：馆藏、参观、活动、我的。在每一级大框架下细分二级框架。根据框架结构绘制线框图，明确页面排版和功能的体现，各个页面之间的转换连接，页面的动画效果，图标的设计，图片、文字、图标及页面交互结构流程，界面排版，界面交互动效。界面设计的效果多样，风格多样，最终还需符合博物馆形象。

良渚博物院APP的主要功能设定为线上导览（如图5-51、5-52），贯穿整个参观过程，从参观前、参观时到参观后。参观前主要为获取信息，儿童及家长可在界面中了解到展厅、馆藏、活动、参观路线、积分、购物等多种信息。参观时，儿童可以跟随自选路线或儿童走线参观展厅，并回答问题获得积分，参观后，儿童可在家长协助下，参与良渚文化游戏棋的互动。发布自己的参观感受，获得积分，兑换奖品、课程、活动等。同时也能查询到参观记录，如路线、展品、照片、历史知识等。这一部分既是儿童对自己参观过程的总结，也是一个与他人分享乐趣的过程。以积分兑换的方式来吸引儿童二次观展，能够提高儿童对博物馆的关注度。线上导览主要解决了用户信息收集的问题，提供导览服务方便扩大用户后续服务内容。

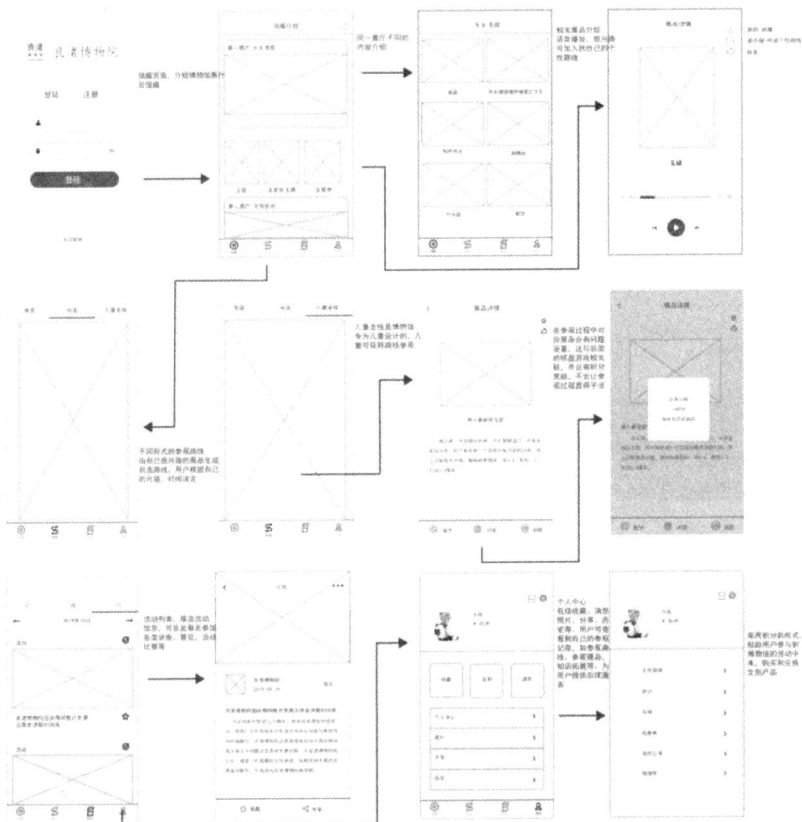

图5-51　APP交互框架

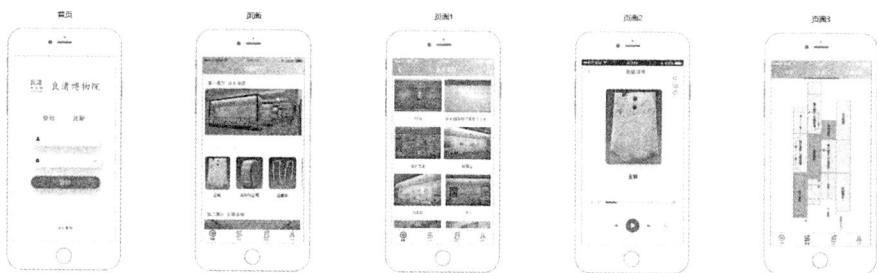

图5-52 APP效果图

3. 人际触点

人际触点比前两者更灵活，能动性更强。人与人（服务接收者与服务提供者）之间接触会通过着装、表情、话术、行为等产生情感互动。在本项目中，作为服务提供者的讲解员、工作人员、志愿者等都需要针对人际触点制定固定标准和专业培训，以保证实施水平。

（五）服务评价

作为一座良渚文化专题类的考古学文化博物院。通过线上线下结合的方式观展，将会是未来体验博物馆的新形式。用户通过前期信息浏览，对博物馆背景有大致的了解，对后期实地观展会有较大帮助，能够起到协同作用的效果。对于参观前期，主要是资讯、展品介绍、参观路线等的集中收集；参观中期，设计了一套游戏棋，以实物的方式更能让儿童感知这项活动，儿童在与小伙伴和家长的互动中也是一个学习的过程。游戏棋目的是激发儿童探索精神，知识是次要的，重要的是体验感；后期则注重参观后的服务内容，以积分兑换的形式不断加强用户对博物馆的关注度，加强用户与博物馆之间的联系与黏性。

参考文献

［1］王艳艳. 从儿童需求角度看浙江省公共设施产品服务设计现状［J］. 工业设计, 2018（03）：46-48.

［2］Peter Van Mensch. Methodological Museology, or Towards a Theory of Musemu Practice［M］. London：Athlone, 1990.

［3］Edward P. Alexander . Museum in Motion：An Introduction to the History and Functions of Museums［M］. Nashville, TN：American Association for State and Local History, 1979.

［4］Ellen Cochran Hirzy. Excellence and Equity：Education and the Public Dimension of Museums［M］. Washington DC：American Association of Museums, 1992.

［5］John H. Falk and Lynn D. Dierking. The Museum Experience［M］. Washington DC：Whalesback, 1992.

［6］John H. Falk and Lynn D. Dierking. The Museum Experience Revisited［M］. New York：Routledge , 2012.（本书于2021年被翻译成中文《博物馆体验再探讨》）

［7］George E.Hein.Learning in the Museum[M].New York:Routledge, 1998. Routledge, 1998.

［8］石章. 浅论博物馆社会知名度与观众来源渠道——以福建博物院为例［J］. 福建文博, 2017（01）：94-96.

［9］周婧景. 试论博物馆儿童专区展览"双重尊重"原则及其实现对策［J］. 东南文化, 2018（4）：98.

[10] 高颖, 许晓峰. 服务设计: 当代设计的新理念 [J]. 文艺研究, 2014 (6): 140-147.

[11] 张盈盈, 史习平, 覃京燕. 服务导向的博物馆可持续性体验设计研究 [J]. 包装工程, 2015 (11): 1-4.

[12] 周婧景. 博物馆儿童教育——儿童展览和教育项目的双重视角 [M]. 杭州: 浙江大学出版社, 2017.

[13] Studart, D. C. The Perceptions and Behavior of Children and Their Families in Child-Oriented Museum Exhibitions [D]. Department of Museum and Heritage Studies, University College London, 2000.

[14] 辛德. 英国 "儿童在博物馆" 宣言 (2011) [N]. 中国文物报, 2011-7-13 (005).

[15] 北京光华设计基金会, XXY Innovation. 中国服务设计报告 (2020) [R/OL]. (2020-10) [2023-1]. https://mp.weixin.qq.com/s/hpaQF5iodf1rWnluytfZPA.

[16] 胡飞, 李顽强. 定义 "服务设计" [J]. 包装工程, 2019, 40 (10): 37-51.

[17] 王国胜. 服务设计与创新实践 [M]. 北京: 清华大学出版社, 2015.

[18] 辛向阳, 王晰. 服务设计中的共同创造和服务体验的不确定性 [J]. 装饰, 2018 (04): 74-76.

[19] 罗仕鉴, 邹文茵. 服务设计研究现状与进展 [J]. 包装工程, 2018, 39 (24): 43-53.

[20] 陈嘉嘉. 服务设计——界定、语言、工具 [M]. 南京: 江苏凤凰美术出版社, 2016.

[21] 清华大学艺术与科技创新基地, CSDC服务设计社区. 2020服务设计蓝皮书 [R/OL]. (2020-9) [2023-1]. https://mp.weixin.qq.com/s/VjuKahsivvtM6GAHZBuX-A.

[22] Marc Stickdorn. This Is Service Design Thinking [M]. New Jersey: Wiley, 2012.

[23] Marc Stickdorn, Markus Edgar Hormess, Adam Lawrence, Jakob Schneider. This Is Service Design Doing [M]. United States: O' Reilly Media, 2016.

[24] 丁熊, 杜俊霖. 服务设计的基本原则: 从以用户为中心到以利益相关者为中心 [J]. 装饰. 2020. (03): 62-65.

[25] 杨焕, 马蒂亚斯·阿沃拉, 斯蒂芬·霍姆利德, 张琪. 包容性服务设计的三个

视角：以用户为中心、自适应系统和服务逻辑［J］.装饰, 2020（11）：18-22.

［26］张玉胜.博物馆不应该拒绝低龄儿童[EB/OL].(2022-8)[2023-1]https://baijiahao.baidu.com/s?id=1742153313588033268&wfr=spider&for=pc.

［27］汪晓春, 欧亚菲. 服务设计理念下的展示设计流程探析与实践——以老龄辅具科普展厅为例［J］.装饰, 2019（02）：102-105.

［28］吴林青, 李钰, 董石羽. 基于服务设计思维和方法的博物馆体验设计研究［J］.包装工程, 2021. 42（18）：341-350.

［29］丁熊, 纪合鹏. 基于STEAM理念的博物馆青少年教育服务设计研究［J］.设计, 2021, 34（20）：143-145.

［30］王玫琳, 赵颖, 丁熊. 博物馆参与认知症友好社区营造的服务设计方法研究［J］, 包装工程, 2022, 43（24）：125-133.

［31］Marc Stickdorn, Markus Edgar Hormess, Adam Lawrence & Jakob Schneider. This is Service Design Methods[M].United States: O'Reilly Media,2018.8.

［32］Fianda van Kuler. A public engagement service to foster green spaces in local communities［D］. University of the Arts London. 2021.

［33］韦伟, 吴春茂. 用户体验地图、顾客旅程地图与服务蓝图比较研究［J］. 包装工程, 2019. 7（14）：217-223.

［34］姜颖. 服务涉及系统图的演变与设计原则探究［J］. 装饰, 2017. 6（290）：79-81.

［35］楚东晓, 彭玉洁. 服务蓝图的历史、现状与趋势研究［J］. 装饰, 2018.5（301）：120-123.

［36］BITNER M, OSTROM A, MORGAN F. Service Blue-printing：A Practical Technique for Service Innovation［J］. California Management Review, 2008, 50（3）：66-94.

［37］美国儿童博物馆协会. 儿童博物馆建设运营之道［M］. 中国儿童博物馆教育研究中心, 译. 北京: 科学出版社, 2019.

［38］莎伦·E. 谢弗. 让孩子爱上博物馆［M］. 于雯, 刘鑫, 译. 南京: 译林出版社, 2018.

［39］王艳艳, 巩淼森. 基于学习体验的博物馆儿童专区服务设计策略研究［J］.

家具与室内装饰, 2022, 29（09）: 110-115.

[40] 黄蔚. 服务设计驱动的革命 [M]. 北京: 机械工业出版社, 2019.

[41] Fore W. Bell, DVM . Excellence and Equity [R]. The Ameriican Association of Museum, 2008.

[42] Sergio Correa.Service Design in Museums&Cultural Environments [J]. Touchpoint,2014（5）46-49.

[43] Joann Norris. Children's Museums: An American Guidebook,2d ed [M]. United States: McFarland, 2009.

[44] Tara Zollinger Henderson, David J. Atencio. Integration of Play, Learning, and Experience: What Museums Afford Young Vsitors [J]. Early Childhood Educ J, 2007（35）: 245-251.

[45] Margie. I. Mayfield. Children's museums: purposes, practices and play? [J]. Early Child Development and Care, 2005, 2. 179-192.

[46] 克劳迪亚. 哈斯. 讲述欧洲股市——为什么我们对儿童展览和项目的主题如此谨慎? [J]. 杨丽明, 译. 博物院, 2019（03）: 31. （原文发表于儿童博物馆协会会刊《手牵手》2011年冬季刊）

[47] 蔡静野. 展教结合: 高校博物馆的源流与内涵 [J]. 中国博物馆, 2020（3）: 105.

[48] 陈琦, 刘儒德. 当代教育心理学 [M]. 北京: 北京师范大学出版社, 2007.

[49] 周婧景. 博物馆与儿童利用者: 一种类分众模式的实践 [J]. 中国博物馆, 2017（1）: 63-64.

[50] 王旂旎. 关于博物馆体验学习若干问题的探讨 [J]. 东南文化, 2020, （05）: 134-140.

[51] Sarah Erdman. Welcoming Young Children into the Museum A Practical Guide[M]. London;New York:Routledge ,2021.

[52] 姚安. 博物馆12讲 [M]. 北京: 科学出版社, 2011.

[53] 丁艳丽, 儿童博物馆发展慢 受众需求是根本 [N]. 中国文化报, 2012-5-31.

[54] 高嘉蔚. 服务设计视角下的虚拟展示设计研究 [J]. 包装工程, 2014（7）: 89-93.

［55］T Enninga,M Manschot,CV Gessel,J Gijbels,B Godfroij.Service Design Insights from nine case studies[M]. Boston Berlin：ResearchGate,2013.

［56］郑奕. 提升科技博物馆展教结合水平的五大对策与建议［J］. 自然科学博物馆研究, 2017（2）：23-32.

［57］阿涅丝·巴杭, 迪迪耶·朱利安·拉费瑞耶荷. 为儿童而展示［M］. 台湾：远足—木马文化, 2013.

［58］Adrian George. The curator's handbook[M].London: Thames and HudsonLtd, 2015.

［59］Beverly Serrell. Exhibit Labels :An Interpretive Approach 2nd[M]. Washington DC: Rowman&Littlefield,2015.

［60］Freeman Tilden. Interpreting Our Heritage［M］. United States: 3rd ed. University of North Carolina Press, 1977.

［61］杜莹. 博物馆儿童美育——让儿童感知博物馆的 "美"［M］. 北京：科学出版社, 2020.

［62］秦健, 高峰. 学前儿童美育视角下的博物馆展现设计研究［J］. 家具与室内装饰, 2021（11）：133-137.

［63］果美侠. 博物馆绘本与价值传递——绘本《了不起的故宫宝贝》创作谈［J］. 中国博物馆, 2022（03）：87-92.

［64］郑柳河, 安·罗森·拉夫. 博物馆的系统思维理论与实践［M］. 上海：复旦大学, 2022：285.

［65］Sue Dockett, Sarah Main, Lynda Kelly. Consulting Young Children：Experiences from a Museum［J］. Visitor Studies, 2011, 14（1）：17-21.

［66］Amy Baird, Dr Bruce Davenport and Dr Kate Holden. Learning to play together in the Museum［J］. GEM Case Studies Vol. 25 2020：20-21.

［67］米哈里·契克森米哈赖. 心流：最优体验心理学［M］. 张定绮, 译. 北京：中信出版社, 2017.

［68］郑晶. 游戏型教育模式构建在博物馆中的应用探索——以青少年互动体验展 "大明都水监之运河迷踪" 为例［J］. 东南文化, 2021（03）：161-166.

［69］罗仕鉴, 胡一. 服务设计驱动下的模式创新［J］. 包装工程, 2015, 36（12）：

1-4.

[70] 赵菁. 博物馆元素融入儿童绘本创作方法研究 [J]. 中国博物馆, 2019: 92-97.

[71] 丁熊、梁子宁. 服务与体验经济时代下公共设计的新思考 [J]. 美术学报, 2016（04）: 90-95.

[72] 何珊云, 胡凯悦. 让儿童"动起来", 让知识"活起来"——史密森尼国家自然历史博物馆线上教学资料的分析 [J]. 自然科学博物馆研究, 2022（06）: 26-34.

[73] V. Kravchyna, S. K. Hastings. Informational Value of Museum Web Sites [J]. First Monday, 2002, 7（2）.

外文网站

https://www.thefreedomtrail.org/trail-sites/uss-constitution宪法号博物馆

https://www.helsinginkaupunginmuseo.fi/芬兰赫尔辛基城市博物馆

https://www.museum.manchester.ac.uk/曼彻斯特博物馆

https://www.hmns.org/休斯顿自然科学博物馆

https://www.nbm.org/美国国家建筑博物馆

https://www.metmuseum.org/纽约大都会艺术博物馆

https://literatuurmuseum.nl/nl荷兰海牙儿童图书博物馆

https://providencechildrensmuseum.org/普罗维登斯儿童博物馆

https://www.glasgowlife.org.uk/凯文葛罗夫艺术博物馆

https://home.chicagohistory.org/芝加哥历史博物馆

https://www.britishmuseum.org/ 大英博物馆

https://www.nfm.go.kr/kids/nfmkid/index.do 韩国国立博物馆

https://www.chicagochildrensmuseum.org/芝加哥儿童博物馆

https://museum.busan.go.kr/busan/index 韩国釜山博物馆

http://www.mus-his.city.osaka.jp/大阪历史博物馆

https://www.rekihaku.city.yokohama.jp/横滨历史博物馆

https://www.sjohistoriska.se/en英国国家海事博物馆

https://www.metmuseum.org/大都会博物馆

https://www.penn.museum/宾夕法尼亚大学博物馆

https://home.chicagohistory.org/芝加哥历史博物馆

https://www.dmns.org/丹佛自然历史博物馆

https: //nhmlac.org/洛杉矶自然历史博物馆

https: //www.metmuseum.org/大都会艺术博物馆

https: //nijntjemuseum.nl/ontdek/米菲兔博物馆

https: //www.nhm.ac.uk/英国伦敦自然历史博物馆

https: //www.service-design-network.org/ 全球服务设计联盟官网

https://www.nms.ac.uk/苏格兰国立博物馆

https: //www.nytransitmuseum.org/纽约交通博物馆

https://www.hkmaritimemuseum.org/香港海事博物馆

https: //www.amnh.org/美国自然历史博物馆

https://www.mnhn.fr/ 法国国家自然历史博物馆

https: //www.maas.museum/ 悉尼动力博物馆

https://www.fieldmuseum.org/菲尔德自然史博物馆

https: //www.pleasetouchmuseum.org/触摸博物馆

https: //www.fi.edu/exhibitions 富兰克林研究所

https: //www.maas.museum/learn/应用艺术与科学博物馆

https://naturalhistory.si.edu/史密森国家自然历史博物馆

https://www.childrensmuseum.org/印第安纳波利斯儿童博物馆

https://www.service-design-network.org/全球服务设计联盟官网

图片来源

●●●●●

第一章

图1-1 史密森尼学会的"儿童空间"（1903年）（来源：https://www.si.edu/）

图1-2 图1-2 中国儿童博物馆行业指南（2019版）（来源：https://mp.weixin.qq.com/s/Sq5sluB5TH4oiXTTlqpGrg）

图1-3 中国儿童博物馆教育实践指南（2021版）（来源：https://mp.weixin.qq.com/s/jgkjgUpXHZvxCGv3TSKNKw）

图1-4 故宫文创儿童体验店（来源：https://www.dpm.org.cn/Events.html#hd1-3）

图1-5 故宫博物院教育中心（来源：同上）

图1-6 中国科学技术馆儿童科学乐园（来源：https://cstm.cdstm.cn/）

图1-7 少年儿童自然科学体验馆（来源：http://www.hljmus.org.cn/）

图1-8 辽宁省博物馆儿童体验馆（来源：https://www.lnmuseum.com.cn/#/home）

图1-9 河南博物院社会教育体验厅（来源：http://www.chnmus.net/sitesources/hnsbwy/page_pc/index.html）

图1-10 博立方·文文童学馆（来源：http://www.jxmuseum.cn/）

图1-11 苏州博物馆西馆探索体验馆（来源：https://www.szmuseum.com/News/Details/jjxg）

图1-12 大明都水监之运河迷踪（来源：https://canalmuseum.net/）

图1-13 儿童古代智慧体验室（来源：https://www.njmuseum.com/zh）

com/service-design-analytical-tools/stakeholder-map-for-udemy/）

图2-22　用户旅程图（制作：李嘉乐 指导教师：王艳艳）

图2-23　服务系统图（来源：www.pinterest.com）

图2-24　服务蓝图（制作：李嘉乐 指导教师：王艳艳）

图2-25～2-26　SAP工具包scenes/工具包共创故事版场景（来源：https：//
apphaus.sap.com/resource/scenes）

图2-27　博物馆儿童专区学习体验要素（制作：王艳艳）

图2-28～2-29　香港文化博物馆（来源：https：//www.heritagemuseum.gov.hk/
zh_CN/web/hm/exhibitions/permanent_exhibitions/permanent_
discovery.html#/nogo）

图2-30　博物馆迭代的不同阶段（来源：百度图库，制作：王艳艳）

图2-31～2-32　丹麦安徒生博物馆（来源：https：//hcandersenshus.dk/
laeringsuniverset/）

图2-33　米菲兔博物馆（来源：https://nijntjemuseum.nl/ontdek/）

图2-34～2-37　"あ"展现场（来源：作者2018年7月于富山县美术馆拍摄）

图2-38～2-39　《啊！设计！》书（来源：佐藤卓设计事务所官方网站http://
www.tsdo.jp/detail.html?work=160_ah%20(books)）

图2-40　Century of the Child：Growing by Design（来源：https：//www.moma.
org/calendar/film/1267）

图2-41～2-42　哇哦，博物馆（来源：中国儿童博物馆教育研究中心公众号）

图2-43～2-44　神奇鸟营地（来源：中国儿童博物馆教育研究中心平台）

图2-45～2-46　瓦当主题活动（来源：中国儿童博物馆教育研究中心平台）

图2-47　艾瑞·卡尔绘本展（来源：百度图库）

图2-48　宫西达也的绘本世界（来源：https://www.sohu.com/a/625804050_360233）

第三章

图3-1　海氏艺术博物馆［来源：海氏艺术博物馆公共教育部前主任：帕特里
夏·罗德瓦尔德（Patricia Rodewald）ELE童博汇.网络研讨会（2020年
第4期）：博物馆+家庭学习］

图3-19 ~ 3-21 台北"故宫博物院"/（来源：https: //www.npm.gov.tw/）

图3-22 史密森尼学会《冬日居家指南》手册（来源：https: //learninglab. si.edu/collections/winter-at-home-a-smithsonian-at-home-activity-guide/ UEuYIl7rwtp1xg02）

图3-23 ~ 3-24 韩国国立中央博物馆（来源：https: //www.nfm.go.kr/kids/nfmkid/ index.do）

图3-25 英国Maidstone博物馆感官书包（来源：https: //museum.maidstone.gov. uk/）

图3-26 美国大都会博物馆儿童友好地图（来源：https: //www.metmuseum.org/ learn/kids-and-families）

图3-27 美国大都会艺术博物馆MetKids（来源：https: //www.metmuseum.org/ art/online-features/metkids/）

图3-28 大都会博物馆地图（来源：https: //www.metmuseum.org/）

图3-29 "数字故宫"博物馆微信导览小程序（来源：故宫博物馆公众号——辨字 识"物"？故宫零废弃新玩法上线）

图3-30 "故宫零废弃"垃圾桶（来源："数字故宫"小程序）

图3-31 《哇！故宫的二十四节气》（来源：https: //mp.weixin.qq.com/s/ S3Eci_medu2h_Ir9PAhJlw）

图3-32 《中国国家博物馆儿童历史百科绘本》（来源：同上）

图3-33 荷兰海牙儿童图书博物馆（来源：https: //literatuurmuseum.nl/nl/ onderwijs/voortgezet-onderwijs）

图3-34 香港海事博物馆（笔者拍摄）

第四章

图4-1 博物馆的包容与参与（来源：https: //www.163.com/dy/article/E8FL58 2405450CY5.html）

图4-2 博物馆儿童专区体验架构（制作：王艳艳）

图4-3 ~ 4-4 儿童佩戴调研工具（来源：Amy Baird,Dr Bruce Davenport and Dr Kate Holden.Learning to play togetherin the Museum[J]. GEM Case

Studies, 2020（25）：20-21.）

图4-5　台州博物馆（来源：https: //www.taizhoumuseum.com/tzbwg/tzbwg/index.html）

图4-6～4-8　大运河虚拟展厅（来源：https://canalmuseum.net/exhibition/6079d5e83cfcb7b41a/）

图4-9～4-10　"儿童学艺中心"1.0版（来源：笔者拍摄于台北"故宫博物院""儿童学艺中心"）

图4-11～4-12　"儿童学艺中心"2.0版（来源：https: //www.npm.gov.tw/）

图4-13～4-14　北京故宫博物院（来源：https: //zhuanlan.zhihu.com/p/455999678）

图4-15～4-16　深圳博物馆（来源：https: //www.shenzhenmuseum.com/?idnews=1014）

图4-17　"宪法号"巡洋舰博物馆（来源：Beverly Serrell. Exhibit Labels：An Interpretive Approach 2nd［M］. Washington DC：Rowman&Littlefield，2015：198）

图4-19　野孩子教育手册（来源：上海自然博物馆公众号"野孩子/YEAH KIDS"教育手册）

图4-20　迪士尼乐园（来源：https: //www.hongkongdisneyland.com/zh-cn/?located=true）

图4-21～4-22　WOW!儿童博物馆图/安娜堡动手博物馆（来源：https: //mp.weixin.qq.com/s/s6sQkv0T8eir9OOjH0IQPA）

图4-23～4-24　普罗维登斯儿童博物馆（来源：https: //zhuanlan.zhihu.com/p/537534568）

图4-25　纽约大都会艺术博物馆新旧标志（来源：https: //www.rologo.com/themet-new-logo.html）

图4-26～4-29　Thinker儿童博物馆（来源：https: //egda.com/archives/17090.html）

图4-30～4-31　萨克雷医学博物馆品牌形象/萨克雷医学博物馆五个形象（来源：https: //zhuanlan.zhihu.com/p/537534568）

图4-32～4-33　中国国际设计博物馆品牌形象（来源：https://www.sohu.com/a/226724371_100105130）

图4-34～4-40　布鲁克林儿童博物馆品牌形象与应用（来源：https://www.sohu.com/a/525706697_121118998）

图4-41　"河马威廉"（来源：百度图库）

图4-42　"河马威廉"文创产品（来源：https://www.metmuseum.org/）

图4-43　博物馆服务接触点（制作：洪子越，指导教师：王艳艳）

图4-44～4-46　苏格兰国立博物馆（来源：https://www.nms.ac.uk/）

图4-47～4-48　了不起的故宫宝贝（来源：https://baijiahao.baidu.com/s?id=1734311453840354052&wfr=spider&for=pc）

图4-49　托尔森博物馆最新家庭地图（来源：https://kidsinmuseums.org.uk/resources/tolson-museum-case-study-family-friendly-cohort/）

图4-50～4-51　"只有儿童能看见的"公益广告（视频来源：视频号GrayDesign "只有儿童能看见的"公益广告）

图4-52　佛罗里达州立博物馆（来源：https://www.floridamuseum.ufl.edu/）

图4-53　芝加哥菲尔德博物馆（来源：https://www.fieldmuseum.org/）

第五章

图5-1～5-6　"三江潮涌"展服务体验构建（设计制作：王艳艳、李嘉乐、彭悦、朱金杰）

图5-7～5-17　浙江省自然博物馆儿童游戏化服务设计（设计制作：陈一秀、徐晓勤 指导老师：王艳艳）

图5-18～5-28　宁波博物院儿童配套产品服务系统设计（设计制作：张馨、杨婷 指导老师：王艳艳）

图5-29～5-40　中国丝绸博物馆汉服文化衍生产品设计（设计制作：吴佳烨、杨婷 指导老师：王艳艳）

图5-41～5-52　良渚博物院服务设计（设计制作：金柳渝 指导老师：王艳艳）

后　记

　　本书写作计划开启于2019年，但受三年疫情的影响，导致相关实地考察调研工作受到阻碍，也一定程度限制了项目开展的进度，好在在此期间，北京师范大学教育学部成立了中国儿童博物馆教育研究中心CMRC，并有幸加入学术合作伙伴，得到了大量的国内外有关儿童博物馆的资讯，并在参与每期学术活动中提升博物馆儿童教育领域的专业成长。而在此期间，有幸获取江南大学设计学院访问学者资格，加入DESIS国际联合实验室，师从于巩淼森教授、鲍懿喜教授，他们作为国内资深服务设计教育学者，帮助处于研究瓶颈期的笔者实现新的突破，笔者深感荣幸。在此，笔者谨向他们致以诚挚的谢意！

　　感谢浙江省哲学社会科学工作办公室对于项目的支持，感谢宁波博物院在相关教育活动开展与展项数据方面给予的支持，尤其是陈超师兄的热诚帮助；感谢笔者的工作单位宁波财经学院艺术设计学院，特别是杨晓雨老师为本书博物馆为什么要为儿童服务内容的资料整理，刘振博士修改阶段给笔者提出的宝贵意见，推进了本书工作的顺利进行，感谢吉林大学出版社邹燕妮老师的组稿，百忙之中帮助协调本书的出版工作。

　　感谢艺术设计学院几位同学参与本书案例的设计，他们是：2016级金柳渝；2017级洪子越、张馨、陈一秀、吴佳烨、徐晓勤；2018级朱金杰、彭悦；2020级李嘉乐、杨婷。

　　行文至此，还要感谢所有在研究和实践领域帮助过笔者的同仁和家人们，一如既往地给予笔者莫大的帮助，正是你们的支持与理解，让笔者在探索儿童博物馆教育的道路上勇往直前。希望在今后的日子里，笔者继续用所学的知识服务、参与、实践到博物馆儿童教育与专区工作开展上，儿童博物馆教育研究之路任重而道远，也希望更多致力于博物馆教育与从事服务设计教育的同仁携手前进!

王艳艳

2023年3月31日于宁波